GRANDE HOTEL ABISMO:
Por uma reconstrução da teoria do reconhecimento

Vladimir Safatle

Copyright © 2012, Editora WMF Martins Fontes Ltda.,
São Paulo, para a presente edição.

1ª edição 2012
2ª edição 2020
revista e atualizada

Acompanhamento editorial
Helena Guimarães Bittencourt
Revisões
Ana Maria de O. M. Barbosa
Marisa Rosa Teixeira
Produção gráfica
Geraldo Alves
Paginação
Studio 3 Desenvolvimento Editorial
Capa
Katia Harumi Terasaka
Foto da capa
Ralph Baiker

Dados Internacionais de Catalogação na Publicação (CIP)
(Câmara Brasileira do Livro, SP, Brasil)

Safatle, Vladimir
    Grande Hotel Abismo : por uma reconstrução da teoria do reconhecimento / Vladimir Safatle. – 2ª ed. – São Paulo : Editora WMF Martins Fontes, 2020.

    ISBN 978-65-86016-42-0

    1. Filosofia 2. Intelectuais – Brasil I. Título.

20-49763   CDD-102

Índices para catálogo sistemático:
1. Ensaios filosóficos 102
2. Filosofia : Ensaios 102

Cibele Maria Dias – Bibliotecária – CRB-8/9427

Todos os direitos desta edição reservados à
Editora WMF Martins Fontes Ltda.
Rua Prof. Laerte Ramos de Carvalho, 133 01325-030 São Paulo SP Brasil
Tel. (11) 3293.8150 e-mail: info@wmfmartinsfontes.com.br
http://www.wmfmartinsfontes.com.br

Este livro é o resultado de uma tese de livre-docência defendida no Departamento de Filosofia da Universidade de São Paulo. Expresso meus mais sinceros agradecimentos àqueles que participaram da banca de avaliação: Oswaldo Giacoia, Marcos Müller, Rodrigo Duarte, Ruy Fausto (mesmo que nossas discussões sejam, muitas vezes, duras). Expresso ainda um agradecimento especial à presidente da banca: Marilena Chaui, que serviu de modelo a toda uma geração de pesquisadores de filosofia da qual faço parte. Este livro foi ainda o resultado de uma pesquisa, intitulada "Clínica analítica e dialética negativa", financiada através de uma bolsa de produtividade do CNPq. Deixo aqui um agradecimento especial à instituição.

Vários de seus capítulos foram objeto de conferências nas quais pude aproveitar, muitas vezes, uma profunda interlocução. Por isso, agradeço especialmente a Kazuyuki Hara e seus alunos da Universidade de Tóquio, Alenka Zupancic e os membros da Academia Eslovena, Monique David-Ménard e a grande generosidade de Patrick Guyomard (da Universidade de Paris VII), Soraya Nour e os membros do Marc Bloch Zentrum, Vittorio Morfino (Universidade de Milano), Jeff Bloech (Boston College), Phillipe Van Haute (University of Nijmegen) e nossas discussões constantes, Bruno Haas (Paris I) e Rodrigo de La Fabian (Universidad Diego Portales). Boa parte deste livro foi objeto de um curso de doutorado ministrado na Universidade de Toulouse e na Universidade Católica de Louvain. Por isso, meus agradecimentos especiais àqueles que viabilizaram tal interlocução: Jean-Christophe Goddard e Marc Maesschalck. Agradeço ainda à bolsa de *schoolars* do programa Erasmus Mundus – Europhilosophie, que me permitiu organizar tais cursos de doutorado.

Gostaria de agradecer a Larissa Agostinho, pela importância da interlocução. Agradecimentos também a Christian Dunker, com quem coordeno, juntamente com Nelson da Silva Júnior, o Laboratório de Pesquisas em Teoria Social, Filosofia e Psicanálise (Latesfip), a todos os membros do referido laboratório, assim como a Paulo Eduardo Arantes (a quem devo os primeiros e decisivos passos na filosofia hegeliana) e a hegelianos heterodoxos como Slavoj Zizek e Judith Butler. Adauto Novaes deu-me oportunidade de apresentar os primeiros esboços de capítulos deste livro em suas grandes conferências. Sou-lhe eternamente grato. Por fim, agradeço aos meus alunos da Universidade de São Paulo que me deram o que há de mais importante na vida intelectual, a saber, perguntas.

*Para Valentina,
que um dia entenderá os
abismos do seu pai.*

Mas o impossível não se deve nem tentar.
Ismênia

Dois passos para a frente, um para trás.
Vladimir Lênin

Eu sou a luta.
Eu não sou um dos que estão conceituados em luta,
mas sou ambos os lutadores
e a própria luta.[1]
Hegel

---

1 *Ich bin der Kampf. Ich bin nicht Einer der im Kampf Begrifferen, sondern ich bin beide Kämpferde und der Kampf selbst.*

Índice

Apresentação: A potência do indeterminado.................... XIII

Prefácio à 2ª edição.. XVII

Introdução: Um retrato difuso.. 1

Desejo e vontade

    I. O amor é mais frio que a morte............................... 21
    II. Como a lei se transforma em liberdade................... 56
    III. A desaparição não é o destino de todas as coisas....... 90

Pulsão e fantasia

    IV. Não são apenas românticos decadentistas que ligam sexo e morte.. 121
    V. Um impulso para fora da lei..................................... 158
    VI. Nosso tempo abre uma multiplicidade em cada desejo.. 192

Ação

    VII. Há uma potência política no interior do inumano.... 217
    VIII. O fundamento negativo da práxis e seus descontentes.. 248

Excurso: Grande Hotel Abgrund 271

Conclusão.. 289

Bibliografia 293

Apresentação
A POTÊNCIA DO INDETERMINADO

Vladimir Safatle tem marcado presença no cenário intelectual brasileiro por meio de um número expressivo de publicações em áreas variadas da filosofia. Seus livros e artigos se debruçam sobre psicanálise, marxismo, filosofia da linguagem e outras áreas do saber, que ele agencia num debate franco e vigoroso. Escritor por vezes polêmico, ele não evita o confronto com posições hegemônicas no pensamento contemporâneo, nem recorre a subterfúgios, para esconder seu pensamento.

Neste livro, depois de, em outros escritos, ter dedicado atenção ao pensamento de Lacan e ao que ele denuncia como um posição "cínica", que tende a decompor "critérios normativos" em nome de formas de socialização, que fazem da anomia a condição de funcionamento das sociedades atuais, Safatle investe na construção de uma noção de sujeito que, ao mesmo tempo, critica as chamadas filosofias da "morte do sujeito" e encontra em Hegel o ancoradouro do qual é possível partir para uma viagem de reconstrução do conceito.

O título já serve de indício do lugar que o autor pretende ocupar no debate contemporâneo. Grande Hotel Abismo era o local que o filósofo Lukács dizia ser a morada dos pensadores da Escola de Frankfurt, que, em seu apego pela crítica e pela negatividade, se mostravam muitas vezes incapazes de propor formas efetivas de participação na sociedade de seu tempo, preferindo contemplar da sacada de seus quartos a queda inevitável da civilização ocidental no abismo. Safatle não se preocupa tanto em refutar Lukács quanto em mostrar que, ao recuperar Hegel e fazê-lo interagir com pensadores que dele se serviram, mas que também foram seus críticos, é possível pensar o problema do sujeito a partir do que ele chama de "articulação fundamental entre sujeito e negação".

O percurso do livro se inicia com um retorno a Hegel. Esse movimento, no entanto, esconde algo mais do que o desejo de visitar as belas páginas da *Fenomenologia do espírito*. O autor pretende mostrar os limites das muitas interpretações contemporâneas, que fazem do filósofo alemão o pensador do absoluto. Não podemos nos esquecer que é Hegel quem diz que "a parte que cabe à atividade do indivíduo na obra total do espírito só pode ser mínima". Ora, é contra uma interpretação corrente, calcada em muitas passagens semelhantes, de que Hegel é o filósofo do absoluto, que Safatle se insurge.

Ele está consciente de quão provocadora é sua tese central. Ao conceder à contingência uma parte maior do que a que muitos intérpretes estão dispostos a aceitar, sobretudo à luz das considerações do filósofo alemão em seu livro *A ciência da lógica*, nosso autor lança o desafio que estará presente em todo o livro: reconstruir uma teoria do sujeito a partir de Hegel para além das interpretações que pensam seu movimento de síntese como podendo se resolver na superação dos limites empíricos da vida dos indivíduos.

Dizendo com outras palavras, nosso autor pretende deixar em aberto a dialética do reconhecimento que na *Fenomenologia do espírito* é apresentada, na ótica de muitos intérpretes, como a superação do conflito entre o senhor e o escravo, que serve de paradigma para a compreensão da vida em comum como o terreno da luta e da divisão.

A chave para entender a proposta de Safatle está em seu retorno à noção de experiência e, sobretudo, de vida. Com isso, ele não pretende regredir a reflexão sobre o sujeito ao nível da experiência empírica, mas mostrar que em Hegel, a individualidade é sempre habitada por aquilo que ele chama de "potência de indeterminação", que faz com que cada indivíduo esteja sempre imerso num movimento de busca do objeto de seus desejos, que o define pela falta e não pela posse ou pela renúncia do desejo.

Ora, esse indivíduo, definido pela negatividade, não pode se estabilizar num Eu idêntico a si mesmo e transparente aos olhos da razão. Nas palavras de Safatle, ele é "lócus de manifestação da infinitude".

Nosso autor está consciente do caráter inovador e mesmo provocador de certos aspectos de sua interpretação do pensamento de Hegel sobre o sujeito e, por isso, se lança numa verdadeira esgrima conceitual na primeira parte do livro (mas não apenas nela) para expor suas teses. O primeiro passo nessa direção é dado quando o problema do reconhecimento é encenado no campo das instituições políticas. Ao lado do processo de busca da identidade empreendido por todo indivíduo, Safatle se interroga sobre as formas sociais de acolhimento dessa demanda, em particular quando encenadas no campo do direito.

Atento à desconexão conhecida em nossa sociedade entre direito e justiça, nosso autor não hesita em afirmar que é preciso "uma indiferença às diferenças" para fundar a noção de cidadania em um Estado voltado para a realização das "exigências de universalidade" presentes na busca pela igualdade entre seus membros. Por isso, à crítica dos excessos cometidos pelos jacobinos no curso da Revolução Francesa, deve-se seguir, segundo ele, o reconhecimento que é por meio das ações dos revolucionários que pontos essenciais da evolução moderna do direito, como a recusa da escravidão, puderam ser incorporadas ao vocabulário da liberdade na modernidade.

O retorno a Hegel se conclui não apenas com a afirmação do caráter indeterminado do sujeito, mas também do papel que essa indeterminação tem na construção de atores históricos, que não se conformam com a simples adequação aos parâmetros identitários norteadores das instituições estatais típicas dos Estados contemporâneos.

Na segunda parte do livro, Safatle recorre à psicanálise e a alguns de seus conceitos, como os de pulsão e de fantasia, para defender as mesmas teses da primeira parte. Não se trata de realizar um estudo comparativo da obra de autores como Hegel e Lacan, mas de mostrar que a afirmação do caráter indeterminado do sujeito pode ser iluminada pela constatação feita pela psicanálise de que a busca compulsiva pela identidade do Eu é fonte de sofrimento, e não de abertura, para o mundo dos outros e para o mundo da história.

A aproximação entre o pensamento de Hegel e a psicanálise, sobretudo em sua versão lacaniana, não deixa de ser surpreendente. Compreende-se facilmente que o recurso à teoria psicanalítica nos ajuda a pensar o sujeito em sua abertura e indefinição. Mais difícil é fazer convergir essas observações para um terreno comum ao delimitado por Hegel em sua dialética do reconhecimento. Ao conceder um espaço importante à noção de desejo em Hegel e ao mostrar a parte irredutível da vida nos processos históricos, Safatle faz uma ousada aposta teórica.

O conceito base para realizar a aproximação com a psicanálise, mas também com o pensamento de Adorno, é o de pulsão. Por meio dela, nosso autor pretende "a reconstrução de um pensamento capaz de reconhecer dignidade ontológica à negatividade e de pensar as incidências materiais de tal ontologia". O desafio enfrentado pelo autor na segunda e terceira partes do livro passa então a ser o de mostrar que a referência à negatividade do sujeito nos três autores principais de seu trabalho possuem elementos de convergência suficientes para embasar uma nova teoria do sujeito e do reconhecimento. Ele dá mostras de grande criatividade nesse percurso, no interior do qual o leitor é confrontado com desenvolvimentos vertiginosos de conceitos, que colocam em cena amplos cenários da reflexão contemporânea, nos quais autores como Kant e Freud se misturam a uma gama variada de autores contemporâneos.

O livro se encerra com uma apresentação de aspectos fundamentais da obra de Bento Prado Jr., de quem Safatle se declara devedor e com quem ele conversa direta ou indiretamente ao longo de todo seu escrito. Esse capítulo, intitulado *Excurso*, afirma o pertencimento do autor a um debate que se iniciou entre nós com pensadores como Ruy Fausto, Paulo Arantes, além, é claro, do próprio Bento Prado. Teria sido interessante se o autor tivesse alargado seu quadro de referências brasileiras, pois isso ajudaria o leitor a situar melhor no panorama da filosofia nacional as ideias de um autor de cujas teses se pode discordar, mas que não nos deixam indiferentes. Com isso, ficariam ainda mais evidentes a originalidade e a força do livro.

Pensado pelo próprio autor como um passo a mais numa trajetória iniciada há alguns anos, esse escrito revigora o debate nacional ao combinar rigor conceitual com a abertura para questões candentes da atualidade política e filosófica.

Newton Bignotto, professor de Filosofia Política e História da Filosofia do Renascimento na UFMG.

Prefácio à 2ª edição

Lançado há quase dez anos, este livro é agora relançado depois de sua primeira edição ter se esgotado nas livrarias. Ocasião para retornar a certo equívoco enunciado em uma de suas últimas frases, essas onde se lê: "fica claro para mim de que forma este livro aparece como o fim de um ciclo. Desde minha dissertação de mestrado, defendida em 1997, foi questão de pensar os delineamentos de uma teoria do sujeito que estivesse claramente liberada das amarras do pensamento da identidade e de uma antropologia fundada nas normatividades definidoras da humanidade do homem. Tal liberação teria consequências maiores para o redimensionamento de uma teoria do reconhecimento capaz de pensar, de maneira mais estruturada, fenômenos como: a natureza dos conflitos psíquicos, a insegurança ontológica das normatividades sociais, as exigências em pensar um conceito não especular de alteridade, entre outros".

Bem, há de se reconhecer que nunca sabemos exatamente quais são nossos ciclos. Depois desse livro, várias de suas questões foram retomadas em três livros precedentes: *O circuito dos afetos: corpos políticos, desamparo e o fim do indivíduo*, *Dar corpo ao impossível: o sentido da dialética a partir de Adorno* e *Maneiras de transformar mundos: Lacan, política e emancipação*. Há aqueles que escrevem como quem cava e escava o mesmo terreno, várias vezes, em um movimento de aprofundamento e reiteração, até que as formulações pareçam mais adequadas, sem que nunca isso possa de fato estar garantido em seu fim. Diria que este parece ser meu caso.

Por isto, muitas formulações que aparecem aqui soam provisórias. Elas acabaram por serem desdobradas em livros posteriores. Mas o fato de se compreender como portador de uma escrita organizada por movimentos de retomada e aprofundamento fez-me evitar modificar várias elaborações desse livro, mesmo quando elas atualmente aparecem a mim como insuficientes. Poucas foram as passagens cortadas ou remodeladas. Pois as formulações aqui presentes servem como marcadores de um caminho que se desenvolveu na direção da reconstituição da crítica dialética a partir do reconhecimento da força de emergência daquilo que ela entende por "negatividade". A única exceção substantiva foi o corte do último capitulo da primeira edição, pois suas formulações demonstram-se com o passar do tempo amplamente insuficientes.

Contrariamente às tradições contemporâneas que veem na negatividade dialética uma forma astuta de conservação do que deveria ser ultrapassado, de forma de resignação ou ressentimento, tradições que veem na contradição uma forma limitada e genérica de diferença ligada à elevação do pensar representativo a figura intransponível, foi questão de mostrar como a crítica que abandona a compreensão dialética de movimento é incapaz de levar o pensamento a se confrontar com a real extensão das dinâmicas de transformação. Isto explica porque o exercício de mostrar como a dialética não tem parte com alguma forma de "analítica da finitude" acabará por ganhar importância tão grande no interior do projeto do qual, no fundo, esse livro foi um momento inicial.

Esse projeto tinha dois alvos. Primeiro, tratava-se de paulatinamente recuperar a centralidade da dialética contra certa degradação da crítica que teria atingido a tradição da Escola de Frankfurt, sobretudo a partir de sua segunda geração. O déficit atual de negatividade que acomete a Escola de Frankfurt é só o sintoma mais evidente de uma domesticação da crítica, de seu abandono do esforço de tematização das condições e circunstâncias de processos revolucionários, de sua forma de submissão da temática do reconhecimento à defesa das condições sociais para o desenvolvimento da integridade pessoal e de uma antropologia derivada da aceitação tácita da noção de indivíduo como espaço fundamental de emancipação e liberdade. Essa recusa de um "sono antropológico" de outra natureza apareceu inicialmente nesse livro, sob a forma da recusa à "redução egológica" da subjetividade. Nada disto é perceptível mais a partir da segunda geração da Escola de Frankfurt porque o desejo de revolução que inicialmente a animou, com sua decomposição das unidades psíquico-políticas, sequer existe mais em uma classe intelectual mundial que não vê como tarefa sua colocar-se como ponto global de não integração. Ao contrário, ela é o primeiro setor a zombar de tal desejo, como se estivéssemos diante de resquícios juvenis de abstrações políticas. Atitude que, aparte Horkheimer em seus últimos anos de vida, a primeira geração da Escola de Frankfurt teve a sabedoria de nunca endossar.

    Contra isto, eu poderia ter tematizado diretamente processos de emergência e de transformação mas, se, desde o início, optei por uma saída que visava recompor a possibilidade de uma "ontologia substrativa" do sujeito, foi por acreditar que, muitas vezes, a paralisia nas transformações das formas de vida em suas dimensões de desejo, trabalho e linguagem tem raízes na impossibilidade de transformação de formas de pensar. Ou seja, trata-se de admitir que a tematização direta e explícita de formas de pensar não é um exercício estéril e abstrato, até porque o pensamento não ocorre abstratamente. O pensar, ao mesmo tempo, emerge de condições materiais bastante concretas e tem a força de induzir modificações nessas mesmas condições, por não ser mero reflexo mas explicitação de potencialidades e transbordamentos da experiência imanentes a situações determinadas. Sua tematização direita será assim, ao mesmo tempo, a tematização de seu horizonte material e de sua força de explosão de contextos. E é por insistir em tal explosão que o recurso a uma ontologia subtrativa pareceu-me justificado.

    Por outro lado, pesou também a compreensão de não haver pensar sem pulsão, compreensão das estruturas que determinam as forma de pensar serem expressão imediata da pulsionalidade. O que, para alguns, poderia soar como forma de "psicologismo" subjetivista. Esse seria o caso apenas se aceitássemos uma compreensão distorcida do que devemos entender por "pulsão", ignorando como ela sedimenta "histórias de desejos desejados", processos transindividuais de produção e implicação. A tendência, própria aos meus trabalhos, de deslocar a crítica social para uma crítica da economia libidinal, ao invés de colocar a crítica da economia política no centro, nada tem de psicologismo. Só mesmo uma concepção "psicológica" de vida psíquica, concepção que ignora a "sociedade inconsciente de si mesmo" no interior do que costumamos chamar de "psique", poderia nos levar a tanto. Concepção da qual não partilho. Diga-se de passagem, esse deslocamento não significa, em absoluto, alguma forma de desqualificação da crítica da economia política. Até porque a crítica da economia libidinal é uma figura da crítica da economia política e de sua perspectiva materialista. Creio que o materialismo próprio à economia libidinal foi trabalhado por mim, principalmente, em *O circuito dos afetos* e *Cinismo e falência da crítica*.

Já o segundo alvo da tarefa filosófica que animou esse livro não visava alguma forma de "domesticação da crítica", mas de construção de um campo de interlocução com certa tradição que, a meu ver, preservava a luta por horizontes de transformação global, mesmo que em outras bases conceituais. Quem diz interlocução não diz assimilação. Mas a possibilidade de explicitar pontos de tensão de forma correta, de localizá-los em seu verdadeiro espaço fornece ao pensamento a possibilidade de decompor falsos problemas e colocar-se diante de problemas reais.

Esse segundo alvo era composto por setores hegemônicos do pensamento francês contemporâneo, exatamente essa tradição de pensamento crítico marcada pela aversão congênita à dialética. Sei que em várias ocasiões fui acusado de alguma forma de "ecletismo" devido a esse desejo de deslocamento, ou seja, esse desejo de deslocar a discussão para outro horizonte de debate. Mas tal desejo não se originou da expressão de certa forma avançada de perversidade intelectual. Na verdade, ela resultava da compreensão da força crítica de correntes não comprometidas com a reprodução dos horizontes normativos de nossas formas de vida e, em alguns casos (eu citaria principalmente o pensamento de Deleuze e Guattari), claramente engajada com transformações estruturais nos espaços da clínica do sofrimento psíquico, das lutas políticas contra o capitalismo e na reorientação das potencialidades sociais do desejo. Ou seja, a tópica do pensamento francês contemporâneo como figura de uma crítica deficiente e, no fundo, adaptada aos modos atuais de reprodução material do capitalismo, nunca foi a minha, mesmo que ela seja presente na tradição dialética que se desenvolveu e se desenvolve em solo nacional.

Assim, tratava-se de iniciar um deslocamento geral de posições tendo em vista a reconfiguração de problemas e alianças necessárias para um tempo de acirramento de lutas sociais que estava por vir. Esses últimos dez anos mostraram, ao mesmo tempo, o esgotamento espetacular dos horizontes de gestão de conflitos sociais, a pressão desesperada por transformações estruturais e o bloqueio de nossa imaginação política diante de tal tarefa. Que o Brasil tenha sido um lugar privilegiado para a observação de tal situação, eis algo que não deveria nos impressionar. Sabemos como processos de reconfiguração do capitalismo global e de seus modos de gestão sociais tendem a começar na periferia do sistema, em especial em países que sintetizam, em larga escala, as contradições imanentes ao sistema, como é o caso do Brasil.

Soma-se a isto o fato do Brasil ser assombrado, a sua maneira, por um deficit de negatividade. Entre nós a dialética foi, durante muito tempo, utilizada para produzir sistemas de justificação de nossa paralisia, de nosso pretenso balançar entre ordem e desordem, entre modernização e atraso, globalismo e localismo, ruptura e preservação, norma e infração. Esta dialética era normalmente utilizada para descrever uma integração progressiva por meio de tensões absorvidas a cada etapa ou uma lógica de interversões incessantes, de alternâncias, que expressaria certa sensação de dualidade. Sínteses por integrações que acabavam por confirmar o que deveria ser superado ou passagens incessantes nos opostos que poderiam levar até a uma convivência inaudita entre modernização e arcaísmo, ou seja, a uma certa estabilização na anomia.

No entanto, veremos a partir do final dos anos sessenta a consolidação de um pensamento crítico sobre a realidade nacional que irá procurar escapar deste horizonte restrito ao se compreender, acima de tudo, como uma dialética *negativa,* ao menos no sentido da crítica às sínteses extorquidas e às reversibilidades permanentes. Uma dialética que se recusaria a dar, aos dilemas da dualidade, uma resposta positiva mobilizando a força negativa de certa "lógica da desintegração" para denunciar o modo de perpetuação das dinâmicas de poder e seus mecanismos de integração "pacificadora".

A recuperação da dialética propriamente *negativa* em solo nacional visou, desde os anos sessenta, denunciar tal caráter deletério dessa operação de pacificação travestida de emergência de um pretenso mundo no qual conflitos nunca chegariam ao ponto de contradições estruturais, no qual acomodações entre contrários permitiriam uma miscigenação "bem sucedida" de formas. Era o caso de mostrar como tal estratégia não era outra coisa que uma maneira astuta de conservação do que deveria ser superado. Como se o Brasil evidenciasse a degradação da dialética em conciliação geral, sendo assim também o lugar privilegiado para que tal degradação fosse criticada e, por fim, superada.

Nesse sentido, livrar o país de tal representação paralisante de si passava, entre outras coisas, por uma tarefa filosófica vinculada ao reconhecimento daquilo que um dia Paulo Arantes chamou de "energia negativa das classes subalternas". Que essa energia fosse inicialmente caracterizada como "negativa", ou seja, indomesticável, essencialmente refratária à inscrição territorial, filial, identitária, comunal (embora tais inscrições possam ter uso provisório necessário e justificado no interior da contingência dos embates políticos) por entender que ela seria portadora da produção potencial de uma universalidade concreta ainda não existente, eis algo a meu ver fundamental. A dialética é solidária do uso do caráter indeterminado da universalidade concreta por vir como força de pressão para a derrubada de falsas universalidades abstratas que se colocam no horizonte regulador de nossas formas de vida e de nossas realidades sociais. Ela está disposta a ser fiel, até o limite do intolerável, à ideia de que: "aquilo que poderia ser diferente ainda não começou", como dirá um dia Adorno. Diferença essa cujo reconhecimento poderá impulsionar a experiência social em direção a uma universalidade por vir.

Para tanto, era necessário defender que nossas sociedades contemporâneas não são apenas palcos de regressões e capitulações de toda ordem, mas que são impulsionadas pela exigência de reconhecimento de experiências produtivas de indeterminação. Neste ponto, o recurso à pulsionalidade, tal como reconstruída pela psicanálise, em especial em sua matriz lacaniana, fazia-se necessário. Era minha maneira de tentar enraizar experiências de desidentidade e de descentramento na estrutura pulsional dos sujeitos, lembrando de sua força de refração a todo processo de integração em uma falsa totalidade organizada pelo Capital. Há uma pulsionalidade que nos arranca para fora da lógica do Capital, que faz ressoar "histórias de desejos desejados" que nos constituem como sujeitos históricos e nos descentram, e com o passar do tempo creio ter conseguido enunciar melhor as razões para defender tal perspectiva e suas consequências, principalmente no que se refere à necessidade de pensar em outros termos a tensão entre categorias como história e natureza.

Isto permitiu também reconsiderar a natureza de matrizes hegemônicas de sofrimento social: problema maior se aceitarmos que não há crítica sem sofrimento, não há crítica sem a mobilização afetiva de um mal-estar diante das condições atuais de reprodução material, de uma angústia, de uma recusa corporal ao que se coloca como situação atual, como experiência possível. Foi nesse livro que ficou claro para mim a necessidade de defender como a matriz fundamental para a compreensão do sofrimento social próprio à nossa situação atual era certo "sofrimento de determinação", ou seja, a incapacidade de saber lidar com processos de despersonalização, de indeterminação, de polimorfia e de multiplicidade temporal próprios à dinâmica do desejo. Daí por que este livro tende a caminhar para a reflexão sobre a força política do reconhecimento de si no espaço do que é marcado pelo selo do inumano.

Que a inumanidade seja colonizada pelas figuras da violência bruta, da bestialidade, isto é apenas uma forma de paralisar a compreensão de que a humanidade por vir está vinculada à recuperação daquilo que foi expulso da ideia normativa de humanidade atual como "monstruoso", daquilo que foi segregado da humanidade atual como não inscrito nos quadros ideias de nossa forma de vida. Ou seja, há uma *força destituinte* própria a uma humanidade por vir e, antes de qualquer coisa, ela deve ser tematizada em sua especificidade, caso não queiramos permitir que suas figuras acabem por se decalcarem dos limites da situação atual. Os sujeitos fundamentais para o redimensionamento das potencialidades da vida social foram um dia descritos como inumanos, como abaixo da humanidade. E se um momento fundamental deste livro está na releitura de Antígona é, entre outras coisas, porque alguém deveria lembrar que Édipo não é apenas o nome do teatro familiar que colonizaria nossos desejos através de representações de conflitos marcados pela culpa, pelo interdito e pelo investimento libidinal na própria repressão. Como os gregos sabiam, Édipo é principalmente o nome do que não tem lugar, do que é visto como inumano por quebrar a ordem de reprodução dos humanos. Ele é o exilado da pólis, cujo exílio será a marca de filiação que passará de pai para filha. As figuras da inumanidade produzem entre si uma ressonância temporal do que foi negado pela violência segregadora do processo hegemônico de "civilização". Elas habitam nosso inconsciente, constituem a politemporalidade de nossas fantasias, indeterminam as determinações do presente. Foi isto que procurei defender neste livro, mesmo que através de formulações e encaminhamentos que hoje faria de outra forma. Mas realmente preocupante seria se, depois de dez anos, fizesse tudo da mesma maneira.

Por fim, seria o caso de lembrar que não foram poucas as vezes que tais estratégias foram criticadas por pretensamente criarem um processo tão abstrato de negatividade que seria praticamente impossível derivar dele dinâmicas de organização e mobilização necessárias para refletir de forma adequada a respeito do campo político. Há, no entanto, duas colocações a serem feitas a tais críticas. A primeira diz respeito não aos "limites" da teoria, mas à "função" da teoria, ao que podemos esperar da teoria em um contexto como o nosso. E gostaria de lembrar que tal consideração é feita por alguém que nesses dez anos engajou-se contínua e abertamente em várias situações concretas de organização e mobilização política, ou seja, que nunca pregou nem agiu a partir de alguma forma de desengajamento da classe intelectual. Mas exatamente essa pessoa se vê na obrigação de lembrar que a teoria não pode nem deve tentar deduzir as formas de organização e mobilização capazes de ter eficácia em situações concretas marcada pela multiplicidade contingente. Tal eficácia é contextual, o campo concreto do político é necessariamente promíscuo, pois nunca se dá no vazio, e a eficácia de uma construção específica dificilmente se repetirá. Não cabe à teoria legislar sobre a praxis, mas isso não significa que ela não deve empurrar a praxis em direção àquilo que a sociedade teima em não querer conceber, que quer reduzir à condição de aporia ou impossível. Pois a teoria pode se tornar o setor mais radicalizado da praxis insubmissa à situação atual e seus possíveis.

Seria o caso de não desqualificarmos aquilo que, em certas situações e dentro de seus limites, aparece como demasiado "abstrato". Essa luta contra as "ideias abstratas" era, na verdade, um tema conservador. Lembremos, por exemplo, de Edmund Burke a discursar contra as "ideias abstratas" de igualdade vindas da cabeça de filósofos ociosos que acabaram por criar caos revolucionário no mundo do final do século XVIII e começo do XIX. Ou seja, a história demonstra, e isto os conservadores sabem muito bem, que "abstrações" tem muito mais força do que alguns estão dispostos a acreditar.

Por isto, gostaria de terminar dizendo que a crítica a respeito do caráter abstrato da negatividade, tal como desenvolvida a partir deste livro, parece não querer aceitar que a primeira tarefa política é quebrar o dispositivo da pessoa diante de um poder que procura tudo personalizar, dar a tudo a figura do que é de alguém ou do que é alguém. "Anota aí, eu sou ninguém" foi a frase dita um ano depois do primeiro lançamento deste livro, diante de manifestações que pararam o país e nos colocaram diante de algo que até hoje nos assombra. Algo que não é apenas regressão, mas procura.

Pois no fundo esse "alguém" contra o qual a força da indeterminação se bate é sempre a repetição enfadonha de indivíduos proprietários ou indivíduos sonhando em enfim se tornarem proprietários. Contra isto, a estratégia política será assumir formas de anonimato, dissolver-se em uma fala de ninguém, recusar a visibilidade que nos é imposta. Só assim podemos forçar a emergência de lugares que ainda não existem. Só se pode desejar um desejo que não é o "meu" desejo, mas sim um desejo comum, anônimo, que emerge na multiplicidade de vozes dissonantes. O poder precisa fichar, nomear, catalogar, reduzir as existências a formas administráveis. Nossa primeira revolta passa por queimar as fichas, apagar os nomes, confundir os catálogos, colocar a vida social diante do ingovernável. Esta é a primeira figura do comunismo por vir do qual este livro, à sua maneira, gostaria de fazer parte.

Introdução
UM RETRATO DIFUSO

Uma descrição geral

Poder-se-ia dizer que o conceito de "jogo" é um conceito de contornos pouco nítidos (*verschwommenen Rändern*). Mas um conceito pouco nítido é ainda um conceito? Um retrato difuso (*unscharfe*) é ainda a imagem de um homem? Pode-se sempre substituir com vantagem uma imagem difusa por uma imagem nítida? Não é muitas vezes a difusa aquela de que nós precisamos?[1]

De certa forma, este livro gostaria de ser compreendido como uma longa resposta a tais perguntas enunciadas por Wittgenstein. Trata-se de mostrar como, quando é questão do homem, melhor uma imagem claramente difusa do que outra falsamente nítida. No entanto, é fato que o maior desafio da reflexão filosófica seja, talvez, indicar os momentos em que devemos reconhecer a necessidade de retratos difusos. Retratos no interior dos quais podemos encontrar os lineamentos de uma imagem familiar, mas uma imagem que não deve ser totalmente determinada, uma imagem atravessada por algo que parece querer a todo momento corroê-la sem chegar a destruí-la.

Vale a pena colocar as coisas nestes termos porque certa linha hegemônica da filosofia contemporânea compreende a categoria de sujeito, tal como ela nos foi legada pelo pensamento moderno, como fundamento autoidêntico e substancialmente determinado. Figura maior das ilusões do pensamento da identidade, a categoria de sujeito seria o conceito, por excelência, de uma "época histórico-metafísica" que deveria a todo custo acabar.

Vem certamente de Heidegger a noção de que a categoria de sujeito é o conceito central da metafísica moderna e de suas

---

[1] WITTGENSTEIN, Ludwig, *Philosophische Untersuchungen*, Frankfurt: Suhrkamp, 2008, § 71.

ilusões. Como fundamento, o sujeito seria o lugar no interior do qual se revela a lei de constituição dos objetos a conhecer, das experiências possíveis. Daí afirmações como: "No interior da história da modernidade e como a história da humanidade moderna, o homem como o centro e a medida procura colocar a si mesmo a cada vez por toda parte na posição de domínio, isto é, apreender o asseguramento desse domínio."² Esse domínio é a definição de um modo de ser, de um regime de determinação da experiência que parece derivar da maneira que o sujeito funda suas próprias relações de unidade e de autoidentidade. Como *locus* de operações de deliberação racional, a categoria de sujeito revela a natureza da normatividade racional.

Por outro lado, Heidegger sabe o que faz quando fala do "homem" como sujeito. Essa é uma maneira de evidenciar que as determinações formais que compõem o fundamento de nosso saber são dependentes (isso no sentido de ter sua gênese) em uma antropologia. Nessa antropologia encontra-se o cerne das normatividades que organizam nossa forma de vida. Mas se é possível dizer isso é porque dessa antropologia derivariam modos de agir, de julgar, de desejar e conhecer, ou seja, regularidades esperadas nas capacidades cognitivas, expressivas e judicativas dos sujeitos. Dessa forma, criticar a categoria de sujeito pode equivaler a criticar uma antropologia que nem sempre expõe seu verdadeiro alcance, mas acaba por colonizar as formas do nosso pensar. Criticar a categoria de sujeito é tentar nos acordar daquilo que outros chamaram de "sono antropológico".

O objetivo deste livro é, pois, duplo. Primeiro, trata-se de mostrar como é possível desenvolver uma leitura alternativa do sujeito moderno, ao menos se levarmos a sério um de seus teóricos fundamentais, a saber, Hegel. Conhecemos todos a estratégia interpretativa que consiste em ver, no conceito hegeliano de sujeito, um coroamento das tendências fundacionistas e autorrefe-

---

2 HEIDEGGER, Martin, *Nietzsche II*, Rio de Janeiro: Jorge Zahar, 2008, p. 108. Ou ainda: "O homem é o fundamento insigne que se encontra na base de toda representação do ente e de sua verdade, o fundamento sobre o qual todo representar e seu representado são e precisam ser posicionados, caso devam ter uma estabilidade e uma consistência. O homem é *subjectum* nesse sentido insigne. O nome e conceito de 'sujeito' passam agora para a nova significação e se transformam no nome próprio e no termo essencial para o homem. Isto significa: todos os entes não humanos transformam-se em objeto para este sujeito" (idem, p. 125).

renciais presentes desde Descartes. Lembremo-nos, mais uma vez, de Heidegger: "o que Hegel pensa com a palavra 'experiência' diz primeiramente o que é a *res congitans* como *subjectum co-agitans*. A experiência é a apresentação do sujeito absoluto desdobrando-se na representação, e assim se absolvendo"[3]. Trata-se, pois, de mostrar que interpretações dessa natureza (e elas são legião) não fazem jus ao pensamento hegeliano. Longe da segurança de um sujeito absoluto desdobrando-se de maneira autorreferencial nos objetos a conhecer, o que encontramos em Hegel é outra coisa. Em Hegel, encontramos a ideia de que "sujeito" é o nome que damos ao processo de síntese reflexiva entre modos de determinação socialmente reconhecidos e acontecimentos indeterminados ou, para falar como o filósofo alemão, marcados pela negatividade. Há um movimento tenso de reconhecimento da indeterminação e da negatividade que só ocorre lá onde encontramos um sujeito. Por isso, os atributos essenciais desse conceito de sujeito não podem ser a autoidentidade imediata e a unidade (sempre pressuposta e pronta a irrealizar toda e qualquer cisão efetiva). Por isso, o sujeito em sua matriz hegeliana sempre será, à sua maneira, um retrato difuso.

Lembrar disso é uma forma de mostrar como a crítica do sujeito em operação em setores hegemônicos da filosofia contemporânea erra de alvo. O interesse em identificar tal erro não se resume a um passatempo historiográfico. Identificar o erro é maneira de abrir o espaço de reflexão para a necessidade de revermos alguns *parti pris* equivocados a respeito do que pode um sujeito, como ele se expressa, o que ele produz.

Tal questão permite explorar outro objetivo. Os últimos vinte anos da reflexão filosófica viram o retorno, à primeira cena, da temática filosófica do reconhecimento. Através dessa recuperação do problema do reconhecimento, foi possível reconduzir à sua base social conceitos filosóficos que procuravam ter normatividade assegurada transcendentalmente. Como disseram alguns autores, tratava-se de um setor importante das estratégias de destranscendentalização. Por outro lado, através do problema do reconhecimento, procurou-se tirar a reflexão contemporânea das rédeas das aspirações fundacionistas da filosofia da consciência (sem,

---

3 HEIDEGGER, Martin, *Chemins qui ne mènent à nulle part*, Paris: Gallimard, 1962, p. 226.

com isso, nos vermos obrigados a trilhar os caminhos da Floresta Negra com seu regime de crítica da metafísica).

No entanto, tal saída da filosofia da consciência não significou abandono de uma antropologia subjacente à guinada comunicacional da Teoria Crítica. Antropologia esta que aparece de maneira implícita na maneira que autores como Habermas e Honneth se apoiam na psicologia do desenvolvimento de Jean Piaget, Lawrence Kohlberg e na teoria da maturação de Donald Winnicott, isso a fim de fundamentar o processo empírico de aquisição das capacidades cognitivas, judicativas e desejantes. Ou seja, tais empréstimos são peças fundamentais de um projeto dependente de uma antropologia nunca claramente tematizada, profundamente normativa e que, no limite, nos restringiria à conservação do que poderíamos chamar de "figura atual do homem", ou seja, figura que transforma o indivíduo em modelo insuperável de maturação subjetiva. Tal resultado não deve nos surpreender, já que não há psicologia do desenvolvimento sem uma teoria do progresso que visa garantir o horizonte normativo de realização das condições que asseguram o homem em sua humanidade.

Mas vale a pena insistir que tal figura antropológica da subjetividade pressuposta por certas maneiras de pensar processos intersubjetivos define, ao mesmo tempo, o horizonte normativo capaz de determinar os contornos de um reconhecimento bem-sucedido, assim como o sentido dos fracassos e do sofrimento presente em déficits de reconhecimento. A modificação de tal figura implica, assim, modificação tanto naquilo que compreendemos por sucesso como por fracasso de reconhecimento. Levando isso em conta, podemos dizer que este livro visa mostrar como, a partir da tradição hegeliana, é possível pensar uma figura do sujeito não redutível a uma antropologia cujo resultado maior é a entificação de toda atividade subjetiva à figura do Eu individual. Para tanto, basta explorar as consequências da reflexão hegeliana sobre a estrutura da consciência de si a partir do desejo, sobre o modo de reconhecimento institucional do sujeito no interior do Estado moderno e sobre a natureza das relações entre sujeito e infinitude a partir dos modos de síntese do tempo. Articuladas conjuntamente, elas fornecem o quadro de um sujeito cujos traços fundamentais serão recuperados por experiências intelectuais maiores do século XX. Tais experiências se associam involuntariamente nas denúncias das consequências de uma *redução egológica do sujeito*, sem no entanto (e essa é sua maior peculiaridade) deixar de fornecer coordenadas importantes a respeito de um conceito renovado de subjetividade.

Uma teoria do reconhecimento não mais dependente da conservação da figura atual do homem e de certa redução egológica do sujeito. Fundamentá-la é o objetivo maior deste livro. Um momento importante da estratégia consistirá em mostrar como problemas presentes na crítica do humanismo, uma crítica que aparentemente não teria mais direito de cidade, podem permitir uma ampliação do uso político do conceito de reconhecimento, liberando-o das amarras do paradigma comunicacional. Liberação necessária já que tal paradigma, por ser muito dependente da entificação dos limites postos pela gramática do senso comum, é dependente, por sua vez, de um horizonte normativo presente no interior de nossas formas de vida e a respeito do qual temos razões suficientes para transformá-lo em objeto de crítica. Horizonte, por sua vez, excessivamente dependente dos limites de uma antropologia que devemos chamar de "humanista".

Por essa razão, trata-se de defender que o problema do reconhecimento deve gradativamente passar do *reconhecimento da alteridade* ao *reconhecimento daquilo que suspende o regime de normatividade social que nos faz absolutamente dependentes da reprodução reiterada da figura atual do homem*. Essa passagem (que, no fundo, é passagem da alteridade à a-normatividade) permite ainda a reconstituição da noção de liberdade, retirando-a do paradigma jurídico-normativo que a concebe preferencialmente a partir da predicação de direitos positivos potencialmente enunciados pelo ordenamento jurídico. Antes, ela nos abre as portas para compreendê-la como vínculo à incondicionalidade de uma universalidade não substancial.

Toda essa discussão tem ainda um interesse suplementar. Como foi dito, a definição das modalidades de reconhecimento bem-sucedido determina o sentido dos fracassos e do sofrimento produzido por reconhecimentos malogrados. Há assim uma reflexão diagnóstica que pode ser de grande valia para a compreensão da natureza do sofrimento psíquico em nossa época. Vem de Jacques Lacan a compreensão clínica sistemática de que o sofrimento psíquico está ligado a déficits de reconhecimento social. Trata-se então de seguir a perspectiva de Lacan e expor como a recondução da psicanálise a uma matriz hegeliana pode auxiliar na exposição da natureza das modalidades de sofrimento psíquico. Tal recondução é importante para abrirmos o caminho à exploração de uma ideia profícua da psicanálise. Pois normalmente admitimos que o sofrimento psíquico está ligado ao fracasso no processo de individualização, de socialização dos desejos e pulsões, de constituição do Eu. Tais fracassos produziriam incapacidade de se orientar socialmente na conduta e no julgamento. No entanto, sem negligenciar a existência de tal matriz de sofrimento, trata-se aqui de lembrar que podemos também sofrer por sermos apenas um Eu, por estarmos muito presos à entificação da estrutura identitária do indivíduo. Essa é uma dimensão importante das reflexões de três autores centrais para este livro, a saber, Hegel, Lacan e Adorno. Tal sofrimento pode ganhar a forma, por exemplo, da incapacidade de vivenciar experiências de não identidade e indeterminação (o que leva, pura e simplesmente, à incapacidade de vivenciar experiências como *acontecimentos*), ou ainda do isolamento de quem não encontra mais traços de outros em sua própria experiência temporal (perda da historicidade) e do vínculo compulsivo à figura atual do homem. Todas essas três figuras serão analisadas neste livro.

Jogar

Mas, antes de adentrarmos no livro, talvez seja necessário desdobrar alguns pressupostos que guiaram este trabalho. O primeiro diz respeito ao que devemos compreender por trás dessa metáfora usada logo no início, a saber, o homem como um retrato difuso. Na verdade, tal metáfora impõe consequências maiores na nossa definição do que vem a ser uma normatividade.

A fim de abordar tal questão tomemos, como ponto de partida, as aproximações arquiconhecidas entre a lógica do funcionamento da linguagem e a metáfora do jogo. Da mesma forma, conhecemos a distinção entre regras regulativas (que regulam formas de comportamento que existem anterior e independentemente de tais regras) e regras constitutivas (que criam ou definem novas formas de comportamento)⁴. Aceitamos comumente que jogos seguem regras constitutivas, o que nos deixa relativamente seguros a respeito do que fazer e de como avaliar situações no seu interior. Esclarecer o que é ambíguo e conflitual depende de uma operação de *comparação* entre regras previamente determinadas e casos. Do mesmo modo que posso esclarecer o que é um xeque--mate simplesmente enunciando a regra: "um xeque-mate ocorre quando o rei é atacado de forma tal que não pode mais se mover".

Mas e se a linguagem for um jogo não exatamente idêntico a um jogo de xadrez (mesmo que com jogadores inconscientes, ou seja, sem estratégia, como gostava de dizer o linguista Ferdinand de Saussure⁵). Pensemos em um jogo em que apenas os lances mais elementares estão submetidos a regras. Lances elementares que fundam um domínio que podemos chamar (sem ignorar o peso que tal palavra ganhou no interior da filosofia contemporânea e a polissemia que seu uso necessariamente implica) de "senso comum". À medida que o jogo se desenrola, os lances no entanto ficam mais complexos. Alguns acreditam que tais lances devam seguir as mesmas regras dos lances simples e primeiros. Ou seja, a gramática do senso comum deve servir de princípio naturalizado de avaliação de normatividades que se queiram racionais. Mas isso não é absolutamente seguro. Pois não é seguro quais regras devam valer para quais lances. Não só a imagem do que é um jogo é difusa. Também o é a imagem de como devemos jogá-lo. A partir de certo limite, tudo se passa como se o fundado não se construísse mais a partir da semelhança ao fundamento. No entanto, esta talvez seja a experiência fundamental da linguagem: a experiência de jogar um jogo no interior do qual, a partir de certo momento, não temos mais clareza de suas regras. Aqui, já podemos sugerir uma resposta provisória a respeito da experiência que levou certa tradição dialética preferir uma imagem difusa do pensamento a uma imagem nítida. Pois talvez essa tradição seja animada pela crítica *à redução da fundamentação da racionalidade ao problema das condições para o esclarecimento de normatividades*. Talvez ela queira criticar a noção de que agir de forma racional significa necessariamente operar a partir de estruturas nor-

---

4 Cf. a distinção proposta por SEARLE, John, *Speech Acts*, Cambridge University Press, 1996, p. 33.
5 SAUSSURE, Ferdinand de, *Cours de linguistique générale*, Paris: Payot, 2005, pp. 126-7.

mativas capazes de estabelecer e assegurar condições ideais reguladoras para a determinação de toda experiência que possa aspirar validade intersubjetiva.

Pois posso claramente fazer apelo a operações sociais elementares e dizer: o senso comum me assegura como agir quando quero ir ao mercado e comprar algo ou quando tenho sensações simples e procuro partilhá-las. Nesses casos, encontramos uma espécie de solo consensual profundo. Mas não há nada parecido quando é questão de partilhar o sentido de julgamentos sobre valores complexos (como, por exemplo, "esta é ou não uma situação justa", "agi ou não de forma moralmente válida", "tal formação social é ou não livre"). Não há uma passagem assegurada entre o consenso presente na dimensão do senso comum e o dissenso social presente na dimensão dos modos de aplicação de valores e princípios complexos.

Mas dar espaço a críticas dessa natureza não nos levaria necessariamente a uma zona de anomia? Pois uma situação na qual não posso mais apelar a normatividades parece não ser outra coisa que o que devemos entender por anomia[6]. E, de certa forma, não era algo semelhante a essa anomia que Aristóteles sentia se, por exemplo, suspendêssemos o princípio de não contradição, ou seja, se colocássemos em questão esse que é o fundamento da gramática naturalizada do senso comum? "Não saberemos mais distinguir um homem e um barco." "Ir a Megara ou ficar em casa será a mesma coisa", ou seja, as antinomias serão tantas que não saberemos mais jogar o jogo da linguagem, não saberemos mais nos orientar no pensamento e na ação.

Mas a boa questão talvez seja: o que significa decidir nesse terreno onde as significações tornam-se obscuras, onde os pressupostos não podem mais ser imediatamente legíveis a partir daquilo que aprendi a ler? Devemos suspender o jogo e não mais falar, limitando-nos apenas aos lances mais elementares e primeiros, afirmando que a partir de certo limite não há mais jogo possível? Maneira de repetir a frase de Ismênia: "Mas o impossível

---

6 Basta definirmos anomia como: "os efeitos de um enfraquecimento das normas e das convenções tácitas reguladoras de expectativas mútuas que conduz a uma degradação dos vínculos sociais" (BOLTANSKI, Luc e CHIAPELLO, Eve, *Le nouvel esprit du capitalisme*, Paris: Gallimard, 1998, p. 504).

é melhor nem tentar." Ou devemos submeter o jogo ao puro arbítrio soberano, o que quer que isso possa afinal significar?

Gostaria de mostrar como há uma resposta que podemos encontrar nessa tradição da qual fariam parte Hegel, Lacan e Adorno. Ela consiste em dizer que lances que não se submetem claramente a regras são situações nas quais me vejo diante da potência do não completamente determinado. Ou, se quisermos, me vejo diante da *impotência da regra*. Nesse caso, a relação entre a regra e a situação a que ela se refere é de negação, já que a situação aparece como portadora de outra ordem potencial. Mas (e devemos dar todo o peso a esse "mas") essa outra ordem não pode ser simplesmente outra regra. Ela será, antes, a ordem como imagem necessariamente difusa, pois ela será necessariamente a problematização da noção de "seguir uma regra" ou, se quisermos, de "agir a partir de um princípio". Proposições que, infelizmente, só poderão ser na verdade esclarecidas (ou, se quisermos, realmente postas em suas expectativas) ao final deste livro.

No entanto, podemos colocar aqui algumas questões: quem fala tal língua? Quem procura tal língua como seu modo irrevogável de *expressão*? Que tipo de sujeito é esse que prefere uma imagem difusa a uma imagem nítida? Que tipo de sujeito é esse que não reconhece mais a eficácia normativa (e, insistiria nesse ponto, não há sentido em falar em "normatividade" sem se perguntar sobre as condições de sua eficácia atual) do ato de "seguir uma regra" ou "agir a partir de um princípio"?

Tais perguntas são importantes. Elas são uma maneira de lembrar que a entificação do potencial racional das estruturas de validação de julgamento e ação presentes nos atos ordinários de linguagem só pode estar fundada na elevação da figura atual do sujeito, com suas competências cognitivas, práticas, judicativas e linguísticas, a ideal regulador. Nesse sentido, outros antes de nós já insistiram na necessidade de "revelar a dimensão moral-pedagógica do senso comum como *ideal*"[7]. Devemos falar em "dimensão moral-pedagógica" porque se trata de assentar as estruturas do julgamento e dos ideais normativos de racionalidade nas disposições de conduta de um sujeito racional, de um *vernünftig Mensch* que deve aparecer como horizonte de maturação e for-

---

7 PRADO JR., Bento, *Alguns ensaios*, Rio de Janeiro: Paz e Terra, 2000, p. 139.

mação para a multiplicidade dos indivíduos empíricos. O sintagma "moral-pedagógico" é extremamente feliz pois implica que se trata aqui de "ensinar a se conduzir", o que no nosso caso não significa, necessariamente, apenas assumir hierarquias de valores a partir de conteúdos para a ação, mas "aprender a seguir uma regra" ou, para ser ainda mais claro, "submeter a vontade a um princípio que possa servir de norma universalizável". Como Nietzsche mostrou de maneira clara, não há teoria da linguagem que não seja dependente de certa antropologia, de uma reflexão sobre o que determina a humanidade do humano. No fundo, a questão gira em torno de saber qual antropologia queremos. Levando isso em conta, podemos então dizer, voltando às colocações de Wittgenstein apresentadas no início: "[...] ao abandonarmos a crença na linguagem como imagem clara, acabamos por ter que nos contentar, necessariamente, com o homem como retrato difuso". Dessa forma, podemos dizer que a crítica da racionalidade como determinação das condições de esclarecimento da normatividade traz necessariamente uma problematização do conceito de sujeito. Pois, aceita tal crítica, o sujeito racional não poderá mais ser compreendido como aquele capaz de pôr-se como *locus* privilegiado de modos de julgamento, de vontade e de ação fundados em estruturas normativas deduzidas *a priori*.

Nesse sentido, este livro visa dar continuidade a problemas que começaram a ser tratados em meu livro anterior, *Cinismo e falência da crítica*. Lá, foi questão de expor uma patologia social[8], a saber, o cinismo, através da análise de modos de intervenção entre normatividade e anomia. Nesse sentido, "cinismo" aparecia como o nome do processo de decomposição de valores e critérios normativos que pareciam ser o saldo mais valioso de nossas expectativas modernas de racionalização social. No interior dessa análise, dei importância especial à maneira com que tal decomposição fora responsável pela reconfiguração dos processos de socialização e individuação. Socializar significará, a partir de então, cons-

---

8 Esse uso do conceito de "patologia" é largamente tributário dos trabalhos de Axel Honneth, principalmente em *La société du mépris*, Paris: La Découverte, 2006, e em *Pathologien der Vernunft*, Frankfurt: Suhrkamp, 2007. No entanto, ele se distancia de Honneth no que diz respeito à definição do seu horizonte normativo a partir do recurso a uma teoria da intersubjetividade inspirada nas discussões sobre a racionalidade comunicativa. Por isso, sua aplicação não é simétrica àquela proposta pelo filósofo alemão.

tituir individualidades capazes de lidar, nas esferas da linguagem, do trabalho e do desejo, com a generalização de situações de anomia social, mas de uma anomia que teria se transformado em condição paradoxal para o funcionamento normal das sociedades capitalistas atuais[9].

Aqui, trata-se de dar continuidade a essa análise seguindo outra via. A discussão irá girar em torno das condições de possibilidade para a formação de um conceito de sujeito que nos forneça coordenadas iniciais (e eu insistiria no caráter ainda provisório de algo que visa fornecer apenas "coordenadas iniciais") para pensarmos uma recomposição da noção de racionalidade para além de sua dependência à noção de normatividade intersubjetivamente partilhada, com suas interversões possíveis. Como pensar uma *superação* dessa figura da normatividade racional que não seja simplesmente a *perversão* em seu contrário? Como repensar o que entendemos normalmente por "ação racional"?

Outro sujeito

Este é o ponto que me permite explicar a razão do esforço intelectual em criar certa linha de desenvolvimento que vai de Hegel a Lacan e Adorno. Esforço cujo início se deu por ocasião de meu primeiro livro *A paixão do negativo: Lacan e a dialética*. Lá, foi questão de mostrar como uma prática clínica fundamental para a constituição do quadro de reflexão contemporânea sobre a estrutura da subjetividade e sobre seus processos de reconhecimento (a psicanálise) encontrava-se, em dado momento de sua história, com elaborações referentes à categoria de sujeito no interior da experiência intelectual hegeliana. Encontro que, como tentei mostrar, não era regional, mas recolocava em novas bases, impunha um novo desenvolvimento a problemas clínicos fundamentais, como a definição do que devemos compreender por "doenças mentais", por "tratamento" e por "cura". Algumas dessas questões serão retomadas novamente aqui a fim de fornecer a base para desdobramentos posteriores.

---

9 Ver, por exemplo, o capítulo "Para uma crítica da economia libidinal". In: SAFATLE, Vladimir, *Cinismo e falência da crítica*, São Paulo: Boitempo, 2008, pp. 113-46.

Ao final do livro, procurei apresentar as coordenadas de uma aproximação possível entre Lacan e outro autor que, trabalhando na mesma época e também a partir de uma articulação fundamental entre Freud e Hegel, teria chegado a elaborações convergentes; embora, em seu caso, o campo privilegiado de confrontação com a empiricidade não fosse a clínica, mas a estética. Tratava-se de Theodor Adorno. Tal aproximação entre problemas clínicos e estéticos foi possível, por um lado, porque Lacan havia procurado, em vários momentos, repensar *os modos de subjetivação disponíveis à clínica a partir de certa configuração da reflexão estética sobre as artes*. Como se processos de subjetivação e mecanismos de formalização estética pudessem ser pensados conjuntamente.

No entanto, essa proposta de estudo comparativo entre Lacan e Adorno não era animada apenas pela constatação de estarmos diante de dois autores, de tradições distintas, em cujas bases de suas experiências intelectuais encontrávamos uma articulação criativa e tensa entre Hegel e Freud. Na verdade, tratava-se de mostrar como dois leitores atentos dos problemas legados pela dialética hegeliana foram capazes de renovar os modos de sustentação do princípio de subjetividade *a partir de uma estratégia absolutamente convergente*. Em vez de assumir o discurso da morte do sujeito ou do retorno à imanência do ser, ao arcaico, ao inefável, os dois estiveram dispostos a sustentar o princípio de subjetividade, embora lhes desprovesse de um pensamento da identidade.

Nas mãos dos dois, o sujeito deixa de ser uma entidade substancial que fundamenta os processos de autodeterminação para transformar-se no *locus da não identidade e da clivagem*. Operação que ganha legibilidade se lembrarmos que a raiz hegeliana comum dos pensamentos de Lacan e de Adorno lhes permitiu desenvolver uma articulação fundamental entre sujeito e negação capaz de nos indicar uma estratégia maior para sustentar a figura do sujeito na contemporaneidade[10]. Assim, a não identidade, ou seja, uma negatividade não recuperável fundamental para a estru-

---

10 Essa raiz hegeliana comum não deve ser desprezada, já que Hegel é referência maior e conflituosa tanto para Adorno quanto para Lacan e trata-se de um erro maior acreditar que a influência de Hegel sobre Lacan resume-se ao peso de Kojève e de Hyppolite nos primeiros seminários e escritos lacanianos.

turação de uma subjetividade que não se perde no meio universal da linguagem, poderá constituir o horizonte utópico adorniano da mesma maneira que ela representará aquilo que deve ser reconhecido pelo sujeito ao fim do processo psicanalítico lacaniano. No caso do sujeito, essa não identidade encontra seu espaço privilegiado na confrontação com experiências de despersonalização que se manifestam, principalmente, nas dimensões do desejo, do corpo e da sexualidade. Se dermos a devida importância a tais experiências, poderemos dizer, e gostaria de mostrar melhor neste livro o que devemos entender com isso, que "sujeito" não deve ser compreendido como uma entidade substancial, idêntica a si mesma e capaz de se autodeterminar graças à reflexividade. Entidade cujos predicados fundamentais seriam: a autonomia potencial das ações e condutas que leva à imputabilidade da pessoa jurídica, a unidade coerente das representações e da personalidade, a capacidade reflexiva do pensar, entre outros. Na verdade, deveremos *avaliar a possibilidade e as consequências de chamarmos de "sujeito", ao contrário, o processo reflexivo de confrontação com um impessoal que se manifesta, de maneira privilegiada, no desejo, no corpo e na sexualidade.* Claro que devemos expor de maneira detalhada as razões que nos levam a chamar de "sujeito" um processo dessa natureza.

A fim de deixar evidente tal ponto, este livro partirá da tentativa de revelar as raízes de tal concepção de sujeito no interior das reflexões hegelianas sobre processos de individuação. O que nos possibilitará colocar questões como: em que a defesa de tal conceito de sujeito, que poderíamos encontrar tanto em Lacan quanto em Adorno, permite o desenvolvimento sistemático e, em larga medida (e não teria receio de usar tal palavra neste contexto), *fiel* de reflexões presentes no interior da experiência intelectual hegeliana? Mas como dois autores que nunca perderam a oportunidade de criticar abertamente Hegel e o horizonte de reconciliação pressuposto pelo encadeamento de seu sistema poderiam ser *fiéis* a Hegel? E, *last but not least*, qual o valor em afirmar tal fidelidade?

Ler textos

Neste ponto, talvez valha a pena expor alguns pressupostos de leitura que guiaram não apenas este livro, mas guiam em larga medida os trabalhos que até agora desenvolvi. A fim de expô-los, talvez seja o caso de lembrar aqui de um pequeno comentário de Kant a respeito de seu modo de leitura dos textos filosóficos:

> Não raro acontece, tanto na conversa corrente como em escritos, compreender um autor, pelo confronto dos pensamentos que expressou sobre seu objeto, melhor do que ele mesmo se entendeu, isto porque não determinou suficientemente o seu conceito e, assim, por vezes, falou ou até pensou contra sua própria intenção.[11]

Esse comentário aparentemente inocente é a exposição de todo um programa de leitura que, ao que parece, não estaria totalmente de acordo com as regras do rigor interpretativo. Afinal, Kant reconhece que sua leitura é, digamos, *sintomal*. Ele irá procurar aqueles pontos da superfície do texto nos quais a letra não condiz com o espírito, nos quais o autor estranhamente *pensou contra sua própria intenção*. Pontos nos quais *o texto pensou contra a intenção de seu autor*. Mas o que significa admitir um pensamento que se descola de sua própria intenção e deixa traços desse descolamento nos textos que produz?

É possível que isso signifique, principalmente, estar atento às regiões textuais nas quais o projeto do sistema filosófico é impulsionado pelo encadeamento implacável de conceitos que insistem em abrir novas direções; estar atento a estruturas que atravessam a consciência do texto e deixam marcas nos caminhos trilhados pela escrita. Ao menos nesse ponto, é difícil estar de acordo com Victor Goldschmidt, para quem "as asserções de um sistema não podem ter por causas, tanto próximas quanto imaginárias, senão conhecidas do filósofo e alegadas por ele"[12]. A história da filosofia, ao contrário, mostra que é, sim, possível pensar a partir daquilo que o autor produz sem o saber, ou sem o reconhecer. Talvez seja mesmo o caso de afirmar que *um texto, e fundamentalmente o texto filosófico, é sempre uma operação tensa de negociação*. Como se um verdadeiro texto filosófico fosse sempre e necessa-

---

11 KANT, Immanuel, *Crítica da razão pura*, Lisboa: Calouste Gulbenkian, 1988, B 370/A 314.
12 GOLDSCHMIDT, Victor, "Tempo lógico e tempo histórico na interpretação dos sistemas filosóficos". In: *A religião de Platão*, São Paulo: Difel, 1963, p. 141.

riamente um campo de linhas divergentes de força, como se sua redação fosse sempre a história de certos abandonos, restrições e surpresas. Como se todo filósofo, ao escrever, colocasse em marcha um sistema de conceitos, uma maquinação conceitual que ele apenas no limite é capaz de controlar[13]. Porque no interior do texto trabalha algo que não é apenas o querer dizer do autor, a não ser que liberemos esse querer dizer da noção de "intencionalidade consciente", de "causas conhecidas do filósofo" e de todos esses dispositivos que ainda remetem a figura-autor às temáticas herdadas de uma filosofia da consciência. No interior do texto, trabalha a dinâmica tensa de textos passados.

Assim, podemos estar atentos àquilo que um filósofo produziu sem saber por que, para além do tempo lógico, devemos admitir uma espécie de *tempo transversal* através do qual o presente pode colocar questões e rever as respostas do passado. A *transversalidade fundamental* do tempo filosófico indica que o presente pode, sem deixar de reconhecer a tensão inerente a tal operação, aproximar os textos da tradição e procurar traços de construções potenciais que foram deixadas pelo caminho. *Ou seja, podemos ler um texto da tradição filosófica tendo em vista seu destino.* Encontraremos nele, em um movimento retrospectivo, as marcas de debates posteriores. Mapearemos a maneira com que o texto, em sua vida autônoma, foi inserindo-se em debates que lhe pareceriam, à primeira vista, estranhos. Isso implica compreender como programas filosóficos que lhe sucederam foram construídos através de um embate sobre o sentido da letra desse texto que teima em não querer pertencer ao passado. Um embate muitas vezes silencioso, que se dá de forma (e aqui essa palavra deve ser tomada de maneira extremamente precisa) inconsciente, como uma estrutura da qual os sujeitos são suportes, e determina suas escolhas sem que eles necessariamente elaborem. Pois os textos filosóficos têm uma peculiaridade maior: seus processos de negociação não se dão apenas com os atores que com-

---

13 Nesse sentido, devemos generalizar esta afirmação de Adorno sobre Hegel: "A arte de ler Hegel deveria remarcar onde intervém o novo, o substancial e onde continua a funcionar uma máquina que não se vê como uma e que não deveria continuar funcionando. É necessário a todo momento tomar em consideração duas máximas aparentemente incompatíveis: a imersão minuciosa e a distância livre" (ADORNO, Theodor, *Drei Studien zu Hegel*, Frankfurt: Suhrkamp, 1971, p. 330).

põem a cena da sua escrita; eles se dão também com atores que só se constituirão no futuro.

Essa estratégia de leitura visa justificar um dispositivo absolutamente central para a realização do projeto deste livro: mostrar como problemas maiores presentes na teoria hegeliana da individuação, tal como ela será apresentada principalmente nos três primeiros capítulos, serão recuperados através das leituras que Lacan e Adorno farão de certos conceitos freudianos centrais, como: pulsão, fantasia, desenvolvimento. Não se trata de dizer que Lacan e Adorno, conscientes dos problemas herdados pela reflexão hegeliana, procuraram resolvê-los através de um amálgama inesperado e arriscado com a teoria freudiana. Trata-se de dizer que a leitura de Hegel trouxe a Adorno e a Lacan não apenas algumas temáticas e modos de encaminhamento próprios ao filósofo alemão, mas, principalmente, o desenvolvimento subterrâneo de possibilidades presentes em Hegel. Possibilidades que permitiram a confrontação criativa com questões ligadas ao problema da constituição de individualidades em Freud.

Um comentário

Antes de iniciar este livro, gostaria de dizer que sou o primeiro a reconhecer o caráter provisório e indicial de muitas elaborações aqui apresentadas. Mesmo alguns resultados foram, para mim, objeto de espanto incômodo; o que talvez não poderia ser diferente para alguém que acredita cada vez menos nas ilusões personalistas da função-autor, que se sente cada vez menos autor das ideias que escreve. Talvez algumas ideias precisem de um momento maior de maturação. No entanto, há dois gêneros de escritores: aqueles que apresentam a elaboração sistemática de uma experiência longamente maturada, assegurada, e aqueles que escrevem como se procurassem esconjurar uma hipótese que lhes atormenta, hipótese que precisa aparecer "cedo demais" para, a partir dessa primeira aparição, poder ser polida. É provável que o autor deste livro sinta-se mais próximo do segundo caso. Por isso, talvez ele se veja obrigado a fazer suas as palavras de Michel Foucault:

> Quanto a estes para quem se esforçar, começar e recomeçar, tentar, enganar-se, tudo retomar de cima abaixo e ainda encontrar

meios de hesitar a cada passo, quanto a estes para quem, em suma, trabalhar mantendo-se em reserva e em inquietação equivale à demissão, pois bem, nós não somos, e isto é evidente, do mesmo planeta.[14]

---

14 FOUCAULT, Michel, *Histoire de la sexualité II*, Paris: Gallimard, 1984, p. 14.

Desejo e vontade

Capítulo I
O AMOR É MAIS FRIO QUE A MORTE

> *Of course all life is a process of breaking down,*
> *but the blows that do the dramatic side of the work (...)*
> *don't show their effect all the once.*
> SCOTT FITZGERALD

Vivemos aliás numa época em que a universalidade do espírito está fortemente consolidada, e a singularidade (*Einzelnheit*), como convém, tornou-se ainda mais indiferente (*gleichgültiger*); época em que a universalidade se aferra a toda a sua extensão e riqueza acumulada e as reivindica para si. A parte que cabe à atividade do indivíduo na obra total do espírito só pode ser mínima. Assim, ele deve esquecer-se, como já o implica a natureza da ciência. Na verdade, o indivíduo deve vir-a-ser, e também deve fazer o que lhe for possível; mas não se deve exigir muito dele, já que tampouco pode esperar de si e reclamar para si mesmo.[1]

Essas afirmações são importantes por sintetizarem tudo aquilo que várias linhas hegemônicas do pensamento filosófico do século XX imputaram a Hegel. Filósofo da totalidade do Saber Absoluto, incapaz de dar conta da irredutibilidade da diferença e das aspirações de reconhecimento do individual às estratégias de síntese do conceito. Expressão mais bem-acabada da crença filosófica de que só seria possível pensar através da articulação de sistemas fortemente hierárquicos, com o consequente desprezo pela dignidade ontológica do contingente, desse mesmo contingente que "tampouco pode esperar de si e reclamar para si mesmo". Defesa de uma história na qual o presente apresentaria uma "universalidade do espírito fortemente consolidada", história te-

---

1 HEGEL, G.W.F., *Fenomenologia do espírito*, Petrópolis: Vozes, 1992, p. 62. Todas as traduções dos textos hegelianos foram corrigidas quando julgado por mim necessário.

leológica esvaziada da capacidade em apreender um tempo no qual acontecimentos ainda seriam possíveis[2].

Em todas essas acusações transparece o que teria sido a impossibilidade hegeliana em dar conta de um particular que não deveria nem poderia ser reduzido à condição de mera particularidade. Como se, em Hegel, o particular fosse apenas a ocasião para a realização concreta do universal, não tendo, com isso, realidade alguma em si. Em todas essas acusações parece ressoar o diagnóstico de Adorno:

> Se Hegel tivesse levado a doutrina da identidade entre o universal e o particular até uma dialética no interior do próprio particular, o particular teria recebido tantos direitos quanto o universal. Que este direito – tal como um pai repreendendo seu filho: "Você se crê um ser particular" –, ele o abaixe ao nível de simples paixão e psicologize (*psychologistisch*) o direito da humanidade como se fosse narcisismo, isto não é apenas um pecado original individual do filósofo.[3]

Isso não seria um pecado individual do filósofo porque seria um pecado de todo seu sistema.

Mas podemos nos perguntar sobre a correção de tais interpretações. Hegel teria simplesmente ignorado as exigências necessárias para o reconhecimento da individualidade ou estaria, na verdade, procurando construir as condições para uma recompreensão dos processos de individuação? Estaríamos diante de um traço definidor dos limites da filosofia hegeliana ou esse seria o ponto mais importante de um amplo projeto que visa fornecer um conceito renovado de individualidade em relação ao qual ainda não fomos capazes de nos medir?

Sabemos que Hegel desenvolve seu conceito de individualidade através da noção de consciência-de-si. No entanto, esque-

---

2 A esse respeito, por exemplo, Habermas falará "de um espírito que arrasta para dentro do sorvo da sua absoluta autorreferência as diversas contradições atuais apenas para fazê-las perder o seu caráter de realidade, para transformá-las no *modus* da transparência fantasmagórica de um passado recordado – e para lhes tirar toda a seriedade" (HABERMAS, Jürgen, *O discurso filosófico da modernidade*, Lisboa: Dom Quixote, 1988, p. 60).

3 ADORNO, Theodor, *Negative Dialektik*, Frankfurt: Suhrkamp, 1973, p. 323 [tradução modificada].

cemos com frequência como a consciência-de-si hegeliana não é um conceito mentalista próprio à reflexividade de uma subjetividade autossuficiente que se delimita em relação ao que lhe é exterior. Na verdade, consciência-de-si é, para Hegel, um conceito relacional que visa descrever certos modos de imbricação entre sujeito e outro que têm valor constitutivo para a experiência de si mesmo. Por ser a consciência-de-si um conceito relacional, seus atributos maiores na dimensão prática (como determinação, autonomia, liberdade e imputabilidade) só podem ser pensados em seu verdadeiro sentido quando abandonamos a crença de que a experiência da ipseidade está assentada na entificação de princípios formais de identidade e unidade. Até porque a consciência-de-si não se funda na apreensão imediata da autoidentidade, mas naquilo que nega sua determinação imanente. Se quisermos utilizar um vocabulário contemporâneo, diremos que a consciência-de-si hegeliana é o *locus* de uma experiência fundamental de não-identidade que se manifesta através das relações materiais do sujeito com o outro. Relações essas que são pensadas a partir das figuras do trabalho, do desejo e da linguagem. Não-identidade cuja verdadeira consequência no interior da reflexão sobre a dimensão prática da ação só poderá ser lentamente esboçada por este livro.

Mas dizer que a consciência-de-si é um conceito relacional é ainda dizer muito pouco. Pois isso pode simplesmente significar que toda subjetividade é, desde o início, dependente de uma estrutura intersubjetiva de relações que a constitui e a precede. No entanto, parece que Hegel quer dizer algo a mais. Para tanto, precisaremos compreender melhor *quem é esse outro* com o qual me relaciono em experiências constitutivas que se dão no campo do trabalho, da linguagem e do desejo. Trata-se apenas de uma outra consciência-de-si ou de uma alteridade mais profunda que está para além do que determina uma individualidade como objeto de representação mental, um para além que me coloca em confrontação com algo que, do ponto de vista da consciência, é indeterminado? E, se esse for o caso, o que pode exatamente significar, nesse contexto, essa expressão tão aproximativa: "uma alteridade mais profunda"?

Se seguirmos essa segunda hipótese, talvez compreendamos melhor por que, para Hegel, a individualidade livre (ou seja, a individualidade que realizou seu processo de formação) *é aque-*

la que leva ao campo da determinação a força disruptiva da confrontação com o indeterminado e, por isso, tem a capacidade de fragilizar toda aderência limitadora a uma determinidade finita. Talvez seja assim que devamos entender afirmações maiores de Hegel como: "A liberdade não se vincula, pois, nem ao indeterminado nem ao determinado, mas ela é ambos."[4] Ou ainda: "O Eu é a *passagem* (*Ubergehen*) da indiferenciação indeterminada para a distinção determinada e põe uma determinação como um conteúdo e objeto."[5] Lembremos que, por ser passagem, o Eu nunca deixa de conservar os momentos que ele coloca em relação através do movimento de passar no oposto. O que nos leva a dizer que ele deve conservar algo do que ainda não é um Eu, algo que é pré-individual.

Essa confrontação com o indeterminado como processo fundamental de constituição da individualidade ficará mais clara se nos perguntarmos pela função de *experiências-limites* como aquelas desempenhadas pela morte e pela angústia no processo de formação da consciência-de-si. Veremos que, longe de ser meros motivos de uma leitura demasiado "existencialista" da fenomenologia hegeliana ou ainda de uma temática moralizadora vinculada a um processo de formação ligado ao ressentimento e à resignação diante da finitude (como quer Deleuze e, de certa forma, Gérard Lebrun[6]), a morte e a angústia no caminho de formação da consciência-de-si têm funções lógicas bastante precisas. Pois elas indicam o processo necessário de abertura àquilo que, do ponto de vista da consciência imersa em um regime de pensar marcado pela finitude da representação e dos modos de categorização do entendimento, só pode aparecer como desprovido de determinação. Nesse sentido, não deixa de ser irônico lembrar que a intuição de Kojève a respeito da centralidade da confrontação com a morte no processo de formação da consciência-de-si não era exatamente incorreta. Restava apenas descrever de maneira mais adequada sua função fenomenológica.

---

4   HEGEL, G. W. F., *Grundlinien der Philosophie des Rechts*, Frankfurt: Suhrkamp, 1996, § 7.
5   Idem, § 6.
6   Ver DELEUZE, Gilles, *Nietzsche et la philosophie*, Paris: PUF, 1962, assim como LEBRUN, Gérard, *L'envers de la dialectique*, Paris: Seuil, 2004; ambas as leituras visam, cada um à sua maneira, confrontar Hegel com temáticas da crítica nietzschiana da moral. Agradeço a Ernani Chaves que me revelou a profunda semelhança estrutural entre a crítica de ambos a Hegel.

Por outro lado, insistir nesse aspecto nos permitirá mostrar como, a partir de uma perspectiva hegeliana, o processo de reconhecimento da individualidade não pode estar restrito ao simples reconhecimento da reivindicação de direitos individuais positivos que não encontram posição em situações normativas determinadas, como o quer Honneth ao afirmar não ser possível compreender por que a "antecipação da morte, seja a do próprio sujeito, seja a do Outro, deveria conduzir a um reconhecimento da reivindicação de direitos individuais"[7]. O mesmo Honneth para quem a experiência da indeterminação é vivenciada pela consciência basicamente como fonte de sofrimento, como "um estado torturante de esvaziamento"[8].

De fato, a questão não pode ser respondida se compreendermos o que exige reconhecimento como sendo direitos individuais, expressões singulares da autonomia e da liberdade. Mas não é isso que Hegel tem realmente em vista. Tanto é assim que ele não teme afirmar que o não arriscar a vida pode produzir o reconhecimento como pessoa, mas não como consciência-de-si autônoma e independente. Como se a verdadeira autonomia da consciência-de-si só pudesse ser posta em um terreno para além (ou mesmo para aquém) da forma da pessoa jurídica portadora de direitos positivos e determinações individualizadoras. Por isso, tudo nos leva a crer que Hegel insiste que se trata de mostrar como a constituição dos sujeitos é solidária da confrontação com algo que só se põe em experiências de negatividade e desenraizamento que se assemelham à confrontação com o que fragiliza nossos contextos particulares e nossas visões determinadas de mundo. A astúcia de Hegel consistirá em mostrar como o demorar-se diante dessa negatividade é condição para a constituição de um pensamento do que pode ter validade universal para os sujeitos.

Sendo assim, as tensões internas à teoria hegeliana do reconhecimento também não podem ser pensadas a partir de dualidades como esta proposta por Habermas ao afirmar:

> Eu me compreendo como "pessoa em geral" e como "indivíduo inconfundível" que não se deixa substituir por ninguém em sua

---

7   HONNETH, Axel, *Lutte pour reconnaissance*, Paris: Cerf, 2000, p. 30.
8   HONNETH, Axel, *Sofrimento de indeterminação*, São Paulo: Esfera Pública, 2007, p. 102.

biografia. Sou pessoa em geral na medida em que tenho em comum com todas as outras pessoas as propriedades pessoais essenciais de um sujeito que conhece, fala e age. Sou ao mesmo tempo um indivíduo inconfundível, que responde, de maneira insubstituível, por uma biografia tão formadora quanto singular.[9]

Interpretações dessa natureza entificam uma noção personalista de individualidade, noção ligada ao Eu como figura de uma determinação completa. Isso nos impede de pensar a fluidez de um conceito de individualidade onde toda determinação seria corroída por um fundo de indeterminação que fragiliza sua identidade e sua fixidez. Por outro lado, tais interpretações tendem a constituir a universalidade como conceito normativo e essencialista ao demarcá-la a partir de um conjunto determinado de "propriedades pessoais essenciais" que não são objeto de questionamento ou conflito, mas motor de toda demanda presente em conflitos sociais. Essa é uma via que nos leva, necessariamente, à substancialização de um conceito antropológico de sujeito. Como veremos, é exatamente para impedir derivas dessa natureza que Hegel insiste tanto na necessidade de o trajeto em direção à universalidade passar pelo "trabalho do negativo" e pelo "caminho do desespero".

Ontogêneses e conflitos

Se reconstruirmos o dispositivo fundamental de desenvolvimento da teoria hegeliana da formação da consciência-de-si, veremos que se trata de partir de considerações sobre a ontogênese das capacidades prático-cognitivas dos sujeitos, uma ontogênese que se desenvolve por processos de socialização e de individuação. Trata-se de se perguntar sobre a gênese empírica de nossas habilidades cognitivas e de nossos esquemas de determinação racional da ação. No entanto, em vez de partir da análise das práticas de socialização através de identificações que ocorrem em núcleos elementares de interação social (família, sociedade civil, instituições, Estado), Hegel prefere, inicialmente, fornecer algo

---

9 HABERMAS, Jürgen, *Verdade e justificação*, Belo Horizonte: Loyola, 2004, p. 195.

como uma matriz fenomenológica geral para a inteligibilidade de tais processos. Trata-se da Dialética do Senhor e do Escravo (DSE).

Conhecemos tentativas contemporâneas de invalidar o papel central da DSE na reflexão sobre os processos de formação e reconhecimento da consciência-de-si. Robert Williams dirá, por exemplo: "Não é o processo completo de reconhecimento recíproco, mas o fracasso em realizar tal reconhecimento que será enfatizado. Por essa razão, a figura do senhor/escravo tende a dominar o relato sobre a intersubjetividade na *Fenomenologia*."[10] Apenas no seu sistema de maturidade, Hegel teria enfim fornecido todo esse "processo completo". Mas leituras dessa natureza tendem a esquecer como a *Fenomenologia* já é a versão completa do sistema *a partir do ponto de vista da consciência*, assim como a *Ciência da lógica* é a versão completa do sistema *a partir do ponto de vista do saber objetivo*. Nesse sentido, nunca é prudente relativizar o que a *Fenomenologia* nos traz, como se tratasse de processos incompletos.

Na verdade, o desconforto de vários comentadores hegelianos com a DSE vem principalmente do fato de ela nos mostrar como os processos de reconhecimento social são mediados por um desejo que instaura o conflito como solo ontológico, por se apresentar desde o início como aquilo que constitui relações apenas a partir de dinâmicas de dominação e servidão (e veremos, mais à frente, as consequências em dar ao conflito uma dignidade ontológica). Através do desejo, procuro submeter o outro à condição de objeto desprovido de autonomia, outro cuja essência consiste apenas em ser suporte do meu desejo. Mas, como o desejo é o primeiro modo de relação com o outro, então o conflito que ele instaura tem o peso de um dado ontológico para o modo de ser da consciência-de-si.

No entanto, se assim for, parece haver um equívoco nesse esquema hegeliano. Pois: "De acordo com Hegel, o processo de reconhecimento começa com o fato de o Eu estar fora de si, de ele estar cancelado como ser-para-si e intuir a si mesmo apenas no outro. No entanto, essa não é uma estrutura de luta, mas do amor."[11] Um conflito com o outro só faz sentido por pressu-

---

10 WILLIAMS, Robert, *Hegel's Ethics of Recognition*, University of California Press, 1998, p. 47.
11 SIEP, Ludwig, "Der Kampf um Anerkennung. Zur Auseinandersetzung Hegels mit Hobbes in den Jenaer Schriften". In: *Hegel-Studien*, Bonn, 1974, vol. 9, p. 194.

por que o outro *deve e é capaz* de me reconhecer. Se acreditasse que o outro não é capaz (por ser, por exemplo, louco) ou não deve me reconhecer (por ser, por exemplo, alguém que despreza), então não haveria demanda de reconhecimento, não haveria tentativa de submeter o sistema de interesses do outro ao meu desejo. Mas, se creio que o outro deve e é capaz de me reconhecer, é porque há um tipo prévio de vínculo que poderíamos chamar de "amor" e que serve aqui como base intersubjetiva inicial e não problemática de relações. Assim, Hegel deveria ter começado a descrição dos processos conflituais de reconhecimento entre sujeitos a partir da apresentação do amor como fundamento e base normativa das demandas sociais de reconhecimento presentes em processos de interação. Algo que, por sinal, ele faz em seus textos de juventude, como na *Filosofia do espírito*, de 1805.

Retomar a DSE, entretanto, pode nos explicar por que Hegel não tem como concordar com tentativas contemporâneas de recuperar o amor como "estrutura geral de reconhecimento recíproco"[12] que deveria ser pressuposta como solo intersubjetivo primário para o desenvolvimento seguro e normatizado de todo e qualquer processo de determinação social da individualidade. Isso ao menos se pensarmos o amor a partir do paradigma comunicacional de relações de mútua dependência e complementaridade. Pois, ao contrário, talvez Hegel queira mostrar que os processos de interação e socialização são mediados por um desejo cuja opacidade e negatividade problematiza de maneira decisiva a intersubjetividade primária do amor[13]. Desejo que só poderá ser satisfeito ao reconhecer-se em uma individualidade onde o

---

12 HABERMAS, Jürgen, *Verdade e justificação*, op. cit., p. 200. Sendo justamente a mais conhecida e sistemática dessas tentativas aquela empreendida por Axel Honneth em seu *Luta por reconhecimento* (op. cit.).
13 Lembremos que a *Fenomenologia do espírito* apresenta uma crítica explícita ao amor como princípio de relações intersubjetivas através da figura do "Prazer e da necessidade". Aqui, encontramos também a exigência de: "sich als diese Einzelne in einem andern oder ein anderes Selbstbewusstsein als sich anzuschauen" [intuir-se a si mesmo como esse singular, em um outro ou em outra consciência-de-si]. No entanto, tal intuição só pode se realizar pela submissão do outro à essência negativa de um gozo que em nada se aquieta. Não se trata de fazer alguma confusão entre "amor" e "gozo", mas de lembrar que a tematização hegeliana do hedonismo pode nos fornecer um modelo para questionarmos a possibilidade de realização social de um conceito de amor fundado no paradigma comunicacional de relações de mútua dependência e complementaridade.

Eu sempre vai estar, de certa maneira, irredutivelmente fora de si; desejo cuja satisfação nos leva, inclusive, ao abandono do Eu como forma altamente individuada.

É certo que o desejo como relação negativa para com o objeto exige ser superado. No entanto, tal superação não implica recuperar alguma forma de interação recíproca entre sujeitos fortemente individualizados e determinados, muito menos implica pôr processos de indiferenciação simbiótica pré-pessoais como horizonte de desenvolvimento de relações sociais. Como gostaria de mostrar, a experiência da negatividade do desejo será, de certa maneira, conservada como base para a reconstrução dos modos de relação a si e ao outro. Isto obrigará, no limite, à problematização de todo conceito de amor ligado a formas de paradigmas comunicacionais[14].

Se voltarmos ao texto da *Fenomenologia*, veremos que o desejo aparece pela primeira vez em um contexto esclarecedor. Trata-se de uma discussão a respeito das condições para a realização da unidade entre consciência-de-si e consciência de objeto. Ao lembrar que a noção de "fenômeno", como "diferença que não tem em si nenhum ser" (já que é apenas o aparecer para-um-Outro), não era figura da unidade da consciência-de-si consigo mesma, mas, ao contrário, era a própria clivagem (já que a essencialidade está sempre em um Outro inacessível ao saber: a coisa-em-si), Hegel afirma: "Essa unidade [da consciência-de-si] deve vir-a-ser essencial a ela, o que significa: a consciência-de-si é desejo em geral (*Begierde überhaupt*)."[15]

O que significa essa introdução do que Hegel chama aqui de "desejo em geral", ou seja, não desejo desse ou daquele objeto, mas desejo tomado em seu sentido geral, como modo de relação entre sujeito e objeto? A partir do contexto, podemos compreender que a unidade da consciência-de-si com o que havia se alojado no "interior das coisas" como essência para além dos fenômenos, unidade entre o saber e a determinação essencial dos objetos, só

---

14 Isso pode nos explicar por que alguém como Jacques Lacan, leitor precoce da DSE, desenvolverá um conceito de amor que não pode mais ser compreendido como figura de uma intersubjetividade primária, mas que exige a mobilização de conceitos como "destituição subjetiva". Talvez esse fosse o único caminho para recuperar um conceito de amor que faça jus à experiência hegeliana de negatividade.
15 HEGEL, G. W. F., *Fenomenologia do espírito*, op. cit., p. 120.

será possível a partir do momento em que compreendermos as relações entre sujeito e objeto não apenas como relações de conhecimento, mas primeiramente como relações de desejo e satisfação.

A princípio, uma afirmação dessa natureza parece algo totalmente temerário. Estaria Hegel colocando em marcha alguma forma de psicologismo selvagem que submete as expectativas cognitivas a interesses prático-finalistas? Ou estaria ele insistindo, e aí na melhor tradição que encontramos também em Nietzsche e em Freud, que a razão configura seus procedimentos (ou seja, ela define o que é racional e legítimo) através dos interesses postos na realização de fins práticos, interesses que nos levam a recuperar a dignidade filosófica da categoria de "desejo"?

De fato, essa segunda alternativa parece ser o caso. Nesse sentido, podemos seguir um comentador que viu isso claramente, Robert Pippin:

> Hegel parece estar dizendo que o problema da objetividade, do que estamos dispostos a contar como uma reivindicação objetiva, é o problema de satisfação do desejo, que a "verdade" é totalmente relativizada por fins pragmáticos (...). Tudo se passa como se Hegel estivesse reivindicando, como muitos fizeram nos séculos XIX e XX, que o que conta como explicações bem-sucedidas depende de quais problemas práticos queremos resolver (...) que o conhecimento é uma função de interesses humanos.[16]

No entanto, parece que Hegel estaria assim entrando com os dois pés em alguma forma de relativismo que submete expectativas universalizantes de verdade à contingência de contextos marcados por interesses e desejos particulares. A não ser que Hegel seja capaz de mostrar que os interesses práticos não são guiados pelo particularismo de apetites e inclinações, mas que, ao se engajar na dimensão prática tendo em vista a satisfação de seus desejos, os sujeitos realizam necessariamente as aspirações universalizantes da razão. Lembremos ainda que, por não admitir distinções estritas entre empírico e transcendental, Hegel não está disposto a operar rupturas entre desejo patológico e vontade livre cujo

---

16 PIPPIN, Robert, *Hegel's Idealism: The Satisfaction of Self-Consciousness*, Cambridge University Press, 1989, p. 148.

reconhecimento seria o fundamento para a constituição do universo dos direitos. Há algo da universalidade da vontade livre que já se manifesta no interior do desejo.

Colocações dessa natureza parecem ir na contramão de tendências hegemônicas do pensamento crítico do século XX. Basta lembrar, por exemplo, dessa questão sempre posta por teóricos da Escola de Frankfurt, questão animada pela psicanálise freudiana com sua descrição da natureza conflitual dos processos de socialização no interior da família e de internalização da lei social: o que é necessário perder para se conformar às exigências de racionalidade e universalidade presentes em processos hegemônicos de socialização do desejo? Ou ainda: qual é o preço a pagar a fim de viabilizar tais exigências? Quanto devemos pagar para sustentar afirmações como: "A verdadeira liberdade é, como eticidade, o fato de a vontade não ter finalidades subjetivas, ou seja, egoístas, mas um conteúdo universal?"[17] Como disse Adorno, não estaríamos aí diante da tentativa de "psicologizar o direito da humanidade como se fosse narcisismo"?

Tais questões têm consequências maiores. Tomemos, por exemplo, o caso de Adorno, para quem os modos de organização da realidade no capitalismo avançado, assim como os regimes de funcionamento de suas dinâmicas de interação social, de seus núcleos de socialização, eram dependentes da implementação de uma metafísica da identidade. Uma metafísica que guiaria a ontogênese das capacidades prático-cognitivas dos sujeitos através da internalização de exigências de unidade que orientam a formação do Eu e reprimem o que é da ordem do corpo, das pulsões e da sexualidade (em suma, do desejo). Assim, se Adorno pode dizer que "identidade de si e alienação de si estão juntas desde o início"[18], é principalmente porque a socialização que visa constituir individualidades segue a lógica da internalização de uma lei repressiva da identidade. Daí afirmações como:

> A consciência nascente da liberdade alimenta-se da rememoração (*Erinnerung*) do impulso (*Impuls*) arcaico, não ainda guiado por

---

17 HEGEL, G. W. F., *Enciclopédia das ciências filosóficas*, Belo Horizonte: Loyola, 1995, vol. III, § 469.
18 ADORNO, Theodor, *Negative Dialektik*, op. cit., p. 216.

um Eu sólido. Quanto mais o Eu restringe (*zügeln*) tal impulso, mais a liberdade primitiva (*vorzeitlich*) lhe parece suspeita, pois caótica.[19]

Afirmações que demonstram como análise da realidade social, crítica da metafísica da identidade e crítica da ontogênese das capacidades prático-cognitivas estariam absolutamente vinculadas. Um vínculo que legitimaria Adorno a voltar-se contra Hegel, o mesmo Hegel que não teria compreendido que a violência do universal realizando-se não é idêntica à essência dos indivíduos, mas contrária.

No entanto, devemos insistir que Hegel é sensível àquilo que não se determina integralmente de maneira positiva através de processos de socialização e individuação. Ele sabe que há um caminho complexo até a realização da possibilidade de tais processos preencherem exigências universalizantes. Por isso, em Hegel, a ontogênese do sujeito é o reconhecimento de uma anterioridade ontológica do conflito que se manifesta nessa ligação necessária entre subjetividade e negatividade.

Sobre tal anterioridade ontológica, lembremos como Hegel chega a "naturalizar a noção de conflito" através de sua filosofia da natureza, isso ao instaurá-lo no interior de seu conceito de "vida". Vida cujo movimento será recuperado de maneira reflexiva no interior da determinação da consciência-de-si. Ou seja, vida que fornecerá o modelo do processo reflexivo de autoposição próprio à consciência-de-si. Insistir nessa complementaridade é inclusive uma maneira de lembrar que aquilo que se manifesta inicialmente como exterioridade em relação à consciência-de-si (a natureza, a mesma natureza na qual Adorno verá o signo da emancipação do sujeito através da suspensão de sua dominação pela razão) fornecerá o modelo de constituição do conceito de individualidade.

A fluidez absoluta da vida

Sabemos como, para a geração de Hegel, a filosofia moderna deveria ultrapassar um sistema de dicotomias que encon-

---

19 ADORNO, Theodor, idem, p. 221.

trara sua figura mais bem-acabada na maneira kantiana de definir o primado da faculdade do entendimento na orientação da capacidade cognitiva da consciência. Hegel partilha o diagnóstico de pós-kantianos como Fichte e Schelling para quem, na filosofia kantiana, o primado da reflexão e do entendimento produziu cisões irreparáveis. Daí por que "o único interesse da razão é o de suspender antíteses rígidas"[20], como aquelas que orientam as distinções entre sujeito e objeto, forma e matéria, receptividade e espontaneidade, natureza e subjetividade.

Em Hegel, uma das primeiras maneiras de definir o modo de anulação de tais dicotomias foi a tematização de uma espécie de solo comum, de fundamento primeiro, a partir do qual sujeito e objeto se extrairiam, isso na mais clara tradição schellinguiana. Esse fundamento primeiro era a vida. Daí por que Hegel poderá afirmar, na juventude: "Pensar a pura vida, eis a tarefa", já que "A consciência desta pura vida seria a consciência do que o homem é"[21]. Nesse sentido, ter a vida por objeto do desejo é reconhecer, no próprio objeto, a substância que forma consciências-de-si. Não é por outra razão que Hegel apresenta a vida logo na entrada da seção dedicada à consciência-de-si, na *Fenomenologia do espírito*. Como consciência que reconhece as dicotomias nas quais uma razão compreendida com base na confrontação entre sujeito e objeto se enredara, a consciência-de-si procura um *background* normativo intersubjetivamente partilhado a partir do qual todos os modos de interação entre sujeito e objeto se extraem. A vida aparece inicialmente como esse *background*.

No entanto, a vida é ainda uma figura incompleta porque seu movimento não é para-si, ou seja, não é reflexivamente posto e apreendido. Não se trata aqui de simplesmente negar, através de uma negação simples, o que a reflexão sobre a vida traz. De fato, há

---

20 HEGEL, G. W. F., *Diferença dos sistemas filosóficos de Fichte e Schelling*, Lisboa: Imprensa Nacional da Casa da Moeda, 2003, p. 38.
21 Como bem viu Hyppolite: "a pura vida supera essa separação [produzida pelo primado do entendimento] ou tal aparência de separação; é a unidade concreta que o Hegel dos trabalhos de juventude ainda não consegue exprimir sob forma dialética" (HYPPOLITE, Jean, *Gênese e estrutura da "Fenomenologia do espírito"*, São Paulo: Discurso Editorial, 1999, p. 162). Ou ainda: "Contra a encarnação autoritária da razão centrada no sujeito, Hegel apresenta o poder unificador de uma intersubjetividade que se manifesta sob o título de *amor e vida*" (HABERMAS, Jürgen, *O discurso filosófico da modernidade*, op. cit., p. 39).

certa continuidade entre a vida e a consciência-de-si claramente posta por Hegel nos seguintes termos: "A consciência-de-si é a unidade para a qual é a infinita unidade das diferenças, mas a vida é apenas essa unidade mesma, de tal forma que não é ao mesmo tempo para si mesma."[22] Ou seja, a diferença entre consciência-de-si e vida é afirmada sobre um fundo de semelhanças.

Mas como Hegel compreende a vida e seu movimento, seu ciclo? De maneira esquemática, podemos dizer que a vida é fundamentalmente compreendida a partir da tensão entre a universalidade da substância que define o vivente e a particularidade do indivíduo ou da multiplicidade diferenciadora das formas viventes (espécies). Essa tensão entre unidade e indivíduo produz uma forma de oposição que Hegel havia chamado, em *Diferença sobre os sistemas de Fichte e Schelling*, de "o fator da vida" (*Faktor des Lebens*) para descrever o motor de um movimento no interior da vida que visa superar tal oposição. Por tender em direção a essa superação, a vida pode aparecer como primeira figura da infinitude. Isso nos explica por que Hegel havia dito, ao apresentar o conceito de infinitude no capítulo sobre o entendimento, na *Fenomenologia do espírito*: "Essa infinitude simples – ou o conceito absoluto – deve-se chamar a essência simples da vida, a lama do mundo, o sangue universal."[23] Hegel descreve assim o ciclo da vida:

> Seu ciclo se encerra nos momentos seguintes. A essência é a infinitude, como ser-superado de todas as diferenças [*a vida é o que retorna sempre a si na multiplicidade de diferenças do vivente*], o puro movimento de rotação, a quietude de si mesma como infinitude absolutamente inquieta, a independência mesma em que se dissolvem as diferenças do movimento; essência simples do tempo que tem, nessa igualdade-consigo-mesma, a figura sólida do espaço. Porém, nesse meio simples e universal, as diferenças também estão como diferenças, pois essa fluidez universal (*allgemeine Flüssigkeit*) [*da vida como unidade*] só possui sua natureza negativa enquanto é um superar das mesmas, mas não pode superar as diferenças se essas não têm um subsistir.[24]

---

22 HEGEL, G. W. F., *Fenomenologia de espírito*, op. cit., p. 121.
23 Idem, p. 115.
24 Idem, p. 121.

Esse ciclo demonstra como há uma cisão (*Entzweiung*) no interior da vida. Hegel chega a falar que a vida conhece apenas uma unidade negativa absoluta (*absolute negative Einheit*) consigo mesma. Isso significa que, por um lado, ela é substância universal que passa por todos os viventes. Daí o uso importante de uma metáfora como "fluidez" que indica o que não pode se estabilizar em uma determinidade fixa, o que tendenciamente se manifesta como princípio de indeterminação. Mas, por outro, ela é tendência a diferenciações cada vez mais visíveis que recebem *formas* independentes (*selbstständigen Gestalten*) cada vez mais determinadas. Como vemos, há um conflito interno à vida, entre indeterminação e determinação. Conflito que faz com que a posição da individualidade seja a divisão de uma fluidez indiferenciada (*unterschiedslosen Flüssigkeit*) que, por sua vez, só pode ser posta através da dissolução da própria individualidade. É pensando em tal conflito que Hegel dirá:

> A inadequação (*Unangemessenheit*) do animal à universalidade [da vida] é sua doença original e o germe interno de sua morte. A superação dessa inadequação é ela mesma a execução deste destino (...) [já que] na natureza, a universalidade só acede ao fenômeno desta maneira negativa que consiste em superar a subjetividade.[25]

Hegel quer insistir que, na natureza, a vida só pode alcançar a universalidade, essa fluidez fundamental, através da dissolução da individualidade, daí por que o organismo morre de uma causa interna, ele não pode se reconciliar com a universalidade. É por não ser capaz de reconciliar a individualidade com o universal que a natureza é uma figura imperfeita do Espírito. Ela chega a desenvolver certa reconciliação, esta também imperfeita: o gênero (*Gattung*). Mas, do ponto de vista do gênero, todos os indivíduos já estão mortos. Ou seja, a assunção de si como gênero apenas é uma reconciliação que, mais uma vez, opera uma negação simples da individualidade. Daí por que: "O objetivo da natureza é matar-se a si mesma e quebrar sua casca, esta do imediato, do sensível, queimar-se como fênix para emergir desta

---

25 HEGEL, G. W. F., *Enciclopédia*, op. cit., vol. I, § 375.

exterioridade rejuvenescida como espírito."²⁶ O que leva Hegel a afirmar, ao final, que a vida "é o todo que se desenvolve, que dissolve seu desenvolvimento e que se conserva simples nesse movimento"²⁷.

Podemos mesmo dizer que a consciência-de-si será capaz de experimentar esse conflito presente no interior da vida, mas sem se dissolver como individualidade. Ela terá a experiência da universalidade negativa, da fluidez absoluta, mas tal experiência será um tremor diante da morte, que terá função formadora. No entanto, esta é uma maneira mais nebulosa de dizer que o movimento próprio à consciência-de-si já está, de certa forma, presente na natureza. Um pouco como se o movimento que anima o meio no qual a consciência-de-si age (a história) já estivesse em germe na natureza. O que não poderia ser diferente para alguém que afirmou: "O espírito proveio (*hervorgegangen*) da natureza."²⁸ Um provir que não o impede de dizer que o espírito estava, de certa forma, antes da natureza (já que ele se confunde com seu movimento).

De maneira peculiar, Hegel está dizendo que entre natureza e história não há uma completa ruptura, há apenas o aprofundamento reflexivo de um movimento partilhado, o que complexifica as dicotomias modernas entre natureza e liberdade²⁹. Movimento marcado principalmente pelas noções de conflito e de luta. Não uma luta darwiniana entre espécies, mas uma luta no interior de cada individualidade biológica, no interior de cada

---

26 Idem, § 376.
27 Idem, *Fenomenologia do espírito*, op. cit., p. 123.
28 Idem, *Enciclopédia*, op. cit., vol. I, § 376.
29 Nesse sentido, não é possível aceitar de maneira completa afirmações como: "a realização da liberdade ocorre quando a natureza (aqui, a sociedade que teve início numa forma tosca e primitiva) é remodelada segundo as demandas da razão" (TAYLOR, Charles, *Hegel e a sociedade moderna*, São Paulo: Loyola, 2005, p. 108). De certa forma, poderíamos mesmo dizer o inverso: a fluidez absoluta da natureza oferece a base para a remodelação da razão e de sua inquietude. Insistir em "remodelagem" é apenas uma maneira mais cuidadosa de continuar pensando a relação entre natureza e história a partir de certa ruptura que retira toda dignidade ontológica da primeira. Melhor seria dizer, como Malabou, que "a passagem da natureza ao espírito não se produz como uma ultrapassagem, mas como *duplicação* (*redoublement*), processo através do qual o espírito se constitui como *segunda natureza*. Essa duplicação reflexiva é, de certa forma, o 'estádio do espelho' do espírito, no qual se constitui a primeira forma de sua identidade" (MALABOU, Catherine, *L'avenir de Hegel*, Paris: Vrin, 1996, p. 43).

singularidade natural, entre determinação e indeterminação[30]. Todo o esforço de Hegel consiste em mostrar como a singularidade natural já é, desde sempre, campo de trabalho do negativo, e não realidade que se determina de maneira imanente. Por isso, a superação da singularidade natural é, no fundo, a realização "natural" de seu destino.

Isso pode nos ajudar a compreender por que o movimento do Espírito parece seguir de perto essa dissolução das determinidades e manifestação da fluidez que anima a natureza, já que o Espírito é tanto sua inscrição em uma figura finita quanto o desaparecimento incessante de tal figuração[31]. Gérard Lebrun percebeu claramente essa natureza do Espírito ao afirmar:

> O único tipo de devir que o movimento do Conceito esposa nada tem em comum com a transição indiferente de uma forma à outra. Ele só pode ser um devir que sanciona a instabilidade da figura que vem de ser transgredida, um devir *expressamente nadificador*.[32]

Por sinal, não é por outra razão que tanto a vida quanto o espírito serão animados pela mesma "fluidez universal", pela mesma "inquietude" (*Unruhe*).

Por fim, devemos dizer que essa tensão no interior das individualidades biológicas aparecerá de maneira reflexiva no movimento de reconhecimento que orienta processos de socialização e individuação. O que nos explica por que, no texto da *Fenomenologia*, as considerações sobre a estrutura das dinâmicas sociais de reconhecimento são antecedidas pela descrição do ciclo da vida. Se a vida é o primeiro objeto do desejo da consciência-de-si é porque a verdade do desejo, sua satisfação, só pode se dar lá onde

---

30 Como veremos mais à frente, encontramos o mesmo tipo de conflito entre determinação e indeterminação nas individualidades biológicas em Freud, isso graças à sua teoria das pulsões de vida e de morte. Teoria que, por dar conta de processos que se situam no limite entre o somático e o psíquico, também se refere tanto à natureza quanto à história.
31 O que não poderia ser diferente se aceitarmos que "O processo dialético é plástico na medida em que articula no seu curso a imobilidade plena (a fixidez), a vacuidade (a dissolução) e a vitalidade do todo como reconciliação desses dois extremos, conjugação da *resistência* (*Widerstand*) e da *fluidez* (*Flüssigkeit*)" (MALABOU, Catherine, *L'avenir de Hegel*, op. cit., p. 26).
32 LEBRUN, Gérard, *L'envers de la dialectique*, op. cit., pp. 28-9.

ele se confrontar com um objeto marcado pela fluidez universal. Ou seja, se a verdade do desejo é realizar as aspirações universalizantes da razão, é porque converge para a noção hegeliana de universal experiências de indeterminação. Elas não desaparecem com a passagem da universalidade abstrata à universalidade concreta. Nesse sentido, voltemos os olhos para o desejo hegeliano.

O que realmente falta ao desejo?

Para Hegel, o desejo (*Begierde*) é a maneira através da qual a consciência-de-si aparece em seu primeiro grau de desenvolvimento. Nesse sentido, ele é, ao mesmo tempo, modo de interação social e modo de relação ao objeto. Além do desejo, Hegel apresenta, ao menos, outros dois operadores reflexivos de determinação da consciência-de-si: o trabalho e a linguagem. Esses três operadores tecem entre si articulações profundas, já que o trabalho é "desejo refreado" e a linguagem obedece à mesma dinâmica de relação à expressão que o trabalho.

Lembremos inicialmente como Hegel parece vincular-se a uma longa tradição que remonta a Platão e compreende o desejo como manifestação da falta. Vejamos, por exemplo, um trecho maior da *Enciclopédia*. Lá, ao falar sobre o desejo, Hegel afirma:

> O sujeito intui no objeto sua própria falta (*Mangel*), sua própria unilateralidade – ele vê no objeto algo que pertence à sua própria essência e que, no entanto, lhe falta. A consciência-de-si pode suprimir esta contradição por não ser um ser, mas uma atividade absoluta.[33]

A colocação não poderia ser mais clara. O que move o desejo é a falta que aparece intuída no objeto. Um objeto que, por isso, pode se pôr como aquilo que determina a essencialidade do sujeito. Ter a sua essência em um outro (o objeto) é uma contradição que a consciência pode suprimir por não ser exatamente um ser, mas uma atividade, isso no sentido de ser uma reflexão que, por ser posicional, toma a si mesma por objeto e, nesse mesmo movimento, assimila o objeto a si. Essa experiência da falta é

---

[33] HEGEL, G. W. F., *Enciclopédia*, op. cit., vol. III, § 427.

tão central para Hegel que ele chega a definir a especificidade do vivente (*Lebendiges*) através da sua capacidade em sentir falta, em sentir essa excitação (*Erregung*) que o leva à necessidade do movimento; assim como ele definirá o sujeito como aquele que tem a capacidade de suportar (*ertragen*) a contradição de si mesmo (*Widerspruch seiner selbst*) produzida por um desejo que coloca a essência do sujeito no objeto. Hegel acredita que a falta é tão definidora da condição de sujeito que ele chega a afirmar:

> A falta da cadeira, quando ela tem três pés, está em nós [*pois é falta em relação ao conceito de cadeira*]; mas a própria falta está na vida, já que a vida a conhece como limitação, ainda que ela também esteja superada. É pois um privilégio das naturezas superiores sentir dor; quanto mais elevada a natureza, mais infeliz ela se sente. Os grandes homens têm uma grande necessidade e o impulso (*Trieb*) a superá-la. Grandes ações vêm apenas de profunda dor da alma (*Gemütes*); a origem do mal etc. tem aqui sua dissolução.[34]

Mas dizer isso é ainda dizer muito pouco. Pois, se o desejo é falta e o objeto aparece como a determinação essencial dessa falta, então deveríamos dizer que, na consumação do objeto, a consciência encontra sua satisfação. No entanto, como sabemos, não é isso o que ocorre:

> O desejo e a certeza de si mesma alcançada na satisfação do desejo [*notemos esta articulação fundamental: a certeza de si mesmo é estritamente vinculada aos modos de satisfação do desejo*] são condicionados pelo objeto, pois a satisfação ocorre através do suprimir desse Outro; para que haja suprimir, esse Outro deve ser. A consciência-de-si não pode assim suprimir o objeto através de sua relação negativa para com ele, pois essa relação antes reproduz o objeto, assim como o desejo.[35]

A contradição encontra-se aqui na seguinte operação: o desejo não é apenas uma função intencional ligada à satisfação da necessidade animal, como se a falta fosse vinculada à positividade de um objeto natural. Ele é operação de autoposição da consciên-

---

34 Idem, § 359.
35 Idem, *Fenomenologia do espírito*, op. cit., p. 124.

cia: através do desejo a consciência procura se intuir no objeto, tomar a si mesma como objeto, e esse é o verdadeiro motor da satisfação. Através do desejo, na verdade, a consciência procura a si mesma. Até porque devemos ter clareza a esse respeito, a falta é um modo de ser da consciência, modo de ser de uma consciência que insiste que as determinações estão sempre em falta em relação ao ser.

Como sabemos, essa proposição do desejo como falta foi, nas últimas décadas, objeto de críticas virulentas vindas principalmente de autores como Gilles Deleuze e Félix Guattari. Seu alvo não era apenas a apropriação do conceito hegeliano feita pela psicanálise lacaniana, mas também a metafísica da negatividade presente no conceito hegeliano de desejo. Pois a maneira com que a psicanálise procura socializar o desejo *produziria* um desejo marcado pela negatividade, pela perda, pelo conflito, desejo como falta que nos remete, afinal de contas, a Hegel. No entanto, "Nada falta ao desejo", dirão os dois, "ele não está em falta em relação ao seu objeto. Na verdade, é o sujeito que está em falta com o desejo, ou é ao desejo que falta sujeito fixo; só há sujeito fixo graças à repressão"[36]. Neste caso, tratava-se de insistir que a afirmação do desejo como falta não poderia ser outra coisa que fruto de uma ilusão metafísica a respeito da realidade do negativo. Ilusão animada por uma teologia negativa que sequer tem medo de dizer seu nome.

A esse respeito, lembremos que há três maneiras de compreender a proposição de que a essência do desejo é falta. Primeira, a falta pode ser simples manifestação da carência, da privação de determinado objeto da necessidade. Essa claramente não é a posição hegeliana, já que implicaria uma naturalização de sistemas de necessidades estranha a uma filosofia que não compreende a natureza como sistema fechado de leis.

Segunda, podemos dizer que a falta é um modo de ser da consciência porque ela indica a transcendência do desejo em relação aos objetos empíricos, seguindo aqui uma via aberta por Platão.

Sabemos como Platão faz Sócrates afirmar, em *O banquete*: "Desejamos aquilo do qual somos desprovidos"[37] ou aquilo que

---

36 DELEUZE, Gilles e GUATTARI, Félix, *L'anti-Oedipe*, Paris: Minuit, 1969, p. 34.
37 PLATÃO, "Le banquet". In: *Oeuvres complètes*, Paris: Gallimard, 1950, 200a.

não está presente ou aquilo que pessoalmente não sou. Daí por que Eros é o intermediário entre dois contrários: ele manifesta a falta de coisas belas e boas que impelem o desejo (*epithumia*), coisas a respeito das quais tenho certo saber. Ou seja, o objeto do desejo é aquilo que, ao mesmo tempo, não tenho e está em mim. Esse caráter intermediário entre presença e ausência fica visível no momento que Eros é compreendido a partir da perspectiva do amante (*erastes*), e não do amado (*eromenos*).

No entanto, essa falta que mobiliza o desejo não está exatamente ligada à dimensão dos objetos sensíveis. Pois "a beleza que existe em tal ou tal corpo é irmã da beleza que reside em outro e, se devemos perseguir o belo em sua forma sensível, seria uma insígnia desrazão não julgar una e idêntica a beleza que reside em todos os corpos"[38]. Essa desqualificação do sensível permite a abertura a uma série de asceses que nos levará à "essência mesma do belo" para além do que é mortal e corruptível. Uma essência cuja visão implicaria liberar o belo em sua pureza, abrir espaço para sua manifestação sem misturas na unicidade de sua natureza formal. Poderíamos mesmo afirmar que, nessa ascese, "a pessoa deixa sua particularidade para trás"[39], como se fosse questão de negar a essencialidade do que é da ordem da natureza mortal, isso em prol da essencialidade de algo que "de alguma forma lhe pertence, mas não lhe é imediatamente disponível"[40]. Assim, a negatividade do desejo seria, no fundo, manifestação intencional da transcendência inesgotável do ser em relação à empiricidade.

É pensando nessa vertente que Deleuze e Guattari desenvolvem sua crítica ao desejo como falta. Tudo se passaria como se Hegel se apropriasse desse esquema de transcendência para colocá-lo em operação no interior de certa teologia negativa onde não é mais a transcendência da Ideia que produz a desqualificação de todo sensível, mas a "pura negatividade" que só aparece através da

---

38 PLATÃO, idem, 210b.
39 LEAR, Jonathan, "Eros and Unknowing: the Psychoanalytic Significance of Plato's Symposium". In: *Open Minded*, Harvard University Press, 1998, p. 163. Essa desqualificação do sensível e da particularidade leva Lebrun a afirmar que "o adestramento socrático submete o indivíduo a uma autoridade que é apenas a negação simples de todas as pulsões" (LEBRUN, Gérard, *L'envers de la dialectique*, op. cit., p. 128).
40 MORTLEY, Robert, *Désir et différence dans la tradition platonicienne*, Paris:Vrin, 1988, p. 81.

reiteração infinita da ultrapassagem da determinação finita sensível, do sacrifício infinito de uma determinação finita que precisa continuar a desaparecer, permanecer desaparecendo, isso a fim de que a negatividade tenha realidade.

No entanto, podemos dizer que não é essa a questão que está em jogo na definição hegeliana do desejo em sua negatividade. Pois a negatividade do desejo não vem exatamente da pressão negadora da transcendência, como queria alguém como Kojève (no fundo, a referência maior de Deleuze em sua leitura de Hegel[41]). Por sinal, esse apelo irrestrito à transcendência seria estranho para um autor como Hegel, que compreende o saber absoluto como reconciliação com uma dimensão renovada do empírico. A esse respeito, basta lembrar como, ao falar sobre a reconciliação produzida pelo saber absoluto, Hegel apresenta um julgamento infinito capaz de produzir a síntese da cisão entre sujeito e objeto. Trata-se da afirmação: "O ser do eu é uma coisa (*das Sein des Ich ein Ding ist*); e precisamente uma coisa sensível e imediata (*ein sinnliches unmittelbares Ding*)." Dessa afirmação segue-se um comentário: "Esse julgamento, tomado assim como soa imediatamente, é carente-de-espírito, ou melhor, é a própria carência-de--espírito", pois, se compreendemos a coisa sensível como uma predicação simples do Eu, então o Eu desaparece na empiricidade da coisa – o predicado põe o sujeito: "mas, quanto ao seu conceito, é de fato o mais rico-de-espírito"[42]. Pois seu conceito nos leva a uma recompreensão da dimensão do sensível para além da sua domesticação pelas estruturas identitárias e finitas da estética transcendental.

Recorrer ao conceito de infinito

Na verdade, para entender o que Hegel tem em vista na sua noção de desejo como falta, não devemos compreender a falta como privação, como carência ou simplesmente como transcendência, mas como *manifestação da infinitude*. Essa infinitude pode ser *ruim* se a satisfação do desejo for vista como consumo reiterado de

---

41 Como lembrou muito bem Paulo Arantes em "Um Hegel errado, mas vivo". *Revista Ide*, São Paulo, n. 21, 1991.
42 HEGEL, G. W. F., *Fenomenologia do espírito*, op. cit., p. 209.

objetos que produzem um gozo (*Genuss*) que é apenas submissão narcísica (ou "egoísta", se quisermos usar um termo hegeliano) do outro ao Eu. Mas ela será infinitude *verdadeira* quando confrontar-se com objetos liberados de determinações finitas.

Lembremos inicialmente que, para Hegel, a falta aparece como modo de ser da consciência em um contexto histórico preciso. Contexto marcado pela problematização do que serve de fundamento às formas de vida da modernidade. Hegel compreende a modernidade como o momento histórico no qual o espírito "perdeu" a imediatez da sua vida substancial, ou seja, nada lhe aparece mais como substancialmente fundamentado em um poder capaz de unificar as várias esferas sociais de valores[43]. Daí diagnósticos clássicos de época como:

> [*Nos tempos modernos*] Não somente está perdida para ele [*o espírito*] sua vida essencial; está também consciente dessa perda e da finitude que é seu conteúdo. [*Como o filho pródigo*], rejeitando os restos da comida, confessando sua abjeção e maldizendo-a, o espírito agora exige da filosofia não tanto o saber do que ele é, quanto resgatar por meio dela, aquela substancialidade e densidade do ser [*que tinha perdido*].[44]

Décadas depois de Hegel, a sociologia de Durkheim e Max Weber constituirá quadros convergentes de caracterização da modernidade como era própria a certo sentimento subjetivo de indeterminação resultante da perda de horizontes estáveis de socialização. A autonomização das esferas sociais de valores na vida moderna, assim como a erosão da autoridade tradicional sedi-

---

43   De fato, essa perda deve ser posta entre parênteses porque, de certa maneira, a consciência perdeu aquilo que ela nunca teve. Por isso, Hegel pode afirmar, a respeito da eticidade: "Mas a consciência-de-si, que de início só era espírito imediatamente e segundo o conceito, saiu (*herausgetreten*) dessa felicidade que consiste em ter alcançado seu destino e em viver nele, ou então: ainda não alcançou sua felicidade. Pode-se dizer igualmente uma coisa ou outra. A razão precisa (*muss*) sair dessa felicidade, pois somente em si ou imediatamente a vida de um povo livre é a eticidade real" (HEGEL, G. W. F., *Fenomenologia do espírito*, op. cit., p. 224). Ou seja, o que Hegel diz é: a consciência perdeu sua felicidade *e* nunca a alcançou, até porque perder e nunca ter tido é a mesma coisa. Além do mais, ela precisa perder aquilo que nunca teve. Isso tudo apenas indica o estatuto ilusório da imediaticidade própria à eticidade em sua primeira manifestação. Pois a consciência ainda não sabe que é "pura singularidade para si", ou seja, ela ainda não é reconhecida como consciência-de-si.
44   HEGEL, G.W. F., *Fenomenologia do espírito*, op. cit., p. 24.

mentada em costumes e hábitos ritualizados, teria produzido uma perda de referências nos modos de estruturação das relações a si, uma problematização sem volta da espontaneidade de sujeitos agentes[45]. A partir de então, o sujeito só pode aparecer como:

> Esta noite, este nada vazio que contém tudo na simplicidade desta noite, uma riqueza de representações, de imagens infinitamente múltiplas, nenhuma das quais lhe vem precisamente ao espírito, ou que não existem como efetivamente presentes (...). É esta noite que descobrimos quando olhamos um homem nos olhos, uma noite que se torna terrível, é a noite do mundo que se avança diante de nós.[46]

No entanto, Hegel não está disposto a se contentar com diagnósticos sócio-históricos. Ele quer fornecer o fundamento ontológico da situação histórica própria à modernidade, como se tal perda de horizontes estáveis não fosse apenas o resultado da contingência de processos históricos, mas fosse a realização de um destino marcado com a necessidade do que tem dignidade ontológica. Para tanto, Hegel precisa de uma noção de individualidade como aquilo que é habitado por uma potência de indeterminação, como aquilo que não se submete integralmente à determinação identitária da unidade sintética de um Eu. A teoria do desejo como falta, ou ainda, como negatividade que impulsiona o agir, teria fornecido a Hegel esse fundamento ontológico procurado. Ou seja, a falta aqui é, na verdade, o modo de descrição de uma potência de indeterminação e de despersonalização que habita todo sujeito.

Por sua vez, essa potência de indeterminação é outro nome possível para aquilo que Hegel compreende por infinitude, já

---

[45] E não é por acaso que todos os dois pensem tais fenômenos através da modificação do sentido sociológico da confrontação com a morte. A esse respeito, basta lembrar de Max Weber, para quem "a vida individual do homem civilizado, colocada dentro de um progresso infinito, segundo seu próprio sentido imanente, jamais deveria chegar ao fim; pois há sempre um passo à frente do lugar onde estamos, na marcha do progresso. E nenhum homem que morre alcança o cume que está no infinito. Abraão, ou algum camponês do passado, morreu 'velho e saciado de vida', porque estava no ciclo orgânico da vida (...). O homem civilizado, colocado no meio do enriquecimento continuado da cultura pelas ideias, conhecimento e problemas, pode 'cansar-se da vida', mas não 'saciar-se dela'" (WEBER, Max, *Ensaios de sociologia*, 5ª ed., São Paulo: LTC, 2002, p. 166).

[46] HEGEL, G. W. F., *Jenenser Realphilosophie II*, Hamburgo: Felix Meiner, 1967, pp. 180-1.

que o infinito é o que demonstra a instabilidade e a inadequação de toda determinação finita. O que não poderia ser diferente, pois, para Hegel, o infinito não está ligado a determinações quantitativas. Antes, *infinito é aquilo que porta em si mesmo sua própria negação e, em vez de se autodestruir, conserva-se em uma determinidade que nada mais é que a figura da instabilidade de toda determinidade*. Daí por que ele podia afirmar, em uma frase-chave: "A infinitude, ou essa inquietação absoluta do puro mover-se-a-si-mesmo, faz com que tudo o que é determinado de qualquer modo – por exemplo, como ser – seja antes o contrário dessa determinidade."[47]

Percebe-se claramente aqui que o conceito de infinitude é construído a partir da noção de contradição. Lembremos da definição de contradição fornecida por Kant: "O objeto de um conceito que se contradiz a si mesmo é nada porque o conceito de nada é o impossível, como, por exemplo, a figura retilínea de dois lados (*nihil negativum*)."[48] Ou seja, a contradição é um objeto vazio sem conceito, já que não há representação possível quando tenho duas proposições contrárias aplicadas ao mesmo objeto, como no caso de uma figura que, ao mesmo tempo, é retilínea e tem dois lados. Hegel não quer pensar uma figura retilínea de dois lados, mas quer insistir que há objetos que só podem ser apreendidos através da aplicação de duas proposições contrárias, de duas séries divergentes. Isso talvez nos demonstre como a infinitude não é simplesmente uma estratégia astuta de desqualificação do sensível, mas é o fundamento que permite a crítica da submissão do sensível à gramática da finitude.

No entanto, como *o sujeito é essencialmente* locus *de manifestação da infinitude*, podemos dizer que o vocabulário da negatividade do desejo serve para salientar a natureza de *inadequação entre as expectativas de reconhecimento de sujeitos e as possibilidades disponíveis de determinação social de si*[49]. Pois se trata de afirmar que a positividade

---

47 HEGEL, G. W. F., *Fenomenologia do espírito*, op. cit., p. 116.
48 KANT, Immanuel, *Crítica da razão pura*, op. cit., B 348.
49 Monique David-Ménard, em um texto maior sobre a crítica à noção de desejo como falta, lembra como a psicanálise é tributária da ideia de que "há uma verdade na experiência de uma inadequação do objeto pulsional à satisfação pulsional que um sujeito persegue". Isso obrigaria a filosofia a repensar "a ideia medieval de que a verdade é a adequação do conceito e do objeto, assim como a ideia spinozista de que um pensamento verdadeiro desdobra suas determinações de maneira imanente e na univocidade e que não há verdade possível da inadequação" (DAVID-MÉNARD,

da realidade reificada com suas representações finitas estabeleceu-se de maneira tão forte como "representação natural do pensar" que apenas um esforço de negação pode romper tal círculo de alienação. Ou seja, o vocabulário da negatividade nada tem a ver com formas de julgamento resignado da vida, como se a vida precisasse ser desvalorizada como espaço da finitude, como quer Lebrun[50]. Ao contrário, ele é fruto da consciência do descompasso entre os modos de determinação da *vida social* e as potencialidades da vida que realizou seu destino como Espírito.

De qualquer forma, Hegel acharia simplesmente incorreta essa maneira tão própria a nós, contemporâneos do pós-estruturalismo, de contrapor a negatividade do desejo à positividade de uma potência que se expressa de maneira imanente, tal como a relação entre a substância spinozista e seus modos. Pois, de certa perspectiva, o desejo é sempre destrutivo (ele sempre afirma sua inadequação às determinações finitas) e, de outra, sempre é produtivo (sua verdade é afirmar-se como vontade livre que constitui quadros institucionais para seu reconhecimento através das relações de trabalho e linguagem). Hegel era tão cônscio dessa imbricação entre negatividade e produtividade que, ao falar da necessidade do terror revolucionário como experiência histórica de internalização da negatividade que devasta toda determinação fenomenal, escreverá:

> Mas, por isso mesmo, a vontade universal forma imediatamente uma unidade com a consciência-de-si, ou seja, é o puramente positivo porque é o puramente negativo; e a morte sem sentido, a negatividade do Si não preenchido, transforma-se no conceito interior, em absoluta positividade.[51]

Monique, *Deleuze et la psychanalyse*, Paris: PUF, 2005, p. 22). No entanto, David-Ménard afirma que essa inadequação não poderia ser pensada a partir de uma "lógica da negação" aplicada ao desejo, pois essa lógica seria dependente do quadro de oposição entre o universal e o particular, onde o particular aparece como negativo que excede o universal. Mas poderíamos dizer que, ao menos no caso de Hegel, como se trata de pensar um conceito de infinitude ou de determinação infinita, a lógica da negação não é uma lógica da oposição ou da contrariedade, mas da negação determinada (como procurei mostrar em SAFATLE, Vladimir, *A paixão do negativo*, São Paulo: Unesp, 2006).

50 Ver LEBRUN, Gérard, *L'envers de la dialectique*, op. cit., p. 222.
51 HEGEL, G. W. F., *Fenomenologia do espírito II*, op. cit., p. 100.

O caráter formador do "puro terror do negativo"

Este é o pano de fundo adequado para a reflexão sobre a confrontação com a morte no trajeto de formação da consciência-de-si. Notemos, inicialmente, uma consequência maior: se é verdade que Hegel é animado por uma teoria do desejo dessa natureza, então o conflito produzido pelo desejo, conflito que aparece como motor da DSE, não pode ser a mera colisão entre sistemas particulares de interesses de duas consciências distintas, como querem comentadores como Terry Pinkard e Jürgen Habermas[52]. Conflito através do qual Eu procuro dominar o outro graças à submissão do seu sistema de valoração e interesse à perspectiva própria ao meu sistema, onde Eu procuro submeter o desejo do outro ao meu desejo. Ao contrário, se Hegel pode afirmar que a formação para a vontade livre e universal passa pela submissão a um senhor, é porque esse senhor não pode simplesmente representar uma outra determinação particular de interesse.

Se voltarmos os olhos à DSE, veremos Hegel insistindo que, após a luta por reconhecimento, a essencialidade do escravo parece estar depositada no senhor. É ele quem domina o seu fazer consumindo o objeto de seu trabalho. O escravo vê assim seu fazer como algo estranho. No entanto, Hegel insiste que esse estranhamento pode significar elevação para além da particularidade, já que: "Enquanto o escravo trabalha para o senhor, ou seja, não no interesse exclusivo da sua própria singularidade, seu desejo recebe esta amplitude que consiste em não ser apenas o desejo de um este, mas de conter em si o desejo de um outro."[53] Ter seu desejo vinculado ao desejo de um outro, entretanto, não nos fornece a universalidade do reconhecimento almejado pela consciência. Para que esse vínculo não seja simples submissão, faz-se necessário que esse outro tenha algo da universalidade incondicional do que é essencial, que ele seja um "senhor absoluto", cuja internalização me leva a ser reconhecido para além de todo e qualquer contexto. É tendo esse problema em vista que devemos interpretar a afirmação central:

---

52   Ver PINKARD, Terry, *Hegel's Phenomenology: The Sociality of Reason*, Cambridge University Press, 1994; e HABERMAS, Jürgen, "Caminhos da destranscendentalização". In: *Verdade e justificação*, op. cit.
53   HEGEL, G. W. F., *Enciclopédia*, op. cit., vol. III, § 433.

> Só mediante o pôr a vida em risco, a liberdade se conquista e se prova que a essência da consciência-de-si não é o ser, nem o modo imediato como ela surge, nem o seu submergir-se na expansão da vida, mas que nada há para a consciência que não seja para ela momento evanescente (*verschwindendes Moment*); que ela é somente puro ser-para-si. O indivíduo que não arriscou a vida pode ser bem reconhecido como pessoa (*Person*), mas não alcançou a verdade desse reconhecimento como uma consciência--de-si independente.[54]

Se a confrontação com a morte é condição para a conquista da liberdade é porque a morte é figura privilegiada dessa universalidade incondicional e absoluta que, por ser incondicional e absoluta, manifesta-se como negação de tudo o que é condicionado e finito. Devemos levar isso em conta quando encontramos Hegel dizendo:

> A submissão (*Unterwerfung*) do egoísmo do escravo forma o início da verdadeira liberdade dos homens. A dissolução da singularidade da vontade, o sentimento da nulidade do egoísmo, o hábito da obediência (*Gehorsams*) é um momento necessário da formação de todo homem. Sem ter a experiência desse cultivo (*Zucht*) que quebra a vontade própria (*Eigenwillen*), ninguém advém livre, racional e apto a comandar. E para advir livre, para adquirir a aptidão de se autogovernar, todos os povos tiveram que passar pelo cultivo severo da submissão a um senhor.[55]

Afirmações dessa natureza servem a vários mal-entendidos. Hegel não está dizendo que a liberdade é apenas o nome que damos a uma vontade construída a partir da internalização de "dispositivos disciplinares" travestidos de práticas de autocontrole. Não é qualquer submissão a um senhor que produz a liberdade, mas apenas a um senhor que seja capaz de realizar exigências incondicionais de universalidade. Isso nos explica por que, para Hegel, as grandes individualidades capazes de submeter um povo produzem, necessariamente, o sentimento de que o trabalho do Espírito é sem medida comum com toda e qualquer política finita, com todo cálculo utilitarista baseado em "meu" sistema de interesses

---

54 HEGEL, G. W. F., *Fenomenologia do espírito*, op. cit., pp. 128-9.
55 Idem, *Enciclopédia*, op. cit., § 435.

egoístas. Por sinal, a maior de todas as ilusões consiste exatamente em ver na crítica hegeliana do egoísmo uma estratégia astuta de esvaziamento do particular. Hegel pode criticar o egoísmo porque não há nenhuma individualidade nesse "ego", já que não há nada de individual no interior de um sistema de interesses construído, na verdade, a partir de identificações e internalização de princípios de conduta vindos de uma outra consciência determinada[56]. Por isso, a "dissolução da singularidade da vontade" pode aparecer como "liberação".

Lebrun serve-se dessas características da filosofia hegeliana para afirmar que a formação da consciência-de-si é apenas a dissolução de um indivíduo definido como o que se anula, como renúncia incessante de si, ascese permanente. Pois "ganhar uma determinação acaba sempre por ser renúncia a uma diferença que me individualizava, advir um pouco mais meu ser verdadeiro na medida em que sou um pouco menos meu ego"[57]. Nesse sentido, tremer diante do mestre absoluto seria tomar consciência da impotência de princípio que representa a singularidade natural. Como se a liberação hegeliana fosse um passe de mágica no qual o sentimento de fraqueza se transforma em legitimação da incapacidade de resistir. Assim, "em troca de seus sofrimentos, é o gozo do universal que se oferece à consciência – belo presente..."[58]. Não estamos muito longe de Deleuze vendo a dialética hegeliana como "ideia do valor do sofrimento e da tristeza, valorização das 'paixões tristes' como princípio prático que se manifesta na cisão, no dilaceramento"[59].

No entanto, podemos fornecer uma interpretação diferente. Basta estarmos mais atentos para o sentido que Hegel dá a essa despossessão de si produzida pela internalização da morte como senhor absoluto. Nesse contexto, a morte não é uma simples destruição da consciência (e toda confusão nesse sentido deve ser fortemente

---

56 Essa intuição hegeliana recebeu uma confirmação material através da psicanálise lacaniana e sua descrição da gênese do Eu através da internalização da imagem de um outro que tem a função de tipo ideal de conduta e de orientação do desejo. A esse respeito, remeto ao capítulo "Desejo sem imagens". In: SAFATLE, Vladimir, *Lacan*, São Paulo: Publifolha, 2007.
57 LEBRUN, Gérard, *L'envers de la dialectique*, op. cit., p. 100.
58 Idem, p. 211.
59 DELEUZE, Gilles, *Nietzsche et la philosophie*, op. cit., p. 224.

rechaçada como um equívoco profundo), não é um simples despedaçar-se (*zugrunde gehen*), mas um modo de ir ao fundamento (*zu Grund gehen*). Pois a confrontação com a morte é experiência fenomenológica que visa exprimir o acesso ao caráter inicialmente indeterminado do fundamento, que visa exprimir como: "A essência, enquanto se determina como fundamento, determina-se como o não determinado (*Nichtbestimmte*) e é apenas a superação (*Aufheben*) de seu ser determinado (*Bestimmtseins*) que é seu determinar."[60] O que pode ser entendido da seguinte maneira: a indeterminação do fundamento vem do fato de ele servir de substrato comum entre determinações opostas, daí por que Hegel poderá afirmar que o fundamento implica a identidade entre a identidade e a diferença (*die Einheit der Identität und des Unterschiedes*). Mas sendo o Eu o princípio sintético que fornece o fundamento da experiência, assim como o princípio de ligação e unidade que determina o modo de articulação entre o fundamento e aquilo que ele funda, então pensar a verdadeira essência do fundamento como o que tem seu ser em um outro (*sein Sein in einen Anderen hat*) exige a confrontação com um estado de diferenças não submetidas à forma do Eu[61].

Demoremos um pouco mais nesse ponto. Sabemos que fundar é determinar o existente através da sua relação com um padrão que me permite orientar-me no pensamento. Por exemplo, ao mobilizar estruturas categoriais como a causalidade, a modalidade para assegurar a inteligibilidade dos fenômenos, determino a forma do existente. A partir desse recurso à forma como fundamento, posso garantir e clarificar o critério do verdadeiro e do falso, do correto e do incorreto, do adequado e do inadequado. Mas a aplicação de todas essas estruturas aos fenômenos depende de uma decisão prévia e tácita sobre princípios lógicos gerais de ligação e unidade capazes de constituir objetos da experiência e fundar proposições de identidade e diferença. Esses princípios de ligação (*Verbindung*) e unidade são derivados do Eu como unidade sintética de apercepções, que aparece assim como o verdadeiro fundamento das determinações. No entanto, a problematização

---

60 HEGEL, G. W. F., *Wissenschaft der Logik II*, Frankfurt: Suhrkamp, 1986, p. 81.
61 Longuenesse compreendeu isso bem ao afirmar que, para Hegel: "O fundamento é o herdeiro da unidade de apercepção da *Crítica da razão pura*" (LONGUENESSE, Béatrice, *Hegel et la critique de la métaphysique*, Paris: Vrin, 1981, p. 111).

de tais princípios é o verdadeiro objeto da dialética. Por exemplo, quando Hegel constrói um *Witz* ao dizer que, para a consciência, "o ser tem a significação do seu" (*das Sein die Bedeutung das Seinen hat*)[62], ele tem em vista o fato de que ser objeto para a consciência significa estruturar-se a partir de um princípio interno de ligação e unidade que é o modo de a consciência apropriar-se do mundo, constituí-lo a partir de sua imagem, o que permite a Hegel ignorar a relevância das distinções kantianas entre receptividade e espontaneidade.

A dialética precisa, pois, aceder a um fundamento não mais dependente da forma autoidêntica do Eu, o que é possível através da superação dos modos naturalizados de determinação, através da fragilização das imagens de mundo que orientam e constituem nosso campo estruturado de experiências[63]. Tal fragilização é descrita fenomenologicamente por Hegel através da angústia e da confrontação com a morte.

Vemos assim como a confrontação com a morte permite à consciência-de-si compreender o Espírito como aquilo que se expressa na multiplicidade de suas determinações fragilizando-as todas, levando-as a confrontar-se com uma potência do pré-pessoal e do indeterminado que nos permite, inclusive, recompreender o que vem a ser a diferença. A diferença não será aquilo que determina a distinção entre entidades conceitualmente articuladas, como Deleuze imputa a Hegel. A diferença em Hegel é essa potência interna da in-diferença que corrói toda determinação. Ela será essa expressão do ser que nos leva a afirmar, com Scott Fitzgerald, que "toda vida é um processo de demolição". Demolição que ocorre quando desvelamos essa "franja de indeterminação da qual goza todo indivíduo"[64]. Não se trata exatamente de um ganho de determinação e positividade, mas da assunção de um risco vinculado à confrontação com aquilo que se coloca como puramente indeterminado. Nessas condições, submeter-se a um senhor absoluto que dissolve tudo aquilo que parecia fixo e de-

---

62 HEGEL, G. W. F., *Fenomenologia do espírito*, op. cit., p. 159.
63 Essa é nossa maneira de adotar a tese de Ruy Fausto, para quem, se *fundamentação* é, necessariamente, *clarificação*: "Apenas os discursos cujos fundamentos primeiros são de alguma maneira 'obscuros' (ou seja, marcados pela negação) são discursos efetivamente claros (no sentido dialético)" (FAUSTO, Ruy, *Marx: logique et politique*, Paris: Publisud, 1986, p. 35).
64 DELEUZE, Gilles, *Différence et répétition*, 5ª ed., Paris: PUF, 2000, p. 331.

terminado nada tem a ver com uma dinâmica psicológica de resignação, do ressentimento ou da necessidade da repressão.

A determinação pelo trabalho

Para finalizar, devemos comentar o ponto essencial que irá estabilizar essa dialética. Pois a angústia sentida pela consciência escrava não fica apenas em uma

> universal dissolução em geral, mas ela se implementa efetivamente no servir (*dienen*). Servindo, suprime em todos os momentos tal aderência ao *Dasein* natural e trabalhando-o, o elimina. Mas o sentimento da potência absoluta em geral, e em particular o do serviço, é apenas a dissolução em si, e embora o temor do senhor seja, sem dúvida, o início da sabedoria, a consciência aí é para ela mesma, mas não é ainda o ser para-si; ela porém encontra-se a si mesma por meio do trabalho.[65]

Hegel fará então uma gradação extremamente significativa que diz respeito ao agir da consciência nas suas potencialidades expressivas. Hegel fala do servir (*dienen*), do trabalhar (*arbeiten*) e do formar (*formieren*). Essa tríade marca uma realização progressiva das possibilidades de autoposição da consciência no objeto do seu agir. O serviço é apenas a dissolução em si (*Auflösung an sich*) no sentido da completa alienação de si no interior do agir, que aparece como puro agir-para-um-outro e como-um-outro. O trabalho implica uma autoposição reflexiva de si. No entanto, sabemos que Hegel não opera com uma noção expressivista de trabalho que veria sua realização mais perfeita em certa compreensão do fazer estético como manifestação das capacidades expressivas dos sujeitos singulares. A consciência que trabalha não expressa a positividade de seus afetos em um objeto que circulará no tecido social. O trabalho não é a simples tradução da interioridade na exterioridade. De certa forma, a categoria hegeliana de trabalho é inicialmente uma defesa contra a angústia diante da negatividade da morte ou, ainda, uma superação dialética da angústia, já que ele é autoposição de uma subjetividade que sentiu o de-

---

[65] HEGEL, G. W. F., *Fenomenologia do espírito*, op. cit., p. 132.

saparecer de todo vínculo imediato ao *Dasein* natural, que sentiu o tremor da dissolução de si. Lembremos desta afirmação central de Hegel:

> O trabalho é desejo refreado (*gehemmte Begierde*), um desvanecer contido, ou seja, o trabalho forma. A relação negativa para com o objeto toma a forma do objeto e permanece, porque justamente o objeto tem independência para o trabalhador. Esse meio-termo negativo ou agir formativo é, ao mesmo tempo, a singularidade, ou o puro-ser-para-si da consciência que agora no trabalho se transfere para fora de si no elemento do permanecer; a consciência trabalhadora chega assim à intuição do ser independente como intuição de si mesma (...) no formar da coisa, torna-se objeto para o escravo sua própria negatividade.[66]

Por refrear o impulso destrutivo do desejo em seu consumo do objeto, o trabalho forma, isso no sentido de permitir a auto-objetivação da estrutura da consciência-de-si em um objeto que é sua duplicação. Sua função será, pois, realizar, ainda que de maneira imperfeita, o que o desejo não era capaz de fazer, ou seja, permitir a autoposição da consciência-de-si em suas exigências de universalidade, já que o trabalho está organicamente vinculado a modos de interação social e de reconhecimento.

O giro dialético consiste em dizer que a alienação no trabalho, a confrontação tanto com o agir como essência estranha, como agir para-um-Outro absoluto, quanto com o objeto como aquilo que resiste ao meu projeto (experiência de resistência que será fundamental para alguém como Adorno desenvolver a ideia de dialética como *primado do objeto*), tem caráter formador por abrir a consciência à experiência de uma alteridade interna como momento fundamental para a posição da identidade[67]. Daí por que Hegel afirma que tanto o medo quanto o formar são dois momentos necessários para esse modo de refle-

---

66   HEGEL, idem, p. 132.
67   Como pretendo mostrar em outro livro, tal concepção de trabalho também tem relações profundas com certo paradigma estético-expressivo, mas para isso precisamos reconstruir por inteiro a categoria de "expressão". Tal reconstrução talvez dê conta de algumas questões maiores da produção estética da contemporaneidade. O que permite, a meu ver, uma recuperação inesperada, peculiar e, em certos pontos, contrária à natureza do sistema hegeliano com sua secundarização do trabalho estético. No entanto, ainda uma recuperação e, como gostaria de mostrar, necessária.

xão que é o trabalho. Hegel não teme afirmar que o formar sem o medo absoluto fornece apenas um sentido vazio, pois sua forma ou negatividade não é "a negatividade em si" (*Negativität an sich*). Através do trabalho, o lugar do sujeito como fundamento pode ser compreendido como negação em si: consequência necessária de uma filosofia do sujeito em que "sujeito" não é mais do que *o nome do caráter negativo do fundamento*.

Afirmar que há um caráter negativo do fundamento significa, entre outras coisas, que a relação ao existente não é a repetição do que está potencialmente posto no fundamento, mas que a própria determinação do existente não pode mais ser pensada a partir do paradigma da subsunção simples do caso à norma. Ela exige compreender que *não há determinação completa no sentido de identidade completa entre a determinação e o fundamento*. É isso que a consciência-de-si descobrirá pelas vias do trabalho.

Notemos, por fim, que temos uma explicação para o fato de, na *Fenomenologia do espírito*, o trabalho não nos colocar no caminho da "institucionalização *da identidade do Eu*"[68]. Ou seja, contrariando o que poderíamos esperar, o trabalho não abre uma dinâmica de reconhecimento que se realizará na regulação jurídica das minhas relações com o outro através da assunção de meus direitos como sujeito que colabora com a riqueza (*Vermögen*) social. Ou ainda, ele faz isso, mas à condição de recompreendermos completamente o que entendíamos por "identidade", "direitos", "sujeito". Isso porque Hegel está mais interessado no fato de o trabalho aparecer como modo de posição de uma negatividade com a qual o sujeito se confrontou ao ir em direção a uma potência de indeterminação cuja assunção é condição para a consciência-de-si "viver no universal". Daí podemos derivar o problema maior da modernidade, ao menos segundo Hegel; problema esse que está na base da sua filosofia do direito, a saber, como viabilizar o reconhecimento institucional de sujeitos pensados como modos singulares de confrontação com o que se oferece como indeterminado? Pois não é a indeterminação que produz sofrimento social, mas a incapacidade de as estruturas institucionais e os processos de interação social reconhecerem sua realidade fundadora da condição existencial de todo e qualquer sujeito. Se tais estru-

---

68 HABERMAS, Jürgen, "Trabalho e interação". In: *Técnica e ciência como ideologia*, Lisboa: Edições 70, 2007, p. 196.

turas forem capazes de fornecer o delineamento de processos de reconhecimento da potência de indeterminação que habita todo sujeito, então talvez possamos encontrar o caminho para recuperar um conceito renovado de amor como horizonte regulador de práticas de interação social. Mas, de uma maneira que ainda não está clara, esse amor deverá portar experiências de despersonalização e infinitude que Hegel vincula inicialmente à confrontação com a morte. Por isso, não seria apenas licença poética dizer, parafraseando Fassbinder, que ele é a promessa de um amor mais frio que a morte.

Capítulo II
COMO A LEI SE TRANSFORMA EM LIBERDADE

> *Mesmo que Kant, o grande destruidor no reino do pensamento, exceda Maximilian Robespierre em terrorismo...*
> HENRICH HEINE

Se partirmos da definição de desejo tal como esboçada no capítulo anterior, certamente questões importantes ficam em aberto no que diz respeito ao seu destino social. Tal ponto de partida foi usado para mostrar como, na base da reflexão sobre o sujeito moderno feita por um de seus teóricos mais decisivos, encontramos a tentativa de reconstrução dos conceitos de individualidade e de intersubjetividade através de uma crítica, patrocinada pelo conceito de negatividade, àquilo que alguns chamaram de "analítica da finitude". Nesse sentido, retornar a Hegel serve para nos perguntarmos sobre o que afinal estava realmente em jogo nesse movimento polifônico, complexo, de constituição da categoria de sujeito. Sendo o sujeito moderno, tal como Hegel o compreende, *locus* potencial de manifestação da infinitude, manifestação essa que nos obriga a abandonar uma individualidade pensada através de sua redução egológica, então boa parte das críticas contemporâneas ao sujeito perde seu foco. Elas acabam por produzir uma versão deliberadamente pobre e redutora do que foi a experiência filosófica de reflexão em torno da noção de sujeito. Elas criam um inimigo que não existe necessariamente sob essa forma. O preço por tal redução empobrecedora é pago em diversos caixas.

Primeiro, teremos dificuldades em pensar a natureza das instituições sociais e de seus processos de formação rumo à socialização. Instituições serão, muito rapidamente, descritas a partir do vocabulário da coerção, da disciplina ou de formas mais elaboradas de controle. No entanto, elas devem ser mais do que isso, já que permitiram, inclusive, a produção dos espaços de crítica a seu próprio modo hegemônico de funcionamento. Sem ignorar sua dimensão coercitiva, uma teoria adequada das instituições deve ser capaz de explorar suas ambivalências e contradições. Segundo, teremos dificuldades em compreender a natureza do sofrimento e dos riscos de colapso com os quais as individualidades devem necessariamente lidar no seu processo de desenvolvimento. A articulação entre subjetividade e infinitude através da temática da negatividade é a maneira de *articular uma tensão* cuja equalização é sempre difícil, incerta, porém necessária. Ela fornece uma chave compreensiva para matrizes de sofrimento que se generalizaram no interior de nossas formas hegemônicas de vida, sofrimentos, como veremos na segunda parte deste livro, marcados pelo bloqueio de experiências produtivas de indeterminação. Por fim, não saberemos como pensar a racionalidade dos julgamentos morais. Sendo os julgamentos morais fundamentados não apenas na resposta para a questão "o que devo fazer?", mas principalmente "que tipo de forma de vida quero realizar?", a incompreensão da natureza da categoria de sujeito acaba por obscurecer as formas de vida que aparecem como horizonte para a ação. Cada um dos três pontos será tratado no interior deste livro, a começar pelo primeiro.

O capítulo anterior terminou enunciando o problema maior da modernidade, ao menos segundo Hegel, como a viabilização do reconhecimento institucional de sujeitos pensados como modos singulares de confrontação com o que se oferece como indeterminado. Devemos tentar explorar melhor esse problema, a fim de compreender o que estaria realmente em jogo nas estruturas institucionais próprias a formas de vida que, ao menos segundo Hegel, podem servir de horizonte para a modernidade.

Neste ponto, vale a pena nos deslocarmos em direção à *Filosofia do direito*, a fim de identificarmos os impasses e as potencialidades desses conceitos de negatividade e indeterminação. O universo da filosofia do direito nos permitirá compreender melhor como tais conceitos fornecem o solo regulador para definir a noção hegeliana de liberdade. Ele nos permitirá, com isso, nos aprofundarmos tanto no modelo de individualidade que Hegel parece querer colocar em circulação quanto nas dinâmicas de reconhecimento que tal conceito exige. Para tanto, o melhor a fazer é partir de algumas considerações gerais sobre a definição hegeliana de "direito" em sua relação com a vontade.

Direito e liberdade

> O terreno do direito é de maneira geral o *espiritual*, e sua situação e ponto de partida preciso é a *vontade* que é *livre*; na medida em que a liberdade constitui sua substância e determinação, o sistema do direito é a liberdade efetivada que o mundo do espírito produz a partir de si próprio, como segunda natureza.[69]

Essa afirmação de Hegel soa, atualmente, ingênua. Nossa sensibilidade contemporânea está muito mais à vontade defendendo o direito como a face mais visível de um aparato disciplinar que reproduz condições materiais da vida em conformidade com os interesses dos poderes hegemônicos no interior do Estado. Ou seja, estamos mais à vontade para defender, por exemplo, afirmações como esta de Theodor Adorno:

> O meio no qual o mal, em virtude de sua objetividade, alcança um ganho de causa e conquista para si a aparência do bem é, em larga medida, esse da legalidade, que certamente protege positivamente a reprodução da vida, mas em suas formas existentes; graças ao princípio destruidor da violência, ele traz à tona seu princípio destrutivo (...) Que o singular receba tanta injustiça quando o antagonismo de interesses o impele à esfera jurídica, não é, como Hegel gostaria de dizer, sua culpa, como se ele fosse cego para reconhecer seus próprios interesses na norma jurídica objetiva e suas garantias, mas ela é, muito mais, culpa da própria esfera jurídica.[70]

No entanto, seria o caso de explorar com mais calma essa ideia hegeliana segundo a qual o objeto do direito é a vontade livre,

---

69 HEGEL, G. W. F., *Grundlinien der Philosophie des Rechts*, op. cit., 1986, § 4. As traduções aqui apresentadas são, em grande parte, vindas do trabalho de tradução de Marcos Müller.
70 ADORNO, Theodor, *Negative Dialektik*, op. cit., 1973, pp. 303-4. Notemos como esta afirmação parece desdobrar uma colocação que encontramos em *O mal-estar na civilização*, de Freud: "Grande parte das lutas da humanidade centralizam-se em torno da tarefa única de encontrar uma acomodação conveniente, ou seja, um compromisso (*Ausgleich*) que traga felicidade entre reivindicações individuais e culturais; e um problema que incide sobre o destino da humanidade é o de saber se tal compromisso pode ser alcançado através de uma formação determinada da civilização ou se o conflito é irreconciliável" (FREUD, Sigmund, "Das Unbehagen in der Kultur". In: *Gesammelte Werke*, Frankfurt: Fischer, 1999, p. 455).

não podendo o ordenamento jurídico ser outra coisa que não a liberdade efetivada, a segunda natureza espiritual que se transmuta em hábito institucionalizado do homem. O vocabulário da "segunda natureza" é uma maneira astuta de insistir, contra o contratualismo, na existência da liberdade como direito natural, inalienável e irrenunciável, mas como um direito natural fundado em uma "segunda natureza" fruto de um longo processo histórico, em uma naturalização de hábitos que tem peso irreversível.

Isso nos permite dizer que os conceitos decisivos na filosofia hegeliana do direito são "liberdade" e "vontade livre", já que definem o campo da racionalidade do direito. Trata-se, então, de demonstrar que a perspectiva hegeliana nos traz elaborações importantes a respeito da relação necessária entre reconhecimento da vontade livre e constituição moderna das instituições. Como devem ser pensadas as instituições para que elas sejam capazes de dar conta de demandas de reconhecimento depositadas no conceito de "liberdade"? É possível pensar a liberdade fora de alguma garantia de reconhecimento institucional? Questões que nos levam necessariamente a uma outra, esta sim uma questão central, a saber, o que devemos entender por "liberdade" nesse contexto.

Antes de entrarmos diretamente nessas discussões, notemos a peculiaridade da compreensão do sentido da noção de "direito" para Hegel. Por "direito", Hegel entende algo a mais do que o ordenamento estatal de regulação da vida social. "Direito" são: "Todos aqueles pressupostos sociais que se mostraram necessários para a realização da 'vontade livre' de cada sujeito individual."[71] Tais pressupostos sociais englobam o ordenamento jurídico atualmente existente com sua dinâmica conflitual interna, as instituições políticas que compõem o Estado moderno, as relações intersubjetivas de amor que se dão no interior da família, a disposição subjetiva formada a partir da internalização de preceitos morais, a dinâmica do livre mercado, entre outros. Eles ainda devem estar, de certa forma, assegurados (ou em processo de garantia) no interior dos quadros atuais do Estado moderno.

De fato, aí está boa parte da complexidade da aposta hegeliana: esse Estado não pode ser apenas um ideal, um *dever ser*. Se a função da filosofia do direito é "apresentar e conceitualizar o

---

71 HONNETH, Axel, *Sofrimento de indeterminação*, op. cit., 2006, p. 64.

Estado como em si racional"[72] é porque ela deve ser capaz de apresentar, a partir de sua necessidade racional, *o Estado que está em via de se realizar* como resultado do projeto moderno. Ou seja, não se trata nem do Estado atualmente realizado nem de um Estado ideal, simples ideia sem relação alguma com a efetividade atual, mas de um Estado *que pode potencialmente se realizar*, isso no sentido de algo que explora os conflitos sociais atuais para se realizar.

Essa é uma maneira de lembrar que, afinal, um ordenamento jurídico estatal está longe de ser algo monolítico e organicamente coeso. Antes, é o resultado heteróclito da sedimentação de lutas sociais entre várias disposições contrárias e mesmo contraditórias no interior da sociedade. O ordenamento jurídico traz as marcas dessas lutas e conflitos. Nesse sentido, cabe à filosofia do direito apresentar as lutas e conflitos que imprimiram ao ordenamento jurídico sua tendência de racionalidade. Talvez seja por isso que Hegel precise terminar seu prefácio à *Filosofia do direito* com essa bela metáfora da filosofia como a coruja de Minerva que levanta voo apenas com a irrupção do crepúsculo. Pois a filosofia procura mostrar como os conflitos sociais que dão forma ao direito, que imprimem tendências no interior do direito, são mobilizações do Espírito na sua procura em realizar o conceito de liberdade no interior da vida social. Uma realização que nunca é linear, que nunca deixa de levar em conta dimensões táticas e estratégicas do pensamento, assim como a configuração de situações locais. Mas uma realização que, ao menos segundo Hegel, já teria sido capaz de deixar marcas irreversíveis em nosso ordenamento jurídico, principalmente depois do Código Napoleônico e do impacto da Revolução Francesa.

Dessa maneira, por insistir que a vontade livre só pode ser pensada como efetivação de pressupostos que devem estar em processo de institucionalização na vida social, Hegel precisa fazer a crítica de dois modelos hegemônicos de liberdade que trazem duas formas de impasse às demandas de reconhecimento, um baseado na hipóstase das exigências de *autenticidade* e outro baseado na hipóstase das exigências de *autonomia*. A hipóstase desses dois modelos nos leva à perpetuação da contradição entre liberdade e instituição, con-

---

72 HEGEL, G.W. F., *Grundlinien der Philosophie des Rechts*, op. cit., p. 26.

tradição inaceitável para Hegel. Pois a autenticidade, quando hipostasiada, só poderia produzir uma noção de *liberdade negativa* que, ao ser utilizada como guia para a ação política, nos leva diretamente ao terror. Já a autonomia, quando hipostasiada, produz uma noção de *livre-arbítrio* que, ao servir de guia para a ação política, acaba por levar a uma profunda atomização social produzida pela elevação da categoria de "indivíduo" a elemento central da vida social. Vejamos cada uma dessas distorções do conceito de liberdade, que não deixam de tecer relações entre si. Ao fim, poderemos compreender melhor qual é a especificidade do conceito hegeliano.

Da liberdade negativa ao terror

> Se se contrapõe ao direito positivo e às leis o sentimento do coração, a inclinação e o arbítrio (*Willkür*), não pode ser a Filosofia, pelo menos, que reconhece tais autoridades. – O fato de que a violência e a tirania possam ser um elemento do direito positivo lhe é contingente e não concerne à sua natureza.[73]

Tal frase é decisiva. Hegel está a lembrar, entre outras coisas, que a liberdade não pode ser confundida com a presumida *autenticidade* da espontaneidade imediata dos sentimentos. Uma autenticidade que veria, nas leis, apenas a coerção e a violência institucionalizada sob a forma do direito positivo, já que as leis pareceriam nunca condizer com aquilo que Hegel chamou, na *Fenomenologia do espírito*, de "as leis do coração". Leis essas para as quais o curso do mundo é necessariamente pervertido. Contra tal hipóstase da autenticidade, para a qual todo direito é apenas uma forma velada de violência, Hegel quer defender afirmações como: "A liberdade é apenas isto, conhecer e querer tais objetos substanciais universais como o direito e a Lei e produzir uma realidade (*Wirklichkeit*) que lhes é conforme: o Estado."[74]

Uma afirmação dessa natureza é facilmente objeto das piores confusões. "Livre é a vontade que deseja a Lei": não é difícil ouvir, nessa frase orwelliana, a confissão de uma filosofia que parece não compreender o sentido de experiências, tão comuns

---

73 HEGEL, G.W. F., idem, § 3.
74 Idem, § 3.

em nossas sociedades, de dissociação entre direito e justiça. Pois o que dizer quando estamos diante de leis injustas? E, principalmente, por que falar isso em um momento no qual o Estado prussiano estava animado pelo ímpeto do Congresso de Viena (1814-15) e pela Restauração antiliberal que visava aplacar de vez a influência dos ideais da Revolução Francesa? Lembremos como não foram poucos aqueles que viram, na *Filosofia do direito*, a prova maior da adesão de Hegel à Restauração (exemplo maior aqui é o livro de Rudolf Haym, *Hegel e seu tempo*).

No entanto, devemos salientar um ponto fundamental. Não houve filósofo *de seu tempo* mais claramente comprometido do que Hegel em elevar a Revolução Francesa a acontecimento decisivo da modernidade[75]. Como disse um bom comentador, Domenico Losurdo: "Não existe revolução na história da humanidade que não tenha sido apoiada e celebrada por esse filósofo que também tem fama de ser um incurável homem da ordem"[76], seja a Revolução Americana, seja a Revolução Haitiana de Toussaint L'ouverture, as revoltas da plebe contra os patrícios, a rebelião dos escravos sob o comando de Spartacus, a revolta camponesa na época da Reforma ou ainda a Revolução Francesa. Sobre esta última, basta lembrarmos da maneira como ela é descrita nas *Lições sobre a filosofia da história*:

> Mas é apenas agora que o homem veio a reconhecer que o pensamento deve reger a realidade espiritual. Isso foi um colossal raiar do sol. Todos os seres pensantes celebraram essa época. Uma emoção sublime comandou esse tempo, o mundo viu um entusiasmo do Espírito, como se a reconciliação efetiva entre o divino e o mundo apenas agora chegasse.[77]

Mas Hegel saberá ter palavras duras contra o jacobinismo e o terror revolucionário. De fato, "a experiência do terror jacobino é criticada politicamente, em termos bastante severos, mas jamais é demonizada e reduzida a uma simples orgia de sangue (...). O líder jacobino não era a besta sanguinária da qual falava certa-

---

75 Ver, a esse respeito, RITTER, Joachim, *Hegel et la révolution française*, Paris: Beauchesne, 1970.
76 LOSURDO, Domenico, *Hegel, Marx e a tradição liberal*, São Paulo: Unesp, 1997, p. 155.
77 HEGEL, G. W. F., *Vorlesungen über die Philosophie der Geschichte*, Frankfurt: Suhrkamp, 1986, p. 529.

mente o publicismo da Restauração, mas, muitas vezes, também os publicistas liberais"[78]. Hegel sabe que o terror é o resultado desastroso da primeira manifestação de um conceito de liberdade que tem no seu bojo o momento da *liberdade negativa* enunciada em nome da autenticidade entusiasmada do sentimento. Ele é a "liberdade absoluta" transformada em *fúria da destruição*, pois é liberdade que não reconhece nenhuma possibilidade de sua institucionalização, que vê todo direito como perda da espontaneidade livre do entusiasmo revolucionário e, por isso, se volta contra tudo o que procura determiná-la, contra todo governo. Como Hegel dirá na *Fenomenologia do espírito*, para essa liberdade absoluta: "O que se chama governo é apenas a facção vitoriosa, e no fato mesmo de ser facção, reside a necessidade de sua queda, ou inversamente, o fato de ser governo o torna facção e culpado."[79] Afinal, o terror jacobino nada tem a ver com a simples violência totalitária do Estado contra setores descontentes da sociedade civil. Na verdade, ela foi o movimento autofágico de destruição da sociedade e de autodestruição do Estado, isso até o momento em que os próprios líderes jacobinos terminaram na guilhotina. O jacobinismo é a figura reflexiva do *terror que se volta contra si mesmo*[80].

No entanto, e isso se esquece muitas vezes, Hegel não deixa de salientar que esse momento negativo da liberdade é um momento necessário da história do Espírito. Algo dele deverá ser reconhecido. Para compreender isso, devemos definir melhor o que Hegel entende por "liberdade negativa". No parágrafo 5 da sua *Filosofia do direito*, Hegel faz a seguinte afirmação:

---

78 LOSURDO, Domenico, *Hegel, Marx e a tradição liberal*, op. cit., p. 162.
79 HEGEL, G.W. F., *Fenomenologia do espírito*, op. cit., 1991, vol. II, p. 97. Como dirá Charles Taylor, "a maldição da vacuidade assombra também este projeto. Sua meta não é fundar a sociedade em nenhum interesse particular ou princípio positivo tradicional, mas fundá-la somente na liberdade. Isso, porém, sendo vazio, não proporciona uma base para uma nova estrutura articulada da sociedade. Apenas prescreve à destruição das articulações existentes e de quaisquer novas articulações que ameacem surgir" (TAYLOR, Charles, *Hegel e a sociedade moderna*, op. cit., p. 103).
80 Nesse sentido, ele difere de outra figura do terror revolucionário: o stalinismo. Aqui, temos a constituição de um aparelho de violência estatal legitimado pela violência revolucionária que se volta, de forma constante, contra a sociedade e setores do próprio Estado. No entanto, ele garante a perpetuação de um núcleo dirigente sustentado pela figura de um déspota, o que não é o caso no jacobinismo.

A vontade contém α) o elemento da *pura indeterminidade* ou da pura reflexão do eu dentro de si, na qual estão dissolvidos toda restrição, todo conteúdo imediatamente aí-presente pela natureza, pelas carências, pelos desejos e impulsos, ou dados e determinados pelo que quer que seja; a infinitude irrestrita da *abstração absoluta* ou *universalidade*, o puro *pensamento* de si mesmo.[81]

A noção de "liberdade negativa", como primeiro momento da vontade, aparece, pois, como possibilidade de me liberar de toda determinidade, ser absolutamente para si, como vemos no famoso início da Dialética do Senhor e do Escravo. Daí a noção de "abstração absoluta", noção de posição de uma incondicionalidade que aparece como a primeira manifestação da universalidade. Incondicionalidade que, por sua vez, procura a todo momento reafirmar sua inadequação às determinações postas. Um pouco como se o jacobinismo fosse a realização política de um desejo pensado como pura negatividade. Por isso, a hipóstase desse momento negativo da liberdade é descrita por Hegel em termos bastante duros:

> É a liberdade do vazio, que, erigida à figura efetiva ou à paixão, e permanecendo meramente teórica, torna-se, no domínio religioso, o fanatismo da contemplação pura dos hindus, mas, volvendo-se para a efetividade, torna-se, no domínio político, assim como no religioso, o fanatismo do destroçamento de toda ordem social subsistente, e a eliminação dos indivíduos suspeitos a determinada ordem, assim como o aniquilamento de toda organização que queira novamente vir à tona. Somente quando ela destrói algo é que essa vontade negativa tem o sentimento de sua existência.[82]

No entanto, e esse ponto deve ser salientado, Hegel lembra que é exclusiva do querer humano essa capacidade de abstrair-se de tudo, de transcender toda determinação posta. Por isso, ele deve insistir que:

> Essa liberdade negativa ou essa liberdade do entendimento é unilateral, mas essa unilateralidade sempre contém em si uma determinação essencial: portanto, não é de se rejeitá-la, mas a defi-

---

81 HEGEL, G.W. F., *Grundlinien der Philosophie des Rechts*, op. cit., § 5.
82 Idem, § 5.

ciência do entendimento está em que ele ergue uma determinação unilateral à condição de única e suprema.[83]

De fato, Hegel reconhece que a pura indeterminação da vontade só pode nos levar a um impasse tanto existencial quanto político. Podemos dizer que nos dois casos não se vai além de uma "estetização da violência", seja da violência contra si que se realiza na insatisfação absoluta, na inadequação recorrente de todo agir e julgar, seja da violência política contra toda e qualquer instituição. No entanto, vale a pena lembrar mais uma vez que um dos problemas maiores da modernidade, ao menos segundo Hegel, problema este que está na base da sua filosofia do direito, pode ser compreendido da seguinte forma: como viabilizar o reconhecimento institucional de sujeitos pensados como modos singulares de confrontação com o que se oferece como indeterminado e negativo? Pois podemos inverter o diagnóstico de Durkheim e Weber afirmando não ser apenas a indeterminação que produz sofrimento social, mas também a incapacidade das estruturas institucionais e dos processos de interação social em reconhecer sua realidade fundadora da condição existencial de todo e qualquer sujeito. Nesse sentido, o impasse jacobino demonstra também, entre outras coisas, a incapacidade de constituição de uma estrutura institucional capaz de reconhecer tal realidade fundadora da indeterminação. É levando em conta essa via que talvez sejamos obrigados a admitir que "o passado terrorista deve ser aceito como *nosso*, mesmo que – ou precisamente porque – ele seja rejeitado criticamente"[84].

Sendo assim, tudo se passa como se fosse questão de pensar a política e a continuidade dos ideais da Revolução Francesa *após o impasse jacobino*. Como dirá Ritter: "A Revolução pôs o proble-

---

83 Não deixa de ser provido de interesse lembrar que a compreensão de que a liberdade moderna exige um momento de liberdade negativa pode ser encontrada já em Descartes, ao menos se nos fiarmos em Sartre. Como ele mesmo dirá, a respeito da transcendência cartesiana: "Reconhecemos nesse poder de escapar, de se mover, de se retirar para trás, uma prefiguração da negatividade hegeliana. A dúvida alcança todas as proposições que afirmam algo fora de nosso pensamento, ou seja, posso colocar todos os existentes em parênteses, estou em pleno exercício de minha liberdade quando, eu mesmo vazio e nada, nadifico tudo o que existe" (SARTRE, Jean-Paul, *Situations philosophiques*, Paris: Gallimard, 1990, pp. 71-2).
84 ZIZEK, Slavoj, *Robespierre: virtude e terror*, Rio de Janeiro: Jorge Zahar, 2008.

ma que a época deve resolver (...) este da realização política concreta da liberdade."[85] E, para tanto, uma reconciliação possível entre liberdade e direito estatal deve ser posta como tarefa para o pensamento[86].

Para não ter seu momento negativo hipostasiado, a liberdade deve ser capaz de determinar seus objetos no interior de uma vida social institucionalizada através de um Estado justo. Hegel tem a seu favor o fato de o jacobinismo não ser apenas impulso negativo, mas ser também uma procura em definir as condições do pertencimento ao Estado moderno a partir de exigências irrestritas de *universalidade*. Não é por outra razão que foi graças ao jacobinismo que ocorreu a inflexão igualitária da *Declaração dos direitos do homem e do cidadão*, de 1793, assim como a ampliação dos direitos do homem para as colônias e o fim da escravidão. Só a partir de tais exigências de universalidade concreta as bases igualitárias do Estado moderno puderam ser fundadas. Podemos dizer que, de certa forma, a enunciação da universalidade concreta só é possível após a experiência da negatividade, pois ela pressupõe uma capacidade de abstração e transcendência, *uma indiferença às diferenças* fundamental para a fundação da noção moderna de cidadão[87].

---

85 RITTER, Joachim, *Hegel et la révolution française*, op. cit., p. 25.
86 Sabemos como, na *Fenomenologia*, o momento do impasse jacobino é ultrapassado pela liberdade da autonomia da consciência moral. Marcos Müller nos fornece uma descrição precisa desse processo: "Mas tudo se passa como se a experiência da efetivação política da liberdade absoluta e a sua autodestruição no experimento jacobino de promover, a partir da igualdade política e através da virtude republicana, imposta despoticamente, a igualdade social, fosse, na progressão fenomenológica das figuras, a condição indispensável do pleno acesso do espírito à consciência da liberdade como sendo o seu princípio fundamental e a sua destinação última. Tudo se passa, portanto, na ordem de apresentação (*Darstellung*), como se, antes que a liberdade possa se desdobrar na interioridade moral, nessa 'inefetividade' que assume, então, 'o valor do verdadeiro' (323, § 595), fosse preciso que ela passasse pela tentativa da sua realização política e pela experiência do seu impasse e da sua autodestruição no Terror" (MÜLLER, Marcos, *A liberdade absoluta entre a crítica à representação e o terror*, mimeo.). Nesse sentido, podemos dizer que, ao criticar também a autonomia da consciência moral na *Filosofia do direito*, tudo se passa como se Hegel recolocasse no âmbito político-institucional o problema do pleno acesso do espírito à consciência da liberdade.
87 Notemos um problema já indicado antes de nós. A "abstração" que encontra na Revolução Francesa seu solo pode se transformar em um desses "aspectos mórbidos de um estado de permanente descompromisso", como dizia Paulo Arantes, que tem na formação desterritorializada do intelectual moderno uma de suas figuras fundamentais. A esse respeito, ver os dois primeiros ensaios de ARANTES, Paulo, *Ressentimento*

Como veremos, essa é questão de difícil equação. Toda a complexidade vem do fato de a liberdade dever ser capaz de determinar seus objetos no interior da vida social, de fazê-los reconhecer, mas sem simplesmente anular o momento negativo que é imanente ao conceito moderno de liberdade e que encontrou sua expressão inicial deformada no terror jacobino. Assim, de maneira bastante peculiar, o Estado que Hegel procura pensar é o *Estado pós-revolucionário constitucional*, capaz de levar em conta as exigências de reconhecimento e de universalidade postas em circulação pela Revolução Francesa.

O formalismo do livre-arbítrio

Mas, por enquanto, voltemos às críticas feitas por Hegel a modelos hegemônicos de liberdade. Como foi dito, Hegel também critica um modelo de liberdade que hipostasia a noção de *autonomia*. Quando hipostasiada, tal noção produz uma ideia de *livre-arbítrio* que, ao servir de guia para a ação política, acaba por levar a uma profunda atomização social resultante da elevação da categoria de "indivíduo" a elemento central da vida social. Tentemos entender melhor esse ponto.

Sabemos como a noção moderna de autonomia nos aparece, normalmente, como a capacidade de os sujeitos porem para si mesmos a sua própria Lei moral, transformando-se assim em agentes morais aptos a se autogovernarem[88]. Vinda de Rousseau, para quem "a obediência à lei que uma pessoa prescreveu para si mesma é liberdade", tal noção de autonomia ganha, com Kant, contornos novos e decisivos.

Essa lei que os sujeitos prescrevem para si mesmos a fim de se afirmar como autônomos não é, como sabemos, uma lei particular, ligada aos interesses egoístas da pessoa privada. Antes, ela é incondicional, categórica e universal. Lei capaz de abrir as portas para o reconhecimento de um campo intersubjetivo de validação da conduta racional e que levaria o sujeito a guiar suas ações rumo

---

    da dialética, São Paulo: Paz e Terra, 1996. Dar a tal força de abstração um território é, no fundo, o desafio do Estado hegeliano.
88 Para uma gênese exaustiva do conceito, ver SCHNEEWIND, J. B., *A invenção da autonomia*, São Leopoldo: Unisinos, 2005.

à realização de uma ligação sistemática dos diversos seres racionais por leis comuns. Para que ela tenha realidade, faz-se necessário então que os sujeitos tenham algo mais do que desejos particulares e "patológicos". Eles precisam ter uma *vontade pura* que age *por amor* à universalidade da Lei. Vontade que se coloca como *dever*. Pois, através do dever, a consciência pode dar para si mesma sua própria lei, julgar sua própria ação como quem se cinde entre uma consciência que age e uma que julga. No entanto, lembrará Hegel, a perpetuação da moralidade sob a forma do dever só pode produzir um impasse. Pois: "A 'moral' não é uma confrontação perpétua entre o homem tal como ele 'é' e esse mesmo homem tal qual ele 'deve ser'."[89] Tal confrontação, se perpetuada, só poderá nos levar à completa desarticulação da capacidade de agir.

Hegel insiste, em vários momentos, que a desarticulação da capacidade de agir presente em tal concepção de autonomia tem um nome: "formalismo". Nesse contexto, formalismo significa que a fundamentação da ação moral através da pura forma do dever não é capaz de fornecer um procedimento seguro de decisão a respeito do conteúdo moral de minhas ações. "Fundamentação através da pura forma do dever" significa definir a natureza moral de minha ação basicamente por sua conformidade a certos procedimentos formais enunciados em um imperativo categórico (procedimentos de universalização sem contradição, de incondicionalidade e de categoricidade). Voltaremos a esse ponto de maneira mais sistemática na terceira parte do livro. Por enquanto, basta lembrar que Hegel não acredita que a fundamentação transcendental de um princípio moral possa garantir a clarificação de seus modos de aplicação. Ao contrário, ele insiste a todo momento que uma definição meramente formal do dever cai, necessariamente, em uma tautologia, em uma "identidade sem conteúdo".

Podemos compreender esse ponto da seguinte maneira: na verdade, o dever, embora seja aparentemente formal, tem um "conteúdo" que é, no fundo, o nome hegeliano para "particularização de contextos de ação". Maneira de lembrar que a deter-

---

[89] FLEISCHMANN, Eugène, *La philosophie politique de Hegel*, Paris: Gallimard, 1992, p. 118.

minação do sentido da ação moral não é fruto exclusivo de considerações procedurais. Ela exige uma articulação complexa referente à atualização de contextos particulares de ação. Pois o dever aparece no interior de situações particulares de ação, situações nas quais tenho um conteúdo definido ("devo ou não roubar esta mercadoria se tenho fome e não tenho dinheiro", "devo ou não largar minha mulher por outro amor"). Isso demonstra como o dever é *atividade* tendo em vista sua realização na exterioridade. Ele se curva ao cálculo de uma *pragmática contextualizada e intersubjetivamente estruturada*. Só a partir daí a atividade pode ser capaz de pôr um fim para si mesma. Isso explica a definição dada por Hegel de moralidade:

> O conceito de moralidade é o relacionar-se interior da vontade a si mesma. Mas, aqui, não há apenas *uma* vontade, senão que a objetivação tem simultaneamente dentro de si a determinação de que a vontade singular se supera na objetivação, e, portanto, precisamente com isso, ao eliminar-se a determinação da unilateralidade, são postas duas vontades e uma relação positiva delas mesmas uma à outra.[90]

Ou seja, a moralidade só encontra seu fundamento quando é capaz de se colocar não como vontade individual, mas como vontade que traz em si mesma a referência à "vontade dos outros" (termo muito menos claro do que possa inicialmente parecer). Por isso, Hegel deve dizer que: "A ação contém as determinações indicadas: a) de ser sabida por mim na sua exterioridade como minha; b) de ser a relação essencial ao conceito como a um dever-ser; e c) de ser a relação essencial à vontade dos outros."

Já ao discutir a estrutura da intencionalidade moral, Hegel insiste nesse ponto. Tais discussões podem ser compreendidas da seguinte forma: a vontade subjetiva não é mera vontade, mas motivação para agir. A ação feita é necessariamente alteração (*Veränderung*) de uma existência previamente dada, alteração a respeito da qual sou responsável. No entanto, há alterações previsíveis e alterações imprevisíveis. Há consequências a respeito das quais eu poderia facilmente representar e outras não. Até onde vai então o

---

90 HEGEL, G.W. F., *Grundlinien der Philosophie des Rechts*, op. cit., § 112.

limite de minha responsabilidade? Quem define o que é previsível e facilmente representável a partir da minha ação? Que elementos devem ser levados em conta em tal definição?

Desprezar completamente as consequências e só medir a natureza da ação a partir das consequências: estes são dois equívocos complementares. Mas, para definir o que é necessário no interior das consequências da ação, preciso de uma representação geral do que se segue a partir de determinado propósito. Isso implica reconhecer que *meu* propósito está ligado a consequências que não são simplesmente definidas por mim, mas seguirão necessariamente à ação. Ou seja, não quero apenas o propósito. Quando agi, eu queria as consequências. Essa era minha intenção. Hegel procura, pois, expor a *intenção como capacidade de reconstrução da totalidade de relações esperadas por uma ação*.

Nesse sentido, a intenção é pensada por Hegel como o momento do reconhecimento de que minha interioridade é habitada por considerações intersubjetivas sobre as consequências de toda ação (daí o recurso à "vontade dos outros"). Para poder ser a capacidade de reconstrução de uma totalidade de relações, a intenção deve ser "determinado tipo de saber prático"[91]. Pois uma intenção está sempre ligada a uma rede de estados intencionais socialmente definida. Por isso, Hegel fala aqui de "caráter universal" de "valor da ação". Essa intenção é, na verdade, o nome que Hegel fornece para uma disposição de conduta que é resultado direto da sedimentação de modelos sociais de julgamento. Isso explica por que a intenção deve vir acoplada a uma reflexão sobre *das Wohl*, ou seja, o bem, no sentido do que pode satisfazer a vida material. Pois tais modelos sociais de julgamento são o resultado de um processo histórico de procura por modos de realização de formas de vida que tem peso normativo.

Isso talvez explique por que Hegel parece inclinado a assumir a perspectiva de uma *moralidade das consequências* que seja capaz de, ao mesmo tempo, levar em conta o cálculo da intenção. Mesmo que a imputabilidade considere a disposição intencional (o caso de

---

91 SEARLE, John, *Intencionalidade*, São Paulo: Martins Fontes, 2002, p. 198. De fato, as considerações de Hegel sobre a intenção, tais como elas aparecem no capítulo da *Filosofia do direito* dedicado à moralidade, não estão muito longe do que podemos encontrar em John Searle.

Édipo é, para Hegel, exemplar), essa moralidade das consequências *descentra* a cena de fundamentação da significação da ação moral, levando-a em direção àquilo cujo resultado final não pode ser completamente antecipado pela consciência (embora a intencionalidade moral já se fundamente a partir de um cálculo das consequências), nem pode ser previamente garantido por estratégias transcendentais[92].

Esse é o pano de fundo para compreender por que Hegel insiste várias vezes que a vontade livre que delibera não delibera sob a forma do arbítrio. Pois quem diz arbítrio diz escolha tendo em vista o conteúdo mais adequado para a forma da vontade. Eu escolho entre possíveis que aparecem para mim como realizações possíveis da minha vontade. No entanto, isso pressupõe que a autodeterminação da forma da minha vontade livre não porta, em si, o conteúdo no qual ela se realiza, o modo de sua efetivação. Por isso Hegel deve dizer: "visto que somente o elemento formal da autodeterminação livre é imanente ao arbítrio, e o outro elemento, em contrapartida, lhe é algo dado, o arbítrio, se é que ele deve ser a liberdade, pode com certeza ser chamado uma ilusão".

Ou seja, Hegel está dizendo que não há escolha no interior da vontade livre. "A natureza da liberdade não pode se vincular à questão da liberdade de escolha."[93] Por mais que isso possa parecer contraintuitivo, *a liberdade não é uma questão de escolha individual* e é extremamente sintomático que nossas discussões contemporâneas sobre liberdade estejam, em larga medida, focadas sob esse aspecto. Elas normalmente são discussões que giram em torno da possibilidade ou não da existência de algo como o livre-arbítrio e do reconhecimento de sujeitos como seres dotados de livre-arbítrio, como se estivéssemos à procura de uma espécie de decisão capaz de suspender toda e qualquer determinação causal exterior à própria espontaneidade da decisão indi-

---

92 Essa moralidade das consequências pressuposta pela perspectiva hegeliana não deixa de tecer proximidades com aquilo que Bernard Williams um dia chamou de *moral luck*. Ver, a esse respeito, WILLIAMS, Bernard, *Moral Luck*, Cambridge University Press, 1991. Na verdade, procurei pensar as dificuldades desse tipo de moralidade das consequências no último capítulo deste livro.
93 PIPPIN, Robert, *Hegel's Practical Philosophy: Rational Agency as Ethical Life*, Cambridge University Press, 2008, p. 39.

vidual, decisão que não segue nenhuma autoridade externa, por isso autônoma[94].

Nesse sentido, cria-se rapidamente uma dicotomia em que a noção de *causas exteriores* desempenha o papel de polo contrário a uma autonomia completamente internalista. Hegel aborda, muitas vezes, tal questão relativa às causas exteriores à ação autônoma através da dicotomia vontade/impulso (*Trieb*). Ele poderia abordá-la também através da dicotomia subjetividade/intersubjetividade. Mas Hegel assume a primeira possibilidade para mostrar que o formalismo do dever é, também, ignorância a respeito da maneira com que os impulsos fornecem o conteúdo (isso no sentido das motivações para agir) da vontade livre. Ignorância de que: "Nada de grande foi realizado sem paixão e não pode ser realizado sem ela. É apenas uma moralidade morta e geralmente hipócrita que se bate contra a forma das paixões."[95]

Natureza humana como história dos desejos desejados

Esta é uma dicotomia central se lembrarmos como a concepção moderna de liberdade parece profundamente marcada pela oposição entre natureza e liberdade, causalidade externa determinada pela normatividade vital e causalidade interna determinada em condições de autonomia. Partindo da naturalização dessa dicotomia, cremos que a vontade meramente determinada pelos impulsos naturais só pode ser, pretensamente, completamente condicionada por aquilo que lhe é exterior. No entanto, a estratégia de Hegel consiste em afirmar que os impulsos naturais já são momentos da vontade livre. Pois, não sendo exatamente uma escolha, a liberdade deve ser vista como certa forma de reconciliação com o que apareceu inicialmente como *causa exterior*. Isso explica por que Hegel insistirá:

---

94 No entanto, "se a liberdade deve renunciar a toda heteronomia, toda determinação da vontade por desejos particulares, princípio particular ou autoridade exterior, então a liberdade parece incompatível com toda ação racional, pois não parece restar qualquer motivação para a ação que não seja completamente vazia, ou seja, que efetivamente ordene algumas ações, exclua outras, e que não seja também heterônoma" (TAYLOR, Charles, *Hegel e a sociedade moderna*, op. cit., p. 104).
95 HEGEL, G.W. F., *Enciclopédia*, op. cit., § 474.

A vontade inicialmente só livre *em si* é a vontade *imediata* ou *natural*. As determinações da diferença, que o conceito se determinando a si mesmo põe na vontade, aparecem na vontade imediata como um conteúdo *imediatamente* existente – são *impulsos, desejos, inclinações*, pelos quais a vontade se acha determinada pela natureza. Esse conteúdo, junto com as suas determinações desenvolvidas, provém, na verdade, da racionalidade da vontade e, assim, ele é em si racional, mas, deixado em tal forma da imediatez, ele não está ainda na forma da racionalidade.[96]

Ou seja, impulsos, desejos, inclinações não são limites à liberdade humana, não são elementos irracionais ligados ao que não se submete à minha vontade, como se fosse questão de conservar distinções estritas entre *humanitas* e *animalitas*. Eles provêm da racionalidade da vontade, eles podem ter uma forma racional. Nesse sentido, se Hegel pode dizer que: "Na exigência da *purificação dos impulsos* reside a representação universal de que eles sejam libertados da *forma* da sua determinidade natural imediata e do que há de subjetivo e contingente no *conteúdo*, e, assim, reconduzidos à sua essência substancial"[97], é porque a libertação dos impulsos em relação à forma da sua determinidade natural consiste na revelação de como eles são animados, desde o início, por uma normatividade que não pode ser vista como causalmente fechada. O que não poderia ser diferente já que não há, para Hegel, algo como impulsos meramente naturais. Se é possível quebrar a "violência natural dos impulsos" sem que isso seja necessariamente uma violência ainda maior cujo preço será sempre impagável, é porque não se trata de uma simples repressão.

Tentemos entender melhor esse ponto. O impulso (*der Trieb* – termo que foi muitas vezes traduzido na literatura psicanalítica como "pulsão"), no caso do ser humano, é distinto do que Hegel chama de instinto (*der Instinkt*), já que instinto é "uma atividade orientada a um fim (*Zwecktätigkeit*) que age de maneira não consciente (*bewusstlose*)"[98] a partir de uma finalidade interna ao organismo, finalidade essa ligada principalmente à conservação do gênero. Enquanto preso ao comportamento animal, enquanto submetido ao instinto, o impulso aparece apenas como

---

96 HEGEL, G. W. F., *Enciclopédia*, op. cit., § 18.
97 Idem, § 18.
98 Idem, § 360.

uma atividade (*Tätigkeit*), uma excitação visando realizar tal finalidade interna. Finalidade que se direciona a algo determinado, a um objeto específico.

Mas, ao passar para o comportamento especificamente humano, essa solidariedade entre instinto e impulso se perde. Aqui, o impulso aparece como uma determinação da vontade (*Willensbestimmung*) que produz sua própria objetividade, que produz seu objeto de satisfação (pois não o encontra dado imediatamente pelo instinto). Este produzir é a atividade do Espírito que já se encontra presente nos impulsos. O impulso não é palpitação de uma vitalidade simples, não é simplesmente *physis*, mas conserva uma vitalidade espiritual, pois socialmente determinada.

Há uma maneira de compreender tal vitalidade espiritual que pode resolver certas dicotomias. Basta aceitarmos que, *ao mobilizar impulsos, mobilizo, na verdade, a memória da "história dos desejos desejados"*, para retomar uma bela expressão de Alexandre Kojève[99]. Deixo que atuem, como motivos para minha ação, os desejos desejados que procuraram realizar uma forma de vida bem-sucedida e influenciaram minha formação[100]. Através dos impulsos, desejo, de maneira a princípio profundamente conflitual, o desejo de outros que me antecederam e, de certa forma, não deixaram de continuar falando em mim. Dessa maneira, podemos reencontrar assim o problema da relação entre subjetividade e intersubjetividade no coração da relação entre impulso e vontade, o que demonstra como a reflexão sobre a natureza dos impulsos é um setor fundamental de toda teoria do reconhecimento.

É fato que, para a consciência, os impulsos naturais são vistos como opacos, negativos, irracionais. No entanto, eles aparecem assim por serem *marcas de uma história que se esqueceu, que não é mais visível para a consciência por não ser simplesmente a história do indivíduo*. Vimos, no primeiro capítulo, como o conceito de "vida" em Hegel manifestava um conflito ontológico entre indeterminação e determinação. Algo desse conflito parece normalmente se

---

99 KOJÈVE, Alexandre, *Introduction à la lecture de Hegel*, Paris: Gallimard, 1947.
100 Nesse sentido, vale a afirmação de que "precisamos, para compreender *quem* age e *por que*, perguntar sobre as condições positivas de realização de si, e não apenas, nem mesmo necessariamente, sobre as condições negativas de realização de nossos desejos" (JOUAN, Marlène, *Psychologie morale: autonomie, responsabilité et rationalité pratique*, Paris: Vrin, 2008, p. 13).

transpor para a dicotomia entre impulso e vontade. Lembremos, a esse respeito, da maneira que Hegel descreve, no capítulo da *Fenomenologia do espírito* intitulado "O prazer e a necessidade", o impasse de uma vida orientada pela realização imediata dos impulsos. Trata-se de uma vida que descobre que aquilo que se chama "necessidade" [*Notwendigkeit*] "é justamente uma coisa que ninguém sabe dizer o que faz, quais são suas leis determinadas e seu conteúdo positivo. Porque é o conceito absoluto intuído como *ser*, a *relação* simples e vazia, mas irresistível e imperturbável, cuja obra é apenas o nada da singularidade"[101]. Nesse sentido, os impulsos que se manifestam sob a forma da necessidade, impulsos tomados como normatividade vital imediata, são o nada da singularidade, princípio opaco em suas leis e conteúdos, porque são apenas a indeterminação simples e vazia, puramente negativa.

No entanto, a maneira de quebrar essa ilusão de imediaticidade que só pode levar ao colapso consiste em, de certa forma, redescobrir a história no interior da natureza. Isso significa mostrar como os impulsos são, na verdade, a parte não individual da história dos sujeitos, da história dos desejos que lhes precederam, mas lhes constituíram. As "paixões do indivíduo", quando conduzidas à sua verdadeira essência, demonstram como nunca foram apenas paixões de um indivíduo. Pois trata-se de reconhecer, nos impulsos, aquilo que foi tecido às nossas costas, tecido pelas mãos da experiência social que continua a agir em nós. Veremos melhor as versões dessa ideia na segunda parte deste livro.

A compreensão adequada dessa experiência social que continua a agir em nós é aquilo a que Hegel alude ao falar da recondução dos impulsos à sua "essência substancial". Tal recondução nos lembra que *a autonomia não pode ser simplesmente a possibilidade de agir de outra forma do que se age*, como vemos no modelo que privilegia o livre-arbítrio. A *autonomia está profundamente vinculada à capacidade de desejar o que se quer*[102], ou seja, de exprimir na ação a unidade reflexiva de dois momentos: a enunciação consciente da vontade (que leva em conta as exigências morais ligadas à realiza-

---

101 HEGEL, G. W. F., *Fenomenologia*, op. cit., p. 229.
102 Daí por que Hegel dirá: "Feliz é aquele que conformou (*hat angemessen*) sua existência (*Dasein*) ao seu caráter particular, à sua vontade e arbítrio, gozando assim de si mesmo em sua existência" (HEGEL, G. W. F., *Vorlesungen über die Philosophie der Geschichte*, op. cit., pp. 41-2).

ção de formas intersubjetivas de vida conscientemente assumidas e partilhadas) e o impulso do desejo. Unidade reflexiva entre o desejo que tenho e meu desejo de ter tal desejo. Ou seja, Hegel está fornecendo aqui um conceito alternativo de autonomia, em que ela não é mais pensada através da figura da autolegislação que cliva o sujeito entre desejo patológico e vontade livre, mas da capacidade de superar tal clivagem, de compreender a racionalidade do momento heterônomo da vontade[103].

O risco da atomização social

A interpretação que sugiro tem ao menos o mérito de mostrar como a autonomia não se afirma sem saber se reconciliar com o que aparece inicialmente como heteronomia e causalidade exterior. Ela ainda insiste no fato de o processo de reconciliação com os impulsos naturais fornecer um modo de relação a si que facilita a abertura a um modo de relação social que não pode mais ser visto como mera relação contratual entre vontades individuais. Pois essa maneira de se reconciliar com os impulsos demonstra como a vontade livre não é construída a partir do modelo da vontade individual. Ela é acolhimento do que é não individual e não personalizado no sujeito, por isso, ao menos nesse caso, acolhimento do que deve necessariamente se manifestar a princípio como impulso. Ela é modelo de uma abertura à alteridade (uma alteridade que não é simplesmente a figura de outro indivíduo, de outra consciência) a partir da problematização da natureza das relações a si. Sendo assim, seu reconhecimento social deve ser efetivado no interior de *um processo no qual a vontade se libere de sua dependência estrita à figura do indivíduo*.

Caso isso não ocorra, a constituição da autonomia levará à generalização de uma forma de ação incapaz de compreender sistemas de motivações para além do quadro das vontades individuais. Por ter uma compreensão da significação da ação ligada à

---

[103] A esse respeito, vale a pena lembrar que "a divisão da moralidade entre razão e inclinação às vezes existe de fato, mas apenas como resultado de um *defeito* ético que é a desarmonia no sistema de relações sociais no qual cada indivíduo vive e age" (WOOD, Allen, "Hegel's Critique of Morality". In: SIEP, Ludwig (org.). *Grundlinien der Philosophie des Rechts*, Berlim: Akademie Verlag, 2005, p. 158).

dinâmica de autocertificação de uma consciência solipsista, tal autonomia, para Hegel, é uma autonomia de indivíduos isolados. Dessa forma, as exigências de autonomia se realizam politicamente como valor mobilizado para a justificativa da constituição de uma sociedade de indivíduos onde todas as relações sociais são pensadas sob a forma do contrato: figura maior do acordo negativo (e único acordo possível) entre vontades individuais. Para Hegel, isso significa uma sociedade assombrada por um irreversível processo de atomização social e de desagregação.

Hegel vê como sintomático que autores para os quais a autonomia individual é a pedra de toque da razão prática só sejam capazes de pensar a natureza das relações sociopolíticas a partir da forma do contrato. Ele compreende que a tendência contratualista parte da situação social atomizada de indivíduos portadores de interesses que devem ser restringidos pelos interesses de outros indivíduos. Restrição que, normalmente, legitima-se através da ficção jurídica de um contrato social por meio do qual conservo interesses possíveis de ser socialmente realizados e abro mão daqueles que não se submetem a essa condição. Ficção que, por sua vez, deve se alimentar da *elevação do medo a afeto central do vínculo político* (medo da despossessão de meus bens, medo da morte violenta, medo da invasão de minha privacidade etc.). A perspectiva contratualista é indissociável de uma política de perpetuação do medo.

Por outro lado, se o contrato é um momento importante da efetivação da liberdade, já que a propriedade privada é, por sua vez, um momento necessário da vontade que se exterioriza e quer se fazer reconhecer em sua particularidade, a generalização da figura do contrato para a totalidade da vida social é uma distorção e uma patologia. Longe de ser um modelo de coesão social, a metáfora do contrato é a evidência de que estamos diante de uma sociedade em processo de desagregação. O casamento, a relação com o Estado, a relação do pai com os filhos não são contratos. São relações de outra natureza, algo muito diferente do tipo de relação que posso estabelecer com coisas a respeito das quais sou proprietário (como é o caso das relações contratuais)[104].

---

104 Conhecemos a famosa anedota de Hegel a respeito da noção kantiana do casamento como contrato. Kant define o casamento como uma possessão recíproca de pessoas, um *commercium sexuale*, ou ainda "a ligação de duas pessoas, de sexos diferentes, tendo

Quando elas são pensadas sob a forma do contrato, é porque perderam completamente sua substancialidade. Por não saberem se portar no interior da ação social, por terem perdido a coesão social que permite relações concretas de reconhecimento, os sujeitos se apegam à compreensão reificada do comportamento de outros sujeitos como se tratassem de coisas que podem ser postas em cláusulas de um contrato.

Já na sua crítica a Rousseau, esse esquema de interpretação aparece claramente. Lembremos da afirmação de Hegel a respeito de Rousseau:

> No entanto, como ele apreendeu a vontade em sua forma determinada como vontade singular (como fez posteriormente Fichte) e como ele apreendeu a vontade geral não como o que a vontade tem de racional em si e para si, mas apenas como o *elemento comum* que surge desta vontade singular *enquanto consciente*, a reunião dos indivíduos singulares no Estado se transforma em um contrato.[105]

Deixando de lado a adequação ou não dessa leitura, vale a pena notar como Hegel critica Rousseau por pensar a vontade a partir da noção de vontade individual, que não se transforma exatamente em *vontade geral*, mas em *vontade comum*, ou seja, associação de diversas vontades que não desejam um objeto universal, mas desejam as condições para a afirmação de seus sistemas particulares de interesses[106]. De fato, como nos lembra Gérard Lebrun ao

---

em vista a possessão recíproca, durante toda a vida, de suas qualidades sexuais próprias" (KANT, Immanuel, *Methaphysiche Anfangsgründe der Rechtlehre*, Hamburgo, Felix Meiner, 2009, § 24). Hegel chamava tal definição de "barbarismo", lembrando que, se o casamento de fato fosse um contrato que me dava a possessão das "qualidades sexuais" do outro, poderia sempre chamar a polícia caso minha mulher ferisse meu direito de propriedade e não consentisse em manter relações sexuais comigo quando eu bem quisesse. Isso apenas demonstrava, como bem lembra Honneth, a completa inadequação da ampliação das relações contratuais de propriedade para a intelecção da natureza das relações intersubjetivas.

105 HEGEL, G.W. F., *Grundlinien der Philosophie des Rechts*, op. cit., § 258.
106 Isso talvez nos explique por que, na justificação do contrato social, "a linguagem de Rousseau com frequência é tão abertamente utilitarista quanto a de Hobbes. Isto é o que você perde, mas avalie, em compensação, o que você ganha" (LEBRUN, Gérard, "Contrato social ou negócio de otário?" In: *A filosofia e sua história*, São Paulo: Cosac Naify, 2006, p. 226). Por isso, se aceitamos entrar no contrato social, "é por ter lido, no segundo livro, que as 'pessoas privadas' que compõem a 'pessoa pública' permanecem

insistir na "raiz ultraindividualista do contrato", no momento do *Contrato social*, o homem é ainda "aquele que olha para si mesmo". Seu desejo de adquirir a liberdade civil provém de uma reivindicação que nasce no nível da sua independência natural. Sua entrada na união civil é feita unicamente em nome de seu amor por si mesmo.

Hegel deve fazer essa leitura de um dos teóricos fundamentais da filosofia política moderna porque o filósofo alemão compreende o advento das sociedades modernas de livre mercado como movimento preso a tal modo de definir as relações sociais. Por isso, trata-se de sociedades assombradas pelo risco de *atomização social*. Por "atomização social" devemos entender um processo interno às sociedades civis capitalistas de enfraquecimento da força normativa do vínculo social e de fortalecimento das demandas de decisão em direção aos indivíduos. Hegel descreve uma das facetas desse processo da seguinte forma:

> A tendência a buscar dentro de si, *voltando-se para o interior*, o que é justo e bom, e a sabê-lo e determiná-lo a partir de si, aparece, como configuração mais geral na História (em Sócrates, nos Estoicos etc.), em épocas em que aquilo que vige na efetividade e nos costumes como justo e como bom não pode satisfazer a uma vontade melhor; quando o mundo existente da liberdade torna-se infiel a essa vontade, ela não se encontra mais a si mesma nos deveres vigentes e deve procurar obter a harmonia, perdida na efetividade, somente na interioridade ideal.[107]

Como vimos, Hegel sabe que sua época também conhece tal "crise de legitimidade". No entanto, sua descrença em relação ao fortalecimento do indivíduo como elemento de contraposição a tal tendência vem, entre outras coisas, da consciência das suas consequências catastróficas no plano socioeconômico. Pois a atomização social não implica apenas transferência do polo de decisão sobre a orientação da conduta para os ombros dos indivíduos. Ela implica também um *modo atomizado de compreensão da*

'naturalmente independentes dela', que elas continuam portanto a desfrutar um direito natural *enquanto homens* e que 'o Soberano não pode infligir aos súditos nenhuma que seja inútil à comunidade'" (idem, p. 230).
107 HEGEL, G.W. F., *Grundlinien der Philosophie des Rechts*, op. cit., § 138.

dinâmica da vida social, compreensão da vida social como justaposição de vontades individuais. Fato que não deve nos surpreender, já que modelos de reflexão sobre a estrutura do sujeito moral servem, normalmente, como modelos gerais para a compreensão dos modos de ação social a partir de valores e normas. Agimos moralmente da mesma forma que agimos socialmente, ou seja, utilizando idêntica estrutura de julgamento e orientação (essa talvez seja uma das intuições fundamentais de Max Weber em seu estudo sobre a ética protestante).

Sendo assim, podemos dizer que os modelos da autonomia individual e do livre-arbítrio acabam por produzir uma imagem da sociedade como conjunto de normas, instituições e regras capazes de garantir a plena realização dos sistemas particulares de interesses que se orientam a partir de sua própria visão sobre a realização do bem e das riquezas. Hegel é um dos primeiros a compreender que, quando transplantado para a esfera das relações econômicas, tal processo produz, necessariamente, pauperização e alienação social. Nesse ponto, podemos sentir a importância da leitura hegeliana dos economistas britânicos. Tal leitura fora fundamental para a compreensão hegeliana da complexidade funcional das sociedades modernas.

Essa passagem em direção à economia política é justificada. Como Hegel opera com um conceito de liberdade para o qual a definição das condições sociais de sua efetivação é um problema interno à própria definição do conceito, ele deve poder descrever as situações nas quais o funcionamento da vida social não fornece mais os pressupostos para a realização das aspirações, entre outras, da autonomia individual[108]. Um pressuposto fundamental está relacionado ao funcionamento da esfera econômica com suas dinâmicas ligadas ao trabalho, base da constituição daquilo que Hegel entende por sociedade civil. Podemos dizer isso porque, para ele, problemas de redistribuição e de alienação na esfera econômica do trabalho são um setor decisivo de problemas mais gerais de reconhecimento social.

---

108 Como bem compreendeu Pippin, Hegel "nega que possamos separar a dimensão moral-psicológica, individual da liberdade (a possibilidade da 'liberdade da vontade') das relações sociais de dependência e de independência compreendidas como igualmente constitutivas da liberdade (a liberdade de agir)" (PIPPIN, Robert, *Hegel's Practical Philosophy*, op. cit., p. 7).

Nesse sentido, por exemplo, processos de pauperização não serão vistos por Hegel apenas como problemas de "justiça social", mas sim como problemas de condições de efetivação da liberdade[109]. Pois não é possível ser livre sendo miserável. Livres escolhas são radicalmente limitadas na pobreza e, por consequência, na subserviência social. Posso ter a ilusão de que, mesmo com restrições, continuo a pensar livremente, a deliberar a partir de meu livre-arbítrio individual. Um pouco como o estoico Epiteto, que dizia ser livre mesmo sendo escravo. No entanto, uma liberdade que se reduziu à condição de puro pensamento é simplesmente inefetiva, isso no sentido de ela determinar em muito pouco as motivações para o nosso agir.

Partamos, pois, da afirmação do jovem Hegel de que, ao procurar a realização do bem e das riquezas através da referência a seu próprio sistema particular de interesses, inaugura-se o seguinte processo:

> Conforme o costume e o modo de vida (*Lebensart*) mudaram, cada [indivíduo] se tornou mais preocupado com suas próprias necessidades e assuntos privados, a maior parte dos homens livres, o estamento burguês propriamente dito, tinha de olhar exclusivamente para suas próprias necessidades e aquisições; [conforme] os estados cresciam, as relações externas se tornaram mais complexas (*verwickelter*) e aqueles que tinham de lidar exclusivamente com elas se tornaram um estamento e [igualmente] crescia a quantia de necessidades dos homens livres e nobres (*Adels*), os quais tinham de se manter em suas posições (*Stande*) seja pela indústria, seja pelo trabalho [feito] para o estado.[110]

Ou seja, a sociedade conhece um processo de multiplicação de necessidades e afirmação dos interesses. Da mesma forma

---

109 A esse respeito, vale a pena sempre lembrar a maneira como Hegel justifica o direito de extrema necessidade (*Notrecht*): "A vida, como conjunto completo dos fins, tem um direito contra o direito abstrato. Se, por ex., pelo furto de um pão ela pode ser prolongada, a propriedade de alguém, com efeito, é lesada pelo furto, mas seria injusto considerar essa ação um furto ordinário. Não fosse permitido ao homem em perigo de vida proceder assim, de modo a conservar a sua vida, ele seria determinado como desprovido de direitos, e, ao recusar-lhe a vida, sua liberdade toda seria negada" (HEGEL, G.W. F., *Grundlinien der Philosophie des Rechts*, op. cit., § 127). Ou seja, o problema está totalmente ligado à definição das condições sociais para a realização do conceito de liberdade.

110 HEGEL, G. W. F., *Frühe Schriften*, Frankfurt: Suhrkamp, 1986, pp. 532-3.

que as necessidades se desdobram, os meios para satisfazê-las se multiplicam e se complexificam, criando assim tanto a riqueza, o refinamento, quanto o desenvolvimento, e, principalmente, aprofundando a dependência entre os homens. O que leva Hegel a afirmar: "Como *existência* real, as necessidades e os meios se transformam em ser para outro, através dos quais as necessidades e o trabalho de cada um é reciprocamente condicionado."[111] Pois meu trabalho transforma-se em um meio para a satisfação dos outros, assim como minha satisfação depende do trabalho dos outros. É a isso que Hegel chama de "sistema de necessidades".

No entanto, Hegel insiste que esse sistema de necessidades construído através da múltipla dependência dos trabalhos tem como consequência inelutável a divisão do trabalho. Desde sua juventude, Hegel percebe que o desenvolvimento das sociedades modernas de livre mercado exige uma especialização cada vez maior dos trabalhos, fruto da complexificação dos objetos produzidos e da ampliação da produção em larga escala. Hegel sabe que tal processo leva necessariamente à simplificação e à *abstração mecânica* na esfera do trabalho, que, por fim, produz a substituição do homem pela máquina, como vemos no parágrafo 198 dos *Princípios da filosofia do direito*. Nesse sentido, ele é talvez o primeiro a compreender que a mecanização e a automatização são consequências inelutáveis das sociedades modernas. Consequências que produzem um sofrimento social de reificação devido à dependência dos sujeitos a um modo de exteriorização que os mortifica[112]. Ou seja, ao procurar a realização do bem e das riquezas através da referência a seu próprio sistema particular de interesses, ocorre um bloqueio fundamental na estrutura do trabalho como espaço de reconhecimento.

---

111 HEGEL, G. W. F., idem, § 192.
112 Como vemos na afirmação do Hegel de juventude: "O trabalho se torna tanto mais absolutamente morto, ele se torna trabalho maquinal (*Maschinenarbeit*), e a habilidade do singular tanto mais infinitamente limitada, e a consciência dos trabalhadores da fábrica é rebaixada ao último embotamento (*Stumpfheit*)" (*Gesammelte Werke*, op. cit., vol. 6, pp. 323-4). Por essa e por outras razões devemos concordar com uma afirmação central de Shlomo Avineri de que "Hegel aceita a visão de Smith para quem, por trás do choque conflitual e desprovido de sentido dos interesses egoístas na sociedade civil, um propósito mais elevado pode ser discernido; mas ele não concorda com a assunção escondida de que todos na sociedade estão potencialmente bem acolhidos" (AVINERI, Shlomo, *Hegel's Theory of Modern State*, Cambridge University Press, 1973, p. 148).

No entanto, Hegel reconhece outro problema social grave devido ao modo de organização do trabalho nas sociedades liberais. Ele está indicado no seguinte trecho dos *Princípios da filosofia do direito*:

> Quando a sociedade civil não se encontra impedida em sua eficácia, então em si mesma ela realiza uma progressão de sua *população* e *indústria*. Através da *universalização* das conexões entre os homens devido a suas necessidades e ao crescimento dos meios de elaboração e transporte destinados a satisfazê-las, cresce, de um lado, a acumulação de fortunas – porque se tira o maior proveito dessa dupla universalidade. Da mesma forma, do outro lado, crescem o *isolamento* e a *limitação* do trabalho particular e, com isso, a *dependência* e a *extrema necessidade* (*Not*) da classe (*Klasse*) ligada a esse trabalho, a qual se vincula à incapacidade ao sentimento e ao gozo de outras faculdades da sociedade civil, em especial dos proveitos espirituais.[113]

O modo de inserção no universo do trabalho depende, segundo Hegel, de uma relação entre capital e talentos que tenho e sou capaz de desenvolver. Isso implica não apenas entrada desigual no universo do trabalho, mas também tendência à concentração da circulação de riquezas nas mãos dos que já dispõem de riquezas, assim como o consequente aumento da fratura social e da desvalorização cada vez maior do trabalho submetido à divisão do trabalho. Dessa forma, na aurora do século XIX, Hegel é um dos poucos filósofos a se mostrar claramente consciente tanto dos problemas que organizarão o campo da *questão social* nas sociedades ocidentais a partir de então quanto da real extensão desses problemas. Para ele, essa tendência de aumento das desigualdades e da pauperização, tendência que o leva a afirmar que, por mais que a sociedade civil seja rica, ela nunca é suficientemente rica para eliminar a pobreza, é um problema que tem a força de bloquear a possibilidade da efetivação de uma forma de vida regulada pelo conceito de liberdade. Por isso, a reflexão sobre a estrutura das sociedades modernas do trabalho não é externa às reflexões sobre a vontade livre, assim como sobre o destino da noção de liberdade baseada na hipóstase do conceito de autonomia individual.

---

113 HEGEL, G.W. F., *Grundlinien der Philosophie des Rechts*, op. cit., § 243.

A eticidade e a dupla função do Estado

A resposta que Hegel dará contra esses dois riscos de desagregação da vida social impulsionados pela hipóstase de modelos de liberdade baseados na autonomia e a autenticidade passará pelo fortalecimento do Estado. Para que esse fortalecimento seja possível sem que ele implique mera violência, algo desses dois modelos deve ser conservado.

Por um lado, o Estado deverá dar um objeto à liberdade negativa, dar uma forma institucional à negação impedindo que os indivíduos se petrifiquem em determinações sociais estanques (como "membro de um estamento", "representante de um interesse de classe"). Isso será apresentado através das considerações hegelianas sobre a guerra. Por meio da guerra, o Estado completará um intrincado processo de formação das individualidades através da internalização do caráter formador da experiência da negatividade da morte. Esse é um tema recorrente em Hegel, e podemos encontrá-lo, por exemplo, na *Fenomenologia do espírito*, por ocasião da definição do confrontar-se com a morte como processo de caminhar em direção ao fundamento da existência. Se voltarmos a outro momento da *Fenomenologia*, este dedicado à seção "Espírito", encontraremos colocações como:

> Para não deixar que os indivíduos se enraízem e endureçam nesse isolar-se e que, dessa forma, o todo se desagregue e o espírito se evapore, o governo deve, de tempos em tempos, sacudi-los em seu íntimo pelas guerras e com isso lhes ferir e perturbar a ordem rotineira e o direito à independência. Quanto aos indivíduos, que, afundados nessa rotina e direito, se desprendem do todo aspirando ao ser para-si inviolável e à segurança da pessoa, o governo, no trabalho que lhes impõe, deve dar-lhes a sentir seu senhor: a morte. Por essa dissolução da forma da subsistência, o espírito impede o soçobrar do *Dasein* ético no natural, preserva o Si de sua consciência e o eleva à liberdade e à força. A essência negativa se mostra como a potência peculiar da comunidade e como a força de sua autoconservação.[114]

Notemos que essa guerra da qual fala Hegel não é a explosão de ódio resultante da lesão da propriedade particular ou do

---

114 HEGEL, G.W. F., idem, p. 455.

dano a mim como indivíduo particular. A guerra é campo de "sacrifício do singular ao universal como risco aceito"[115]. Se na Grécia tal guerra era, de fato, movimento presente na vida ética do povo, já que o fazer a guerra era condição exigida de todo cidadão, não deixa de ser verdade que Hegel concebe aqui o Estado como o que dissolve a segurança e a fixidez das determinações finitas. A guerra é o nome do processo que demonstra como a aniquilação do finito é modo de manifestação de sua essência. Nesse sentido, Hegel é bastante claro, há

> um momento ético da guerra, que não deve ser considerada um mal absoluto e uma contingência simplesmente exterior (...) é necessário que o finito, a posse e a vida sejam postos como contingentes, pois esse é o conceito do finito (...). A guerra, como situação na qual levamos a sério a vaidade dos bens e das coisas deste mundo, é assim o momento no qual a idealidade do particular recebe seu direito e advém efetividade.[116]

Não se trata aqui de fazer a apologia do estado belicista, mas de procurar, para além de sua enunciação literal, a função efetiva de tais colocações. De fato, a hipótese que gostaria de defender consiste em afirmar que tais colocações sobre a guerra dizem muito a respeito da configuração necessária de instituições e práticas sociais que queiram estar à altura das exigências da modernidade. O que é importante nesta reflexão sobre a guerra é a compreensão de que instituições capazes de reconhecer sujeitos não substanciais devem fundar-se em práticas sociais pensadas a partir de um conceito de trabalho que é reconhecimento da soberania de uma figura da negação cuja manifestação fenomenológica pode ser certa morte simbólica. Trata-se da figura de *instituições sociais que não tenham mais por função identificar sujeitos em identidades e determinações fixas*. Há várias formas de pensar tal processo

---

115 SOUCHE-DAGUES, Denise, *Liberté et négativité dans la pensée politique de Hegel*, Paris: Vrin, 1997, p. 26. Lembremos ainda que, "ao abalar a segurança e a fixidez das determinações finitas, a guerra as in-finitiza. Sua aniquilação é a manifestação de sua essência. Essa dupla apresentação da guerra é conforme a dupla apresentação da negação e do infinito. A guerra como pura aniquilação, nivelamento destrutivo é dirigida contra a materialidade do finito; a guerra que se produz no seio da vida ética é o elemento no qual esta vida adquire sua essência espiritual infinita" (idem, p. 28).
116 HEGEL, G. W. F., *Grundlinien der Philosophie des Rechts*, op. cit., § 324.

sem precisarmos passar por essa apologia hegeliana da guerra, com certeza questionável e dificilmente defensável, não apenas nas condições atuais, mas já em sua época. Por isso, para além da enunciação literal, devemos saber como recuperar tal motivo que, no fundo, expõe a relação necessária entre negatividade e Estado. Voltaremos a esse ponto mais à frente.

Por outro lado, se o problema das exigências de autenticidade pode ser regulado dessa forma, o problema da autonomia exigirá, por sua vez, um Estado que forneça as condições sociais para a autonomia reencontrar-se nos sistemas sociais de julgamento. Isso nós vemos no interior das considerações hegelianas sobre a eticidade. Ela deve fornecer a estrutura institucional para que as aspirações individuais de autonomia sejam efetivadas. Tal estrutura engloba, inclusive, a obrigação estatal de lutar contra a fratura social inerente ao funcionamento da sociedade civil no interior da dinâmica capitalista de desenvolvimento. A vida ética não é indiferente à questão social, à obrigação de institucionalização de políticas de combate à pauperização (consequência que podemos derivar da *Filosofia do direito*, mesmo que ela não esteja descrita na obra). No entanto, devemos analisar melhor o tipo de consolidação de costumes e modos de julgamento que a noção de "eticidade" aplicada à vida moderna pode ser capaz de garantir.

Notemos apenas que o *Estado moderno tem uma dupla função aparentemente contraditória. Ele deve acolher a experiência de indeterminação que habita as individualidades e deve fornecer as determinações necessárias para a efetivação da autonomia através da constituição de um conjunto de leis positivas universalizáveis.* Ele fornece um conjunto de regras sociais, assim como fornece o modo de expressão daquilo que, nos sujeitos, é refratário à determinação no interior de regras sociais. Ele, *ao mesmo tempo, cria instituições e gere a indeterminação*. Para ser mais claro, para Hegel, o Estado é uma instituição capaz de gerir a indeterminação, de superá-la sem simplesmente negá-la.

Tendo em vista esses dois pontos, podemos começar a compreender por que Hegel deve criticar a concepção liberal de Estado, esta que o compreende como instituição responsável pela garantia do funcionamento dos princípios internos à sociedade civil, como o direito de propriedade, o respeito dos contratos e as liberdades individuais. Embora saiba acolher tais exigências no seu interior, o Estado não se resume a tal função subalterna. Ele deve realizar o que a sociedade civil não é capaz (como políticas de redistribuição que permitam dar realidade às demandas sócias de reconhecimento) e, principalmente, deve retirar os sujeitos de sua completa imersão na mera condição de indivíduos providos de sistemas particulares de interesses. De certa forma, o Estado des-individualiza os sujeitos. No entanto, esta des-individualização é condição para a liberdade, pois é possibilidade de abertura do sujeito para algo mais do que a forma isolada e atomizada do indivíduo. Pois Hegel sabe que podemos sofrer por não sermos um indivíduo, ou seja, por não termos conseguido nos realizar como individualidade capaz de se fazer reconhecer no interior da vida social. No entanto, podemos sofrer também por sermos apenas um indivíduo, um sofrimento que ganha a forma do isolamento, do esvaziamento e da incapacidade de se orientar no interior da ação social.

A partir disso, podemos entender uma das ideias mais importantes da filosofia hegeliana do direito. Se, em vários momentos, ele é capaz de dizer que o interesse particular não deve ser oprimido (*unterdrückt*), mas posto em concordância com o universal, é porque

> os indivíduos que compõem a multitude (*Menge*) são eles mesmos de natureza espiritual e contêm, em si mesmos, o duplo momento do extremo da singularidade que sabe e quer para si e o extremo da universalidade que sabe e quer o substancial, e consequentemente eles só alcançam o direito próprio a esses dois aspectos na medida em que eles são efetivos tanto quanto pessoas privadas quanto pessoas substanciais.[117]

Essa é uma colocação decisiva. Ela consiste em nos lembrar que o conflito entre particularidade e universalidade não é um conflito entre indivíduo e Estado (como está pressuposto na afirmação de Adorno logo no início deste capítulo), mas um conflito no interior da própria noção de individualidade. Ele é interno a cada individualidade, por isso o Estado pode aparecer como uma superação capaz de conservar as individualidades. A relação

---

117 HEGEL, G. W. F., idem, § 264.

com o Estado é, para Hegel, de certa forma, uma relação da individualidade para consigo mesmo, uma relação interna que ganha exterioridade.

Por ter o momento da substancialidade em seu interior, os indivíduos realizam algo fundamental de sua vontade através da produção de instituições e leis (leis que, por sua vez, encontram na constituição sua realização mais bem-acabada). Isso já está preparado pela maneira com que os indivíduos são produzidos através da relação com instituições normativas, como a família e a sociedade civil. Assim, a passagem em direção às instituições estatais serve-se dos processos já colocados em circulação nas outras duas esferas da vida ética. Isso é o que podemos chamar de "institucionalismo forte" hegeliano, ou seja, a ideia de que mesmo as relações a si devem encontrar sua efetivação através da constituição de estruturas institucionais visíveis e atuantes no interior da vida social.

No entanto, aqui talvez seja o momento de finalizar colocando a questão sobre *o que pode uma instituição*. Em geral, compreendemos instituições como estruturas fortemente normativas e disciplinares que perpetuam modos claramente definidos de funcionamento da vida social. Tal força normativa estaria vinculada à reprodução material de formas hegemônicas de vida e de valores, assim como ao bloqueio no desenvolvimento de formas e valores alternativos. Mas é bem possível que possamos conservar os aspectos essenciais da teoria hegeliana do Estado ao insistir que instituições podem ser modos de *gestão de conflitos* sobre normas e valores. Mesmo que essa não seja a formulação exata que encontramos nos textos hegelianos, é muito provável que ela dê conta do modo de conservação da temática hegeliana na reflexão sobre os desafios de uma teoria contemporânea do Estado.

Sabemos que há, por um lado, leis normativas e, por outro, leis que procuram criar quadros institucionais para a politização de conflitos sobre valores e normas. Tais "leis de segunda ordem" nos ensinam que não precisamos estar de acordo sobre valores fundamentais. *Devemos estar de acordo sobre formas de politização de conflitos sobre valores*, o que é algo totalmente diferente.

Quando Hegel funda o Estado na dimensão da eticidade, agimos como se esquecêssemos que a eticidade moderna não pode guardar relações com a eticidade antiga, própria às relações substanciais da *pólis* grega e das primeiras comunidades cristãs baseadas no amor. Pois a eticidade moderna é profundamente conflitual, é a sedimentação social de uma larga história de conflitos a respeito de conceitos que organizam nossa forma de vida, como "liberdade", "autonomia", "bem comum", entre outros. Da mesma forma, a história do Espírito é, no fundo, a história de conflitos. Deveríamos pensar nisso quando nos perguntamos sobre o que podemos esperar do Estado moderno, ao menos segundo Hegel. Pois isso pode nos demonstrar como *o Estado moderno, segundo Hegel, nasce como a tentativa de criação de um modo de institucionalização de conflitos sobre valores.*

Digamos que o Estado moderno deveria ser capaz de atualizar a história do Espírito, isso no sentido de fazer com que todo embate em torno de valores fosse a ressonância de embates anteriores. Dessa forma, os sujeitos políticos poderiam ter, no interior dos embates sociais, uma densidade histórica que faz deles modos de atualização de um passado que nunca passou completamente. Assim, como veremos no próximo capítulo, enquanto sujeitos políticos, os sujeitos podem reencontrar certa experiência da infinitude.

Notemos finalmente que tal institucionalização que o Estado moderno permitiria seria a condição para a produção de normatividades sociais *de baixo potencial prescritivo*, mas que tem a força de, mesmo assim, garantir a coesão social. Tais normatividades são "de baixo potencial prescritivo" por não dizerem exatamente o que devo fazer, como devo interpretar valores, mas como devo negociar tanto as interpretações que procuro defender quanto a legitimidade do que quero fazer. Uma condição decisiva dessa negociação consiste em compreender que a produção de um sujeito político implica capacidade de transformação dos gestos subjetivos em manifestação de uma multiplicidade transindividual de desejos. A esse respeito, a boa questão talvez seja: duzentos anos depois, conseguimos pensar uma ideia reguladora melhor para a orientação de nossas lutas políticas? Se quisermos dar efetividade às exigências modernas de reconhecimento, podemos, de fato, abrir mão da luta por um modelo de Estado dessa natureza?

Capítulo III
A DESAPARIÇÃO NÃO É O DESTINO DE TODAS AS COISAS

> *Deve-se inicialmente descartar o preconceito segundo o qual a duração seria mais valiosa do que a desaparição.*
> Hegel

> *A tradição de todas as gerações passadas é como um pesadelo a assombrar os vivos.*
> Karl Marx

Partamos da afirmação, que concluiu o capítulo precedente, segundo a qual a transformação de individualidades em sujeitos políticos implica capacidade de transformar gestos subjetivos em manifestação de uma multiplicidade transindividual de desejos. Dessa forma, os sujeitos políticos poderiam ter, no interior dos embates sociais, uma densidade histórica que faz deles modos de atualização de um passado que nunca passou completamente. Eles seriam assim modos de conexão de experiências dispersas no interior do tempo. Algo que Walter Benjamin compreendeu muito bem ao afirmar que:

> A história é o objeto de uma construção cujo lugar não é o tempo homogêneo e vazio, mas um tempo saturado de "agoras". Assim, a Roma antiga era para Robespierre um passado carregado de "agoras", que ele fez explodir do *continuum* da história. A Revolução Francesa se via como uma Roma ressurreta. Ela citava a Roma antiga como a moda cita um vestuário antigo.[118]

Há várias formas de explorar de maneira mais sistemática essa ideia que, como gostaria de defender, já podemos encontrar

---

118 BENJAMIN, Walter, *Sobre o conceito de história*. Teses, p. 230.

em Hegel. No entanto, há uma maneira particularmente importante que consiste em construir o ponto de articulação entre noções como: sujeito, infinitude e temporalidade. Tal articulação permitirá, por um lado, inscrever melhor a natureza da negatividade associada ao sujeito, isso através da compreensão de como tal negatividade tem, como sua figuração ideal, a atualização temporal da infinitude e de como o "sujeito" pode aparecer como o nome correto para nomear o local de tal atualização. Se podemos chamar de "infinitude" essa atualização temporal de vários "agoras", como se o agora atual fosse, na verdade, apenas uma contração de múltiplos "agoras" que insistem em não passar, é porque o problema do infinito está, em Hegel, ligado ao que não se deixa limitar e intuir sob as formas da nossa estética transcendental do tempo e do espaço. Digamos que o problema hegeliano não está na maneira de pensar o infinitamente grande ou o infinitamente pequeno, mas o infinitamente outro. O tempo é exatamente essa dimensão do infinitamente outro.

Por outro lado, tal articulação entre sujeito, infinitude e temporalidade permite uma recompreensão da "teleologia histórica" hegeliana, abrindo espaço para outra forma de pensar as modalidades de reconciliação entre dialética e história. "Outra forma" na qual a historicidade não é mais pensada como aquilo que se reconcilia através da suspensão do movimento dialético em prol da estaticidade reinstaurada do especulativo. Ela permite, por sua vez, abrir as dinâmicas de reconhecimento para a dimensão das atualizações históricas e de seus processos de rememoração.

Tais operações pedem, inicialmente, uma melhor definição do que devemos entender por "infinitude" e por seus desafios. Isso nos leva diretamente a algumas páginas centrais da *Ciência da lógica*. Essa é uma maneira de mostrar como as considerações sobre *o que a categoria de sujeito deve resolver dependem de certa ontologia*, mas de uma ontologia que não nos impede de pensar a dinâmica dos processos históricos. Antes, trata-se de uma ontologia que nos permite pensar a instabilidade necessária de toda determinação, a universalidade do movimento interno a toda situação histórica. Recuperar tal ontologia será uma estratégia importante para pensarmos algo que deveria entrar no lugar de uma antropologia não normativa.

Conflitos no interior do *Dasein*

Uma das primeiras categorias que Hegel apresenta na Ciência da Lógica é *Dasein* (ser-aí). Trata-se da primeira categoria do Ser determinado e qualitativamente diferenciado. Por isso, ela nos coloca pela primeira vez diante do problema da natureza de uma determinação capaz de dar conta de uma ontologia que começa afirmando, paradoxalmente, a impossibilidade de uma ontologia do ser (já que "ser e nada são o mesmo"[119]) e a necessidade de compreender o devir (*Werden*) como "o primeiro pensamento concreto e, com isto, o primeiro conceito"[120].

Isso nos explica por que a frase fundamental da definição hegeliana do *Dasein* é: "Do devir provém o *Dasein*" (*Aus dem Werden geht das Dasein hervor*)[121]. Ela é fundamental não apenas por determinar uma proveniência, como quem define uma origem, mas também por nos esclarecer a respeito de uma destinação. Por provir do devir, o destino do *Dasein* deve ser estabelecer o modo de determinação do que tem sua realidade na inquietude e no movimento. Essa determinação, por provir essencialmente do devir, será, assim, sempre marcada pela alteração (*Veränderung*). Dessa forma, o *Dasein* nos lembra que o que é determinado determina-se como uma figura da alteração.

A afirmação do devir como primeiro conceito é a maneira hegeliana de introduzir a temporalidade no lugar da estaticidade do ser. Por isso ele define os momentos do devir como "nascer e perecer" (*Entstehen und Vergehen*), além de determinar o devir como a potência da inquietude que corrói o ser por levá-lo a ponto de evanescer, o que fica claro em uma afirmação como: "O devir é o desaparecimento do ser no nada e do nada no ser,

---

[119] Hegel dirá que o ser "é apenas a própria intuição pura, vazia", ou seja, o pensamento desprovido de objeto. Ao definir posteriormente o nada como "igualdade simples consigo mesmo, vazio perfeito (*vollkommene*)", Hegel admite que ele pode existir em nossa intuição ou pensamento. O que não deixa de nos remeter à noção kantiana de *ens imaginarium*. A diferença aqui é que o ser como forma da intuição vazia sem objeto não é simplesmente condição formal para os fenômenos (embora "ocupe esse lugar"). Pois sua função não é determinar as condições formais gerais para que um objeto seja. Ele é *o excesso que indica como toda estruturação de objeto será sempre assombrada pela indeterminação*.

[120] HEGEL, G.W. F., *Enciclopédia*, op. cit., § 88.

[121] Idem, § 116.

assim como o desaparecimento do ser e nada em geral (...). O resultado é o ser que desaparece (*Verschwundensein*), mas não como nada."[122] Ou seja, o devir é a categoria que determina a significação do ser e do nada como passagem ao seu limite, o que nos leva a superar o caráter limitado dessas categorias e a problematizar uma gramática que visa fazer referência a uma experiência que a todo momento lhe escapa.

Sendo assim, a determinação própria ao *Dasein*, por surgir diretamente do devir, nunca será uma determinação completa, totalmente limitada. Por isso, o *Dasein* será o lugar privilegiado de uma contradição decisiva. Como existência "concreta", o *Dasein* é algo (*Etwas*) limitado e finito. Sua limitação já se faz ouvir em seu próprio nome *Da-sein*, o ser-aí, ou seja, "ser em um *lugar certo*"[123]. Essa referência ao espaço é fundamental, mesmo que Hegel afirme que essa representação do espaço (*Raumvorstellung*) não seja relevante. Pois o *Dasein* é o ser cuja presença se dá, ao menos inicialmente, nos moldes das coisas no espaço. Uma presença marcada pela justaposição, pela separação, pela imposição de limites entre as coisas. Duas coisas não ocupam o mesmo lugar no espaço, costuma-se dizer. Pensando nisso, Hegel chega a falar do modo de ser no espaço como ser "um-ao-lado-do-outro" (*Nebeneinander*). O que no caso do *Dasein* aparece como solidariedade entre sua posição como algo e a relação a outro que o limita. Solidariedade que, como veremos, problematizará a noção mesma de limite.

No entanto, tempo e espaço não são duas categorias estanques uma em relação à outra. Daí a insistência de Hegel em não hipostasiar a natureza espacial da determinação do *Dasein*. Para Hegel, há um movimento através do qual o espaço transforma-se em tempo, através do qual ele traz para dentro de si o modo de ordenação próprio às coisas no tempo: "Em suma, o tempo é a verdade do espaço. Consequentemente, o primeiro passo na direção da conquista de uma noção especulativa do tempo consiste em pôr em evidência as relações entre espaço e tempo."[124] Por isso, o *Dasein* será, fundamentalmente, o *locus* de manifestação do modo de disposição das coisas no tempo.

---

122 HEGEL, G.W. F., idem, p. 113.
123 HEGEL, G.W. F., *Wissenschaft der Logik I*, p. 116.
124 ARANTES, Paulo, *Hegel, a ordem do tempo*, São Paulo: Hucitec, 2001, p. 22.

Grosso modo, podemos dizer que, para Hegel, intuir algo no tempo é, inicialmente, ter a experiência de que há algo diante de mim *agora*. No entanto, o *agora* não é modo de presença do singular. De certa forma, o agora é o nome que indica a negação de todos os instantes. Posso tentar designar esse instante afirmando: "Este instante é o agora"; porém, o agora deixa de ser enquanto era indicado, ele passa diretamente para a referência de outro instante, ele não é entretanto a designação do outro-instante, mas apenas a passagem incessante no outro. É isso que Hegel tem em mente ao afirmar que *agora* é, na verdade, a forma do "negativo em geral"; figura do negativo que deve ser compreendida como a manifestação do que não pode ser nem isto nem aquilo, mas "não isto (*nicht dieses*)". Por isso, podemos dizer que o agora é a forma do desvanecimento de todo instante. O que Heidegger compreenderá dizendo: "A negação da negação como pontualidade é, para Hegel, o tempo."[125] Isso significa dizer que intuir objetos no tempo é ter a experiência do que só é não sendo (segundo a proposição hegeliana: "o tempo é aquilo que, não sendo, é").

No entanto, contrariamente ao que Heidegger tem em vista, é necessário observar que isso implica um modo de presença não mais assentado no primado da visibilidade do que se oferece no espaço, onde o limite é um modo de ser na exterioridade. Ao contrário, encontramos um modo de presença em que as coisas nunca coincidem completamente consigo mesmas. A esse respeito, Hegel está mesmo disposto a dizer que:

> "O presente *finito* é o agora como *ente* fixo, diferenciado do *negativo*, dos momentos abstratos do passado e do futuro, ele é como a unidade concreta, por consequência, como o afirmativo; sozinho tal ser é ele mesmo apenas o abstrato que desaparece no nada." Pois o presente concreto "é o resultado do passado e é prenhe do futuro. O verdadeiro presente é assim a eternidade".[126]

---

125 HEIDEGGER, Martin, *Sein und Zeit*, Frankfurt: Vittorio Klostermann, p. 430.
126 HEGEL, G.W. F., *Enciclopédia*, op. cit., § 259. Como diz Souche-Dagues: "A superação recíproca da negação e do que ela nega nos convida a pensar um *resultado*, a saber, que o tempo não é nem agora, nem futuro, nem passado, mas ele é a totalidade desses momentos, ele é infinito" (SOUCHE-DAGUES, Denise, *Recherches hégéliennes: infini et dialectique*, Paris: Vrin, 1994, p. 127).

Contrariamente à finitude do presente pensado como agora, como ente fixo, o verdadeiro presente promete uma experiência da infinitude. Essa infinitude da eternidade exige, entre outras coisas, um conceito renovado de presença e de determinação. Por outro lado, ela nos mostra como o verdadeiro local para pensarmos o problema do infinito em Hegel encontra-se em suas reflexões sobre a temporalidade.

Tais reflexões sobre a temporalidade devem, por sua vez, ser conjugadas no interior de uma tematização cerrada sobre a história, já que o tempo efetivo não é nem uma maldição devastadora nem uma dissolução da experiência "originária" da temporalidade. Ele é o processo através do qual a infinitude necessariamente se realiza, processo esse que significa possibilidade de experimentar o devir temporal como devir histórico. Compreender o conceito renovado de presença que tal experiência do tempo exige é, assim, a condição para definirmos com clareza os modos de manifestação de sujeitos no interior da história, bem como os modos de constituição de objetos e processos que só se dão no interior da história. Modo de manifestação que, como gostaria de mostrar, em hipótese alguma pode ser compreendido como a ação de um indivíduo. O que talvez nos permita dizer que, para Hegel, *a história é o campo no interior do qual os indivíduos se dissolvem, onde processos transindividuais ganham forma*. Mas se trata de uma dissolução peculiar, já que não é resultado da imposição externa de um princípio estranho à individualidade. Ela é o resultado da consciência da força performativa daquilo que habita a individualidade sem ser totalmente determinado pela finitude do indivíduo.

Essa forma do transindividual será também, necessariamente, a forma da infinitude, pois ela é a determinação de *multiplicidades em processo de atualização*, determinação do que desconhece as limitações da forma-indivíduo. Nesse sentido, devemos afirmar que sujeitos históricos não podem ser reduzidos à forma do indivíduo. Compreender-se como sujeito histórico significa reconhecer-se como uma temporalidade que é modo de manifestação da infinitude.

Um sujeito histórico é, pois, a atualização transindividual de uma infinitude temporal. Por isso ele não age a partir de seu sistema particular de interesses. Ele permite que, no interior de sua ação, ressoe uma "história de desejos desejados". Hegel alude a isso quando afirma que sujeitos históricos são animados pela:

"alma interior de todos os indivíduos (*innerliche Seele aller Individuem*), os grandes homens trazem à consciência essa interioridade inconsciente (*bewusstlose Innerlichkeiti*)"[127].

Para compreender, de maneira adequada, a transindividualidade desse sujeito histórico talvez sejamos obrigados a voltar os olhos para o lugar mais improvável da filosofia hegeliana, a saber, sua *Ciência da lógica*. Pois só a construção lógica do conceito de infinito pode nos auxiliar nessa tarefa.

A finitude como problema

Retornemos, pois, ao conceito hegeliano de *Dasein* tal como ele aparece na *Ciência da lógica*. É aqui que encontraremos, pela primeira vez, a necessidade de reconstrução dos processos de determinação, isso devido à necessidade de levar em conta a relação dialética entre finito e infinito. Relação no interior da qual "O infinito advém uma razão interna do próprio finito."[128] Pois Hegel quer mostrar que não há como sustentar a distinção entre finito e infinito, até porque o destino do finito é perecer. Ele quer mostrar o que significa dizer: "Essa é a natureza do próprio finito, ir para além de si (*über sich hinauszugehen*), negar sua negação e advir infinito."[129]

Hegel lembra que, quando dizemos que algo é finito, queremos dizer que o não ser é sua natureza. Pois o finito não é apenas o que se altera, mas é o que passa, o que perece e essa é sua determinação essencial: "A hora de seu nascimento é a hora de sua morte."[130] Essa é uma maneira metafórica de dizer que as coisas finitas são, mas elas são de tal forma que se relacionam a si de maneira negativa. O que lhes é essencial está fora, em algo que não se revela no interior da estratégia de determinação própria ao finito. Essa maneira negativa de se relacionar a si é, no entanto, uma ilusão, pois consiste em elevar o não ser a modo de ser autônomo e com uma "legalidade própria" no interior de uma esfera do existente.

---

127 HEGEL, G.W. F., *Vorlesungen über die Philosophie der Geschichte*, op. cit., p. 46.
128 BADIOU, Alain, *L'être et l'événement*, Paris: Seuil, 1988, p. 184.
129 HEGEL, G.W. F., *Wissenschaft der Logik I*, p. 150.
130 Idem, p. 140.

Tal legalidade própria obriga, por um lado, a perpetuação de uma distinção entre finito e absoluto. Por outro, me leva a afirmar, mesmo assim, que o conhecimento que está fora do absoluto ainda pode aspirar à validade. Como se aceitássemos "um conhecimento em geral que, embora incapaz de apreender o absoluto, seja capaz de outra verdade". Ou seja, tudo se passa como se o finito fosse assegurado em uma dimensão autônoma que lhe fosse própria. Defender a partilha ontológica entre o finito e o infinito e, mesmo assim, afirmar que o finito é, que ele tem um ser que lhe é próprio, ser que reina soberano no interior do saber, eis o que Hegel não pode aceitar[131]. Pois isso implicaria afirmar que o infinito é apenas o "não finito", ou seja, o que se coloca na exterioridade do finito, já que este tem seu direito de existência. Esta determinação recíproca entre finito e infinito rebaixa o infinito, transformando-o naquilo que Hegel chama de "infinito finito"[132].

Ao contrário, Hegel quer mostrar que o finito, se insistirmos em sua autonomia ontológica, será apenas um erro gramatical que desaparecerá quando a consciência for capaz de tematizar aquilo que aparece na experiência para além do que pode ser representado pelo entendimento. Pois sendo o finito o que só aparece como limitado, perecível, devemos nos perguntar se, no ser do finito, o perecível permanece de maneira absoluta ou se seu caráter perecível também se dissolve: "O perecer, o nada, não é o último, mas perece."[133] Do finito, Hegel dirá que ele é apenas o que

---

[131] "Na verdade, é preciso escolher uma ou outra destas duas proposições: 1) o Ser é comum ao Finito e ao Infinito; 2) o Finito possui um Ser próprio. Nunca será possível assumir uma dessas teses após ter sustentado a outra. É isso que, no entanto, a Metafísica efetuava sub-repticiamente. Após ter sustentado a segunda tese (ser próprio do Finito), isto é, a independência do Finito e do Infinito, ela formulava a questão de sua unificação. Perguntava – sob uma forma disfarçada, é verdade: como o ser finito, como *finito*, é infinito? (...) A dialética não realiza procedimentos forçados; ela traz à luz do dia os sofismas latentes" (LEBRUN, Gérard, *La patience du concept*, Paris: Gallimard, p. 185). Daí por que "o filósofo tem um papel a desempenhar na emergência da ideia de infinito. Seu papel, no entanto, é simplesmente o de deixar a infinitude inerente à própria finitude explicitar-se" (HOULGATE, Stephen, *The Opening of Hegel's Logic*, West Lafayette: Purdue University Press, 2006, p. 396).
[132] Pois: "O dualismo que faz a relação do finito e do infinito ser insuperável, não faz a simples reflexão de que, desse modo, logo o infinito é apenas *um dos dois*; e que por isso se torna apenas um *particular*, para o qual o finito é o outro particular" (HEGEL, G.W. F., *Enciclopédia*, op. cit., § 95).
[133] HEGEL, G.W. F., *Wissenschaft der Logik I*, op. cit., p. 142.

infinitamente perece, o que é infinitamente insuficiente, e esse destinar-a-perecer é a verdade de seu ser, é o que deve ser infinitamente repetido[134]. Por isso, ele é essa entidade contraditória cujo ser é imediatamente não ser. É tendo isso em vista que devemos interpretar a afirmação-chave de Hegel: "Assim o perecer do finito não pereceu, apenas inicialmente transformou-se em outro finito, que é por sua vez o perecer como ultrapassar em direção a outro finito, e assim ao infinito."[135]

Tais considerações nos permitem dizer que, de certa forma, não sendo uma realidade outra, o *infinito em Hegel não será outra coisa que a afirmação da necessidade desse processo de autodissolução do finito*. No entanto, tal afirmação pode facilmente ser compreendida de maneira equivocada. Pois dizer que o infinito é apenas a afirmação da necessidade de autodissolução do finito parece implicar que o infinito é o nome que damos ao ato incessante de confissão da impotência do finito. Não seria difícil chegar a isso se quiséssemos torcer um pouco a afirmação hegeliana sobre o infinito como: "o nada do finito posto"[136]. Assim, acabaríamos por nunca sair do finito, eternizando-o agora sob uma forma negativa, como se estivéssemos em uma versão especulativa da teologia negativa.

No entanto, Hegel quer dizer, de fato, que nunca saímos do finito, mas porque o finito é apenas o nome que damos a um infinito que não se reconhece mais como tal, que não mais se compreende[137]. *Levar o infinito a se reencontrar é, de certa forma, a tarefa da filosofia*. Se quisermos utilizar um tema caro a Gilles Deleuze, podemos dizer que essa é a maneira hegeliana de dizer que o não ser (próprio ao finito) é uma "ilusão do negativo" ou, para ser mais preciso, uma maneira de transformar o negativo em ilusão[138].

---

134 Como dirá Lebrun: "É nesse ponto que Hegel ataca: vocês dizem que o finito se escoa e passa, mas somente dizem e fazem desse não ser um atributo imperecível e absoluto; sua linguagem e sua melancolia não estão, portanto, de acordo com sua ontologia" (LEBRUN, Gérard, *La patience du concept*, op. cit., p. 187).
135 HEGEL, G.W. F., idem, p. 148.
136 HEGEL, G.W. F., idem, p. 151. Ou ainda: "Então desapareceu o finito no infinito, e o que existe é apenas o infinito" (idem, p. 150).
137 Pois: "Algo, em seu passar para o Outro, só vem a juntar-se *consigo mesmo*, e essa relação para consigo mesmo, no passar e no Outro, é a *verdadeira infinitude*" (HEGEL, G.W. F., *Enciclopédia*, op. cit., § 95).
138 Conforme discussão sobre o problema do negativo em DELEUZE, Gilles, *Le bergsonisme*, Paris: PUF, 1966.

Podemos mesmo dizer que há em Hegel uma espécie de "necessidade da ilusão do finito". Basta levarmos a sério uma afirmação como: "Quem tem muita repugnância ao finito não chega absolutamente a nenhuma efetividade (*Wirklichkeit*), mas permanece no abstrato e se apaga em si mesmo."[139] Ou seja, a passagem pela experiência da limitação é condição para alcançar a efetividade e não confundir a infinitude com simples abstração vazia ou, como vimos no capítulo anterior, com simples fúria da destruição. *Como se a finitude fosse uma estratégia da infinitude para se colocar como contradição.* Estratégia necessária se aceitarmos a ideia hegeliana de que apenas a contradição pode nos permitir apreender a infinitude.

Tal noção se explica se aceitarmos que, para escapar da transformação do negativo em ilusão, Hegel precisa mostrar como é possível pensar algo que é, ao mesmo tempo, infinito e determinado. Colocação aparentemente contraditória, já que tudo o que é determinado é limitado no tempo e no espaço, o que equivaleria, pois, a afirmar que podemos pensar algo, ao mesmo tempo, infinito e limitado. A não ser que mostremos como tudo o que é limitado é sempre obrigado a ultrapassar (*übergehen*) a si mesmo e que pensar o regime dessa ultrapassagem é a peça fundamental de uma reflexão sobre o infinito. Como se houvesse um *impulso interno ao finito* que o leva, necessariamente, a uma forma de autoultrapassagem. O que Hegel tematiza ao afirmar: "Encontra-se no conceito do *Dasein* alterar-se (*sich zu verändern*), e a alteração é apenas a manifestação daquilo que o *Dasein* é em si."[140]

Conhecemos as críticas de Deleuze a esse uso hegeliano da noção de contradição. Ele reconhece que, com Hegel, a noção de limite muda completamente de significação: "Ela não designa mais as fronteiras da representação finita, mas, ao contrário, a matriz na qual a determinação finita não cessa de desaparecer e de nascer."[141] Deleuze é um bom exemplo de alguém que compreende isso como uma maneira de descobrir o infinito deixando subsistir a determinação finita, representando o finito não como dissolvido ou desaparecido, mas como em dissolução e em desaparecimento. Ou seja, engendrando-se ao infinito.

---

139 HEGEL, G. W. F., *Enciclopédia*, op. cit., § 92.
140 HEGEL, G. W. F., *Wissenschaft der Logik I*, op. cit., p. 124.
141 DELEUZE, Gilles, *Différence et répétition*, op. cit., 1969, p. 62.

Isso permite a Deleuze afirmar que a contradição hegeliana não deve ser realmente levada a sério, já que sua função é simplesmente "resolver a diferença reportando-a a um fundamento"[142]. Como se a contradição fosse uma maneira de impedir a disseminação da diferença como multiplicidade, organizando a diferença através de uma dialética entre finito e infinito no interior da qual tais termos funcionam como dois polos que se reportam um ao outro em seu processo de significação (tal qual se reportam um ao outro na significação do Um e do Múltiplo, do ser e do não ser, da noite e do dia). Daí a afirmação central: "Hegel, como Aristóteles, determina a diferença por oposição dos extremos ou dos contrários"[143], como se toda diferença essencial pudesse ser submetida a relações de oposição.

No entanto, tal interpretação é dificilmente sustentável. Ela parece desconsiderar que Hegel constrói a noção de negação determinada (noção central para a organização do conceito dialético de contradição) exatamente como dispositivo de crítica à ideia de que as oposições dão conta da estruturação integral das relações. Pois a oposição pode admitir que só é possível pôr um termo através da pressuposição da realidade do seu oposto, que aparece aqui como limite de significação. Mas a oposição não pode admitir que a identidade de um termo *é* a passagem no seu oposto, que o limite de um termo, por ser seu limite, faz parte da extensão do próprio termo.

Admitir isso significaria desarticular a própria noção de identidade em sua força de distinção entre elementos, o que desarticularia a noção de "finito". Pois, perdida a capacidade de distinção entre elementos, o que resta da identidade? Certamente, nada referente a seu significado habitual. Ela deixa de ter a função organizadora que em geral esperamos da representação. Por isso, para Hegel, a identidade do conceito nada tem a ver com a identidade da representação. Pensar o conceito (e isso Deleuze parece ter dificuldade em compreender, dificuldade que Schelling já havia demonstrado em seu tempo, em carta a Hegel[144]) significa pensar para além da representação. Daí a dificuldade em aceitar uma

---

142 Idem, p. 64.
143 Idem, p. 64.
144 "Reconheço não apreender até aqui o sentido da oposição que você estabelece entre *conceito* e representação" (Carta de Schelling a Hegel, 2 de novembro de 1807).

afirmação de Deleuze como: "pois a diferença só implica o negativo e só se deixa levar até a contradição na medida em que continuamos a subordiná-la ao idêntico"[145]. Ela cria a ilusão de sabermos o que falamos ao denunciar a "subordinação ao idêntico". Mas não seria essa a verdadeira questão de Hegel: levaremos a identidade até sua autoexaustão, até esse ponto onde não temos mais certeza do que estamos falando, onde continuar a falar seu nome será a maneira mais astuta de trair suas ilusões iniciais?

A vantagem da perspectiva hegeliana talvez se encontre no fato de ela fornecer um princípio explanatório ao seguinte problema que fica em aberto no pensamento deleuziano: sendo a multiplicidade e a diferença aquilo que permite a intelecção da univocidade do ser[146], então como explicar a recorrência perpétua das ilusões do finito e da identidade? Tais "ilusões" devem ser ou momentos da univocidade ou entidades com dignidade ontológica próprias (pois, se elas fossem entidades simplesmente "inexistentes", isso produziria a situação cômica de ter de explicar por que montamos verdadeiras máquinas filosóficas de guerra contra aquilo que, no final das contas, do ponto de vista ontológico, é inexistente). Se elas forem entidades com dignidade ontológica própria, então a univocidade do ser estará quebrada e a multiplicidade se mostrará mais frágil do que a identidade, já que esta seria uma "ilusão" com a força de exilar a experiência da multiplicidade, isolá-la em territórios e momentos regionais.

Por isso, a identidade deve ser um momento da diferença, o finito deve ser um momento da estratégia de atualização do infinito. *O fracasso do finito em determinar-se deve ser momento de atualização de um infinito que, inicialmente, deve aparecer como força de indeterminação, para só depois poder aparecer como força produtiva através da resignificação dos limites do finito*[147]. Não parece que Hegel tenha dito

---

145 DELEUZE, Gilles, *Différence et répétition*, op. cit., p. 1.
146 Isso se admitirmos a leitura de Alain Badiou, para quem "o problema fundamental de Deleuze não é certamente liberar o múltiplo, é dobrar o pensamento a um conceito renovado do Uno. O que deve ser o Uno para que o múltiplo nele seja *integralmente* pensável como produção de simulacros?" (BADIOU, Alain, *Deleuze: o clamor do ser*, Rio de Janeiro: Jorge Zahar, 1997, p. 18).
147 É assim que devemos entender uma afirmação central como: "Superar (*Aufheben*) não é a alteração ou o ser-outro em geral, nem a superação de *algo*. Isto no qual o finito se supera é o infinito como a negação da finitude, mas a finitude foi determinada por muito tempo apenas como *Dasein* enquanto *não ser*. Por seu lado, a infinitude foi

algo diferente disso ao insistir na centralidade da contradição como modo de pensar os regimes de determinação do finito.

Determinar através da qualidade

A fim de melhor compreender a estratégia hegeliana de pensar a produtividade inerente ao fracasso do processo de determinação do finito, voltemos ao capítulo sobre o *Dasein*. Nele, Hegel pensa a finitude a partir de três pares de oposições ou, se quisermos, de limitações: algo e outro (*Etwas* e *Anderes*), determinação e constituição (*Bestimmung* e *Beschaffenheit*), limite (externo) e limite (interno) (*Grenze* e *Schranke*). O primeiro par opositivo, por tematizar a relação entre identidade e alteridade, é o fundamento dos outros dois. Determinação/constituição é um par opositivo que visa dar conta da articulação entre uma determinação intrínseca e a rede de relações que constitui o contexto que permite a efetivação dessa mesma determinação. Nesse sentido, ele acaba por desdobrar o que apareceu como célula motora da relação entre identidade e alteridade quando foi questão de definir *Etwas* e *Anderes*. Da mesma forma, *Grenze* e *Schranke* são duas figuras do limite que permitem tematizar a maneira que uma determinação porta em si mesma o próprio princípio de sua alteração.

Para entender melhor essa maneira com que Hegel pensa a limitação própria à finitude, lembremos de dois trechos fundamentais:

> *Dasein* é *ser determinado*; sua determinidade é determinidade existente (*seiende*), *qualidade*. Através da sua qualidade, ele é *algo* oposto a um *outro*, é mutável (*veränderlich*) e finito, não apenas contra um outro, mas em si pura e simplesmente determinação negativa. Essa sua negação oposta inicialmente a algo finito é o *infinito*; a oposição abstrata na qual essas determinações aparecem, dissolvem a si mesmas na infinitude desprovida de oposição, no ser *para-si*.[148]

determinada como o negativo da finitude e da determinidade em geral, como o vazio do para além. A superação de si da finitude é um retorno desse voo vazio, a negação do para além que é, em si mesmo, um negativo" (HEGEL, G.W. F., *Wissenschaft der Logik I*, op. cit., p. 160).

148 HEGEL, G.W. F., idem, p. 115.

Algo é como *Dasein* imediato o limite (*Grenze*) contra outro algo, mas ele tem esse limite em si mesmo e é algo através da mediação dele [do limite], que é igualmente seu não ser. O limite é a mediação através da qual algo e outro tanto são quanto não são.[149]

A primeira afirmação parece terminar dizendo que o infinito é apenas a internalização de uma relação de oposição. Relação, como mostra a segunda afirmação, que permite a um limite externo aparecer como limite interno. No entanto, tentemos analisar a estratégia hegeliana com mais calma.

Como a pura presença imediata do ser nada nos diz a respeito do que a coisa é, Hegel parte da admissão de que apreender algo existente é determinar suas qualidades. De fato, normalmente "determinar algo" significa estabelecer um conjunto definido de propriedades e qualidades capazes de individualizá-lo. Algo determinado tem, necessariamente, certa cor, textura, propriedades etc. Determinar através da qualidade é, necessariamente, determinar mediante uma *pluralidade* de qualidades.

Partindo dessa noção trivial, Hegel pode lembrar que as qualidades determinam-se através de negações opositivas: o que é branco não é preto; o que é salgado não é doce. Maneira de insistir que uma determinação sempre é necessariamente articulada através de negações. Isso demonstra como a coisa não é apenas um simples relacionar-se consigo mesmo, mas é também uma unidade excludente, ou seja, é aquilo que nega sua identidade com outra coisa. Por isso Hegel pode dizer: "através da sua qualidade, o *Dasein* é algo oposto a um outro" ou ainda "algo é o limite contra outro algo". Só percebemos coisas (determinadas) *em relação com outras coisas*, ou seja, coisas no interior de um sistema de coordenadas e relações. O que nos explica por que "o *Dasein* é algo através da mediação do limite, que é igualmente seu não ser", já que o limite marca a externalidade daquilo que ele não é.

No entanto, a determinação do ser pela qualidade é "mutável e finita". "Mutável" porque é da natureza das qualidades mudar a partir de intervenções externas. Essa alteração qualitativa (e esse é o ponto fundamental) é vista por Hegel como simples possibilidade cuja realização não está fundada no próprio *Dasein*. Tal alteração é resultado da mudança casual do meio externo.

---

149 Idem, p. 136.

Como dizia Descartes, modificada a temperatura, modificam-se as qualidades sensíveis do pedaço de cera. Por isso, tal alteração não é apreendida ainda como movimento da essência, mas como mero modo de perecimento do *Dasein*.

"Finita" porque a determinação qualitativa é necessariamente incompleta. Nunca esgotaremos a coisa através da enumeração de suas qualidades. A coisa sempre é aquilo que ultrapassa o somatório de suas qualidades, já que sempre posso dizer que a coisa também é mais uma propriedade, o que implica uma determinação estruturalmente mutável. O sal não é apenas aquilo que é branco, picante, cubiforme, mas também é aquilo que está no mar, que é adstringente etc., e o acréscimo infinitamente possível implica incompletude estrutural da possibilidade de dizer o que algo é em-si. Essa incompletude é a figura privilegiada daquilo que Hegel chama de "infinito ruim", que aparece aqui como a incompletude estrutural do ato de determinar através da diferenciação de qualidades[150].

Tal situação serve também para nos demonstrar como Hegel acredita sempre haver solidariedade profunda entre finitude e infinito ruim, já que *o finito não é outra coisa que o operador de sustentação do infinito ruim*. Uma determinação marcada pela finitude será sempre incompleta, pois assombrada pelo infinito ruim. Essa é outra maneira de lembrar que *o finito não se caracteriza apenas por ter um limite, por pôr constantemente o limite que o determina, mas por ter de ultrapassá-lo de modo incessante*. Essa é, por sinal, a base da crítica que podemos encontrar na desqualificação hegeliana do infinito quantitativo, como no caso das discussões que encontramos referentes à contradição própria à ideia de progresso ao infinito. Se Hegel pode falar que no próprio conceito de *quantum* encontramos a presença de um para-além (*Jenseits*) que aparece como momento abstrato do não ser[151], é porque as determinações quantitativas são solidárias do movimento de sempre pôr a possibilidade de sua própria ultrapassagem através do infinitamente grande ou do infinitamente pequeno.

---

150 Nessa maneira hegeliana de pensar a determinação através da qualidade fica claro como "a lógica hegeliana é a ideia metódica, que se fundamenta, da unidade entre crítica e apresentação da metafísica" (THEUNISSEN, Michael, *Sein und Schein: die kritische Funktion der Hegelschen Logik*, Frankfurt: Surhkamp, 1994, p. 16).
151 Cf. HEGEL, G.W. F., *Wissenschaft der Logik I*, op. cit., p. 262.

Mas como entender a partir disso que, através da qualidade, algo é "em si mesmo pura e simplesmente determinação negativa" ou que "algo tem o limite de si em si mesmo"? Hegel diz que compreender como algo tem em si mesmo seu próprio limite, seu outro, é a chave para ultrapassar as oposições abstratas através das quais as determinações aparecem, dissolvendo-as na infinitude desprovida de oposição.

Notemos que ainda procuramos uma alteração que não seja apenas resultado da intervenção externa em uma substância com suas qualidades. Falta pensar como "a influência externa não apenas transforma as coisas; mas vai ao próprio coração das coisas e pode transformar mesmo o que elas têm em seu si mais interior"[152]. Essa é a condição para Hegel mostrar como *é da própria natureza do finito negar a si mesmo e advir infinito*. Para dar conta desse ponto, Hegel insiste na necessidade em pensar o limite sob duas figuras (*Grenze* e *Schranke*), isso a fim de se livrar de uma noção de determinação vinculada ao caráter definidor de oposições externas. Como se o regime de relações entre algo e outro fosse indissociável do regime de relações que algo tece consigo mesmo. O que não poderia ser diferente, já que, em Hegel, as oposições não são apenas modo de estabelecer relações entre seres exteriores um ao outro, mas modos de determinação da relação de um ser consigo mesmo. No interior desse processo de autorreferência a si, tal determinação de si não é mais oposição, mas sim contradição.

O dever e a vontade livre

Na *Ciência da lógica*, Hegel dá um exemplo do limite como *Schranke* através da determinação do ser como dever (*Sollen*). Não deixa de ser surpreendente que a *Ciência da lógica* faça essa passagem brusca da ontologia à tematização de um conceito vindo da filosofia moral. Afinal, o dever não é exatamente um conceito ontológico. No entanto, Hegel talvez queira nos lembrar que aquilo que aparece como forma necessária para o pensamento não é desprovido de relações com a maneira com que a dimensão

---

152 HOULGATE, Stephen, *The Opening of Hegel's Logic*, op. cit., p. 352.

prática procura fundamentar suas disposições. Ele quer ainda mostrar como reflexões ontológicas fundamentam dinâmicas ligadas aos processos de formação da subjetividade, o que nos explica por que devemos levá-las em conta ao pensarmos sobre problemas de reconhecimento.

Na *Ciência da lógica*, Hegel afirma que, no dever, começa a elevação do *Dasein* por sobre a finitude. Isso porque o dever instaura uma cisão no interior de toda determinidade, cisão através da qual o ser opõe-se a si mesmo e ultrapassa-se a si mesmo. Hegel insiste, no entanto, no caráter problemático da cisão produzida pelo dever. Pois o dever é, acima de tudo, uma forma de norma à qual o *Dasein* deve conformar-se, é a imposição de uma generalidade constituinte e regular. Mas, como dizia Kant, nunca sei com toda certeza se ajo por amor ao dever ou conforme o dever, como se a dor constante provocada pelo dever fosse a marca do que nunca está completamente atualizado. Hegel insiste nos impasses de uma concepção que faz da incondicionalidade formal do dever (ou da obrigação – *Pflicht*) o fundamento único da ação moral[153]. Faz-se necessário que a consciência não experimente mais as causas para agir como dever, mas como vontade livre que dá realidade e presença à infinitude[154].

No entanto, Hegel sabe também que há um conteúdo de verdade no dever: é a anulação de todo vínculo imediato do *Dasein* com a configuração atual de seus interesses e impulsos. Ele é a forma da ultrapassagem como relação interna do si a si mesmo, razão pela qual é um momento fundamental da força negativa da liberdade. Nesse sentido, poderíamos lembrar de um momento da *Fenomenologia do espírito* em que essa cisão interna aparece sob a forma do dever, a saber, a consciência infeliz. Diz Hegel:

> Essa consciência infeliz, cindida dentro de si, já que essa contradição de sua essência é, para ela, uma consciência, deve ter numa consciência sempre também a outra; de tal maneira que é desalojada imediatamente de cada uma quando pensa ter chegado à vitória e à quietude da unidade. Mas seu verdadeiro retorno a si mesma, ou a reconciliação consigo, representará o conceito do espírito que se tornou um ser vivo e entrou na

---

153 Ver, por exemplo, HEGEL, G.W. F., *Grundlinien der Philosophie der Rechts*, op. cit., § 135.
154 Idem, § 22.

esfera da existência; porque nela mesma como uma consciência indivisa já é ao mesmo tempo uma consciência duplicada. Ela mesma é o intuir de uma consciência-de-si numa outra; e ela mesma é ambas, e a unidade de ambas é também para ela a essência. Contudo, para-si, ainda não é a essência mesma, ainda não é a unidade das duas.[155]

A consciência infeliz tem, em relação às outras figuras da consciência que lhe precedem, a peculiaridade de ter internalizado a cisão entre consciência e essência. Essência essa figurada inicialmente em uma outra consciência-de-si que se afirma como aquela que tem para si a perspectiva universal de validação de condutas e julgamentos e representa o dever. Ou seja, na consciência infeliz, o dever é a internalização de uma Outra consciência-de-si. Por ter internalizado essa perspectiva de uma Outra consciência essencial, ela pode intuir a si mesma em uma Outra, ser ao mesmo tempo ambas. Ou seja, a clivagem incide na consciência e, por incidir nela, pode ser superada.

No entanto, essa perspectiva universal fornecida pelo Outro não enuncia nenhuma norma positiva, apenas aparece como exigência contínua de ultrapassagem da determinação limitada da consciência finita. Na consciência infeliz, a perspectiva do Outro é sempre uma questão para a consciência, ela não é capaz de compreender exatamente o que o Outro quer, qual o sentido do dever. Essa parece ser a experiência formadora do dever, ao menos segundo Hegel. Contrariamente a Kant, Hegel não acredita que: "Julgar o que deve ser feito a partir desta lei [a Lei moral] não deve ser algo de uma dificuldade tal que o entendimento mais ordinário e menos exercido não saiba resolver facilmente, *mesmo sem nenhuma experiência do mundo*."[156] Ele acredita que, inicialmente, o dever aparece como a mera consciência da inadequação e da fragilidade dos meus modelos naturais de ação.

Assim, mesmo que o dever seja, por essa razão, descrito por Hegel como "o perseverar na finitude"[157], como o infinito ruim perenizado, ele tem a virtude de permitir que a contradição apareça como operação de determinação do ser tal como é em-si, e não

---

155 HEGEL, G.W. F., *Fenomenologia*, op. cit., § 207.
156 KANT, Immanuel, *Kritik der praktischen Vernunft*, Frankfurt: Suhrkamp, 1974, p. 36.
157 HEGEL, G.W. F., *Fenomenologia*, op. cit., p. 148.

apenas para-outro. Esse é o passo decisivo para compreender que a natureza do finito é ir para além de si mesmo (*über sich hinauszugehen*), negar sua negação e advir infinito. Por isso o agir conforme o dever é um momento de reconhecimento da vontade livre. Tal momento será ultrapassado quando a vontade querer a si mesma.

Uma vontade que quer a si mesma parece, no fundo, uma maneira mais rebuscada de referir-se à vontade que coloca para si mesma sua própria lei, isso na mais clara tradição do pensamento kantiano sobre a autonomia. No entanto, Hegel afirma que tal vontade livre é *verdadeiramente infinita*. Uma colocação peculiar e inesperada:

> A vontade que é em-si e para-si é *verdadeiramente infinita*, pois seu objeto é ela mesma; assim esta não tem para-si nem um outro nem um limite, mas ela apenas retornou para dentro de si. Além do que, ela não é simples possibilidade, aptidão, faculdade (*potentia*), mas o realmente infinito (*infinitum actu*), porque o *Dasein* do conceito, sua exterioridade objetiva, é o próprio interior.[158]

Ou seja, Hegel associa aqui claramente a vontade livre à infinitude porque, nesse caso, os objetos da vontade são a própria produtividade da vontade em ato. Daí a necessidade de dizer que "o impulso absoluto (*absolutes Trieb*) do espírito livre [é] que sua liberdade seja, para ele, objeto"[159]. Mas por que tal produtividade deve ser descrita como *verdadeiramente infinita*? Com certeza, não porque ela tudo pode. Podemos interpretar tal ponto da seguinte forma: essa identidade dialética entre o objeto e a vontade, entre o querer necessário e seu conteúdo, pode ser a figura do infinito atual porque se trata de um querer capaz de se satisfazer apenas com a realidade e a presença de objetos que dissolvem os limites de determinações finitas.

A forma do dever era vista normalmente como um querer da norma, com sua generalidade e regularidade. Tal regularidade impõe certa *experiência do tempo* marcado pela repetição. Isso nos permite dizer que a forma do dever é um querer do que se repete em uma repetição que instaura o uniforme. Nesse sentido, o dever é, acima de tudo, uma determinação do querer sob a forma

---

158 HEGEL, G.W. F., *Grundlinien*, op. cit., § 22.
159 Idem, § 27.

da regularidade, da temporalidade sem acontecimentos do mesmo. O dever é uma forma de organizar o tempo. Se insistirmos nesse aspecto, poderemos dizer que a vontade livre instaura um outro modo, distinto do dever, de querer no interior do tempo.

Por um lado, se a vontade livre precisa do dever como momento é porque o dever tem a força de quebrar o vínculo com o imediato, com a imediaticidade do meu sistema individual de interesses. Quebrado tal vínculo, a vontade pode querer objetos que são transindividuais. No entanto, essa transindividualidade não deve ser compreendida apenas como a intersubjetividade que atualmente compõe uma comunidade social. Ela é a atualização da virtualidade de processos históricos.

Esse ponto é crucial. Nesse sentido, podemos mesmo dizer que "a infinitude verdadeira é subjetiva por ser a virtualidade contida na pura presença do finito"[160]. Mas não devemos compreender a virtualidade aqui como o que não tem realidade. Ao contrário, a virtualidade (ou se quisermos utilizar um termo mais próximo do universo hegeliano, a idealidade) visa impedir a confusão entre Ser e estar-presente. Temos normalmente uma concepção estática, instantaneísta e pontilhista da presença. A presença aparece normalmente como esse instante que se dá no agora, como esse local que se dá no aqui. No entanto, a noção de "devir determinado", tão ligada ao conceito hegeliano de infinitude, exige não mais definir o tempo através da sucessão (o que nos leva, no limite, a não definir mais o espaço através da contiguidade). Trata-se de encontrar para o tempo determinações totalmente novas, como se fosse questão de reformar a estética transcendental. Determinações em que um momento é a convergência virtual de múltiplas séries temporais.

Esse é um ponto que pode ser esclarecido de maneira mais adequada se voltarmos os olhos para a experiência da temporalidade pressuposta pela teoria hegeliana da história. O que pode nos levar a dizer que a vontade livre quer, necessariamente, objetos que são a sedimentação da história. O que é uma maneira de tentar levar adiante a intuição genial, já apresentada no capítulo anterior, de Alexandre Kojève quando dizia que o objeto do desejo humano (e isso vale também para a vontade livre) é a

---

160 BADIOU, Alain, *L'être et l'événement*, op. cit., p. 186.

"história dos desejos desejados", história essa sedimentada na forma de um objeto.

O primeiro povo histórico é aquele que desapareceu

Neste ponto, devemos explorar a estratégia que vincula a experiência da infinitude à consciência do tempo. Vínculo existente não porque o tempo seja o domínio do ilimitado, mas porque o tempo é o nome que damos àquilo cujo destino é ser o avesso da finitude. Se aceitarmos que a finitude indica aquilo que não cessa de perecer e, ao mesmo tempo, não cessa de indicar um para-além de si, diremos que o tempo é a presença incessante do que não perece. Ao trazer a história para o coração da experiência do tempo, Hegel estava determinando o encaminhamento adequado para o problema da infinitude. Pois uma das ideias fundamentais do conceito de história em Hegel é que a história não é apenas a dimensão do que sempre perece e se arruína. Ela é o campo do que continua e do que teima em não perecer. Um evento histórico é sempre aquele capaz de atualizar séries anteriores de acontecimentos, de mostrar que, afinal, eles continuaram. Um evento histórico sempre abre o tempo em suas camadas infinitas de acontecimentos capazes de permanecer. Como dirá Hegel:

> A vida do espírito presente é um círculo de degraus que, por um lado, permanecem simultâneos (*nebeneinander*) e apenas por outro lado aparecem como passados. Os momentos que o espírito parece ter atrás de si ele também os tem em sua profundidade presente.[161]

Essa consciência de que múltiplas séries, vários círculos de degraus perpassam cada instante revelando que o instante nada mais é do que uma versão contráctil de séries passadas, que o presente é um *tempo saturado de agoras*, que a desaparição não é o destino de todas as coisas, está profundamente ancorada naquilo que procuramos apreender ao falar da infinitude. Um acontecimento histórico sempre abre o tempo em suas camadas infinitas de

---

161 HEGEL, G.W. F., *Vorlesungen über die Philosophie der Geschichte*, op. cit., p. 104.

eventos portadores da força da duração. Quem admite a realidade da infinitude vive em um momento em que tudo é ressonância de coisas que nunca terminam. É assim que podemos compreender a ideia decisiva segundo a qual o infinito é apenas a experiência da irrealidade do finito. Nesse sentido, acontecimentos históricos são modos de manifestação daquilo que, no campo da lógica, Hegel tematiza através do conceito de infinito. Como vimos na citação de Walter Benjamin que abre este capítulo, um acontecimento é sempre a atualização, a repetição de séries temporais vindas do passado.

Mas, antes de continuar, vale a pena se perguntar pela pertinência de uma estratégia que procura, na ciência da lógica, o modelo de reconstituição da filosofia hegeliana da história. Tal recurso se faz necessário se quisermos recusar a visão corrente da filosofia hegeliana da história como uma teleologia redentora deduzida do automovimento de um Espírito que tudo absorve e justifica. História no interior da qual não haveria mais acontecimentos a esperar. Pois devemos levar a sério a ambiguidade da determinação teleológica da história. Hegel costumava dizer que a história universal representa a marcha gradual da evolução da consciência da liberdade. Trata-se então de mostrar como essa liberdade só pode ser pensada de maneira adequada se associada ao conceito de infinitude. Se é verdade que: "Sou livre quando estou comigo mesmo" (*Frei bin ich, wenn ich bei mir selbst bin*)"[162], então devemos nos perguntar sobre a natureza dessa autorrelação de coincidência, se tal coincidência não exigiria um modelo de relação negativa a si mesmo ou, ao menos, uma relação no interior da qual a produção de determinações não anule experiências que só podem se colocar de maneira negativa. Para pensar tais relações, o conceito de infinitude parece necessário.

Por outro lado, o pensamento contemporâneo conhece bem um regime de reflexão que associa a determinação antropológica do homem à finitude. Vem de Michel Foucault a estratégia mais bem-acabada nesse sentido[163]. Foucault cunha o sintagma "analítica da finitude" para designar a maneira com que a modernidade instaura o campo das ciências humanas com seus modelos de

---

162 Idem, p. 30.
163 Ver, principalmente, FOUCAULT, Michel, *Les mots et les choses*, Paris: Gallimard, 1966, pp. 323-9.

análise dos modos de objetivação e constituição do homem. No interior de tais modos, o homem aparece como um objeto do saber, um objeto que, como dizia o Evangelho, "não sabe o que faz", não sabe a que condições de objetividade está submetido. Daí por que a reflexão sobre o homem só pode ser uma "analítica da finitude". Pois o tema da finitude está presente na maneira pela qual, determinado exterior e previamente pelo trabalho com suas regras, pela linguagem com seu sistema e pela vida com suas normas, o homem se confronta com seus limites, com sua não liberdade. Ele toma consciência do peso daquilo que lhe aparece uma força exterior e que determina a forma da sua consciência.

Como vimos, tudo o que é finito encontra-se, necessariamente, fora de si. À sua maneira, Foucault serve-se dessa ideia para sublinhar certa repetição, certa tautologia analítica no interior da qual o homem é apenas o ponto de produção de um trabalho que o aliena, de uma linguagem muito mais velha que sua consciência, de uma vida que o aprisiona nos limites do organismo, da espacialidade do corpo e do desconhecimento do desejo. Trabalho, vida e linguagem podem, assim, aparecer como "formas concretas da existência finita"[164].

Nessa leitura, as expectativas de síntese reflexiva depositadas na história como discurso aparecem como a mais astuta ilusão dessa analítica da finitude. Desde o começo do século XIX (e Hegel desempenha um papel fundamental nesse giro epistêmico), aprendemos a concernir a história ao ser mesmo do homem, "pois se reconhece não apenas que o homem 'tem' à sua volta 'história', mas que ele é, em sua historicidade própria, aquilo através do qual se esboça uma história da vida humana, uma história da economia, uma história das linguagens"[165]. Dessa forma, a história promete uma síntese reflexiva daquilo que funda os modos de determinação do homem em sua finitude.

A princípio, ela seria o modelo de ultrapassagem dos limites de uma analítica da finitude. No entanto, tal síntese, por reconhecer que ela também se submete às condições da história, que também se enraíza em uma sociedade, em uma linguagem e uma vida que tem uma história (versão da famosa contradição performativa do historicismo), pode fornecer apenas "uma finitude que

---

164 Idem, p. 327.
165 Idem, p. 381.

nunca termina, que está sempre atrasada em relação a si mesma, que tem sempre algo mais a pensar no instante mesmo que pensa, que tem sempre tempo para pensar novamente o que pensou"[166]. De novo, mas por outra via, encontramos a crítica de que a confissão perpétua da impotência da finitude não vale por um conceito de infinito.

A totalidade que a história forneceria seria assim uma "totalidade limitada", a não ser que quiséssemos instaurar o pensamento do presente em uma suspensão totalizante do tempo, enraizar o presente em um tempo capaz de cessar todo acontecimento, o que permitiria ao homem narrar os acontecimentos que lhe condicionaram, internalizar a origem de suas condições, como quem narra a continuidade linear do caminho que ele precisou percorrer no interior de um longo trajeto cujo objetivo só ficou claro ao final. Assim Foucault pode afirmar:

> A história contínua é o correlato indispensável à função fundadora do sujeito: a garantia de que tudo o que lhe escapou poderá ser devolvido; a certeza de que o tempo nada dispensará sem reconstituí-lo em uma unidade recomposta; a promessa de que o sujeito poderá, um dia – sob a forma da consciência histórica –, se apropriar, novamente, de todas estas coisas mantidas a distância pela diferença, restaurar seu domínio sobre elas e encontrar o que se pode chamar sua morada.[167]

No entanto, talvez falte a Foucault explorar duas perguntas fundamentais sobre o problema da história em Hegel: *quem* narra, que tipo de mutação necessariamente ocorre naquele que procura narrar a história e *o que* exatamente é narrado, qual o tipo de mutação que ocorre na história narrada?

Sobre a primeira questão, devemos lembrar que, para Hegel, não seria correto dizer que a historicidade é o ser mesmo do homem, já que o homem só pode fundar suas ilusões de autodeterminação e identidade através do esquecimento daquilo que se acumula às suas costas. Tal como a consciência, o homem não é capaz de rememorar sem se dissolver. Por isso, é correto dizer que nem o homem nem a consciência têm história. Na verdade, a his-

---

166 Idem, p. 384.
167 FOUCAULT, Michel, *Arqueologia do saber*, Rio de Janeiro: Forense, 2004, p. 14.

toricidade é o ser mesmo *do Espírito*, o que implica consequências maiores. O Espírito, em Hegel, não é um conceito que dependa de uma antropologia. Na verdade, ele só ganha inteligibilidade quando ultrapassamos os limites da antropologia[168].

Por outro lado, o conceito de Espírito implica mutação profunda no que há a ser narrado pela história. Isso nos explica por que a história que se narra não é a apropriação autorreflexiva das condições de determinação do homem em sua finitude. Ela é, ao contrário, o movimento repetitivo de explicitação da fragilidade dos sistemas de determinação e condicionamento antropológico que operam no interior do trabalho, da linguagem e da vida. Uma leitura atenta do capítulo dedicado ao Espírito na *Fenomenologia do espírito* demonstra, por exemplo, como a história do Espírito é um peculiar movimento de explicitação das rupturas e insuficiências no sistema de determinação social, o que nos explica por que figuras como Antígona (com sua exposição da desagregação da substância normativa da pólis), o sobrinho de Rameau (com sua exposição da desagregação da substância normativa do *Ancien Régime*) e a bela alma (com sua exposição trágica dos limites da moralidade) desempenham papéis centrais nessa narrativa. Nesse sentido, talvez valha a pena dar a palavra a um amigo de Foucault, Gérard Lebrun:

> Se somos assegurados de que o progresso não é repetitivo, mas explicitador, é porque o Espírito não se produz produzindo formações finitas, mas, ao contrário, recusando-as uma após outra. Não é a potência dos impérios, mas sua morte que dá razão à história (...) do ponto de vista da história do mundo, os estados são apenas momentos evanescentes.[169]

---

168 Isso nos leva a concordar com Derrida, para quem "a *Fenomenologia do espírito* não se interessa por qualquer coisa a que possamos chamar simplesmente o homem. Ciência da experiência da consciência, ciência das estruturas da fenomenalidade do espírito relacionando-se com ele mesmo, ela distingue-se rigorosamente da antropologia. Na *Enciclopédia*, a seção intitulada *Fenomenologia do espírito* vem depois da *Antropologia* e excede muito explicitamente os limites desta" (DERRIDA, Jacques, *Margens da filosofia*, Campinas: Papirus, 1986, p. 156). Nesse sentido, podemos mesmo dizer que a história da *Fenomenologia* é a história do fim da finitude do homem, a história do colapso de uma analítica da finitude que exige a reconstrução completa da categoria de sujeito.

169 LEBRUN, Gérard, *L'envers de la dialectique*, op. cit., 2007, p. 33.

Essa é uma maneira precisa de dizer que o objeto da história do Espírito é, na verdade, o movimento de autoevanescimento da finitude. Isso está claro desde o momento em que Hegel afirmou: "Os persas são o primeiro povo histórico, porque a Pérsia é o primeiro império que desapareceu (*Persien ist das erste Reich, das vergangen ist*)", deixando atrás de si ruínas. Colocação importante por nos lembrar que as ruínas deixadas pelo movimento histórico são, na verdade, modos de manifestação do Espírito em sua potência de irrealização. Se os persas são o primeiro povo histórico é porque eles se deixam animar pela inquietude e negatividade de um universal que arruína as determinações particulares. Isso já demonstra como a história também não é a atualização de um momento passado originário, não é o jogo de presença da origem, mas a exposição de como o momento "originário" já era marcado pela negatividade e pela inquietude. Ela é a cura das ilusões da origem, a exposição de como a multiplicidade presente no tempo já fragilizava a determinação de todo momento originário.

No entanto,

> não basta a ruína para atestar o caráter histórico de um povo, é ainda necessário que a queda da civilização seja o resultado de um processo interno (...) nos povos históricos, o negativo só pode emergir do interior e o papel da violência externa jamais é determinante na queda final.[170]

O criado de quarto da razão

Há, pois, de se perguntar sobre qual a natureza desse processo interno de emergência do negativo na história, processo idêntico ao que podemos entender por autoevanescimento da finitude. Uma chave possível de leitura pode ser encontrada se levarmos a sério colocações como:

> Na história mundial, através das ações dos homens, é produzido em geral algo outro do que visam e alcançam, do que imediatamente sabem e querem. Eles realizam seus interesses, mas com

---

170 ARANTES, Paulo, *Hegel: a ordem do tempo*, op. cit., p. 163.

isso é produzido algo outro que permanece no interior, algo não presente em sua consciência e em sua intenção.[171]

Esse processo interno que arruína as determinações que constituem a positividade finita de uma época é, na verdade, ação animada pelo que não encontra forma para ser posto como representação da consciência ou da intenção. É levando isso em conta que podemos afirmar não serem os indivíduos aferrados na finitude de seus sistemas particulares de interesses aqueles que fazem a história (por isso, não são eles quem podem narrá-la). E se Hegel necessita ainda falar dos "grandes homens" que fazem a história é apenas para descrever uma posição subjetiva no interior da qual "os próprios objetivos (*Zwecke*) particulares contêm o substancial, que é a vontade do Espírito do mundo"[172].

Nessa posição subjetiva, tudo se passa como se o desejo aprendesse a confiar nesse "algo outro" cujo conteúdo ainda permanece subterrâneo, ainda não realizado na "existência presente" (*gegenwärtige Dasein*), e por isso bate violentamente contra o mundo exterior como quem se bate contra uma casca (*Schale*) de outra semente (*Kern*). Tal desejo descobre a força de transformar o que lhe aparece inicialmente como opaco, como *páthos* cujo objeto desconhece o regime de presença da consciência e da intenção, em acontecimento portador de uma nova ordem possível. Digamos mais uma vez: essa força descoberta pelo desejo de sujeitos históricos vem do desvelamento do *páthos* como uma maneira de a infinitude da vontade do Espírito do mundo se manifestar.

Hegel costumava dizer que nunca se é herói para seu criado de quarto. Afinal, por trás das grandes ações o criado de quarto vê os interesses de alcova, as paixões privadas que as animam. "Qual mestre de escola [um *compagnon de route* do criado de quarto]", pergunta Hegel, "não demonstrou, de Júlio César, Alexandre, o Grande, que esses homens eram animados por paixões [egoístas] e, por isso, eram homens imorais? De onde se segue que ele, o mestre de escola, é um homem excelente porque não tem tais paixões e dá como prova o fato de não ter conquistado a Ásia, de não ter vencido Dario, Poros, mas que vive liberalmente bem e

---

171 HEGEL, G.W. F., *Vorlesungen über die Philosophie der Geschichte*, op. cit., p. 42.
172 Idem, p. 46.

também deixa viver."[173] De onde se segue o complemento: não se é herói para o criado de quarto não porque não se é herói, mas porque o outro é um criado de quarto.

     Essa *boutade* é na verdade a exposição de um problema de perspectiva. Há uma perspectiva (do criado de quarto) que, ao apagar a noção de sujeito histórico, reduz toda sequência de acontecimentos a acontecimentos meramente casuais, ou seja, desprovidos de história. Se Hegel pôde dizer um dia que nada de grande foi feito sem paixão foi para lembrar que a história é essa perspectiva que dá às paixões um tamanho revelador. Ela não apaga as paixões no interior do heroísmo de narrativas edificantes. Ela tira das paixões seu traço narcísico e particularista. Elas deixam de ser paixões de um Eu. O que o criado de quarto não vê é como os interesses dissolvem seu caráter particularista quando advém o suporte de processos históricos. Ele é incapaz de ver como, em certos momentos, mesmo no quarto, meus gestos individuais se transformam na atualização de uma multiplicidade de desejos que procura, mais uma vez, ter voz. Por mais que isso possa parecer temerário, talvez seja o caso de dizer que, nessas condições, não são os indivíduos que desejam. Quem deseja é a razão. Hegel nunca deixou de acreditar na possibilidade de tais transformações.

---

173 Idem, p. 48.

Pulsão e fantasia

Capítulo IV
NÃO SÃO APENAS ROMÂNTICOS DECADENTISTAS QUE LIGAM SEXO E MORTE

Eu sou o espírito que sempre nega.
MEFISTÓFELES

Após a discussão referente à renovação do conceito de individualidade através da recuperação de certas questões maiores da concepção hegeliana de desejo, passamos à discussão sobre como tais aspectos produzem um impacto decisivo no interior da teoria hegeliana do Estado e do ordenamento jurídico. Em um terceiro momento, foi questão da articulação entre subjetividade, história e infinitude, discussão fundamental para compreender algumas características esquecidas do que podemos esperar do sujeito, ao menos segundo Hegel. Tais passagens visaram mostrar como uma das experiências maiores da filosofia moderna nos forneceu um conceito de sujeito capaz de ir além de toda *redução egológica*, de toda *analítica da finitude* e de toda limitação antropológica. Conceito de sujeito que nos abre tanto para uma reflexão sobre modelos de vínculos institucionais, quanto para modos de determinação e síntese no interior do tempo.

Tais considerações hegelianas trazem consequências maiores às disposições normativas de uma teoria do reconhecimento. Caso aceitas, elas nos obrigam a redimensionar as demandas de reconhecimento, levando-as para além da pressão de universalização de direitos positivos que determinariam a essencialidade da pessoa jurídica. Pois, aceita a leitura que propomos, seríamos obrigados a afirmar que as sociedades contemporâneas (isso se admitirmos a ideia de que ainda somos, de certa forma, "contemporâneos" de Hegel) são impulsionadas por exigências de reconhecimento de experiências produtivas de indeterminação e de negatividade.

Esperamos de nossas instituições que elas não sejam a consolidação de estruturas disciplinares que visam produzir indivíduos fortemente determinados do ponto de vista identitário. No entanto, elas também não podem aparecer como o dispositivo de produção de identidades flexíveis capazes de estabilizar situações de anomia social, identidades fascinadas pela lógica perversa do jogo *infinito ruim* entre afirmação e transgressão da lei (processo que procurei descrever em *Cinismo e falência da crítica*). Contra essas duas saídas, talvez seja o caso de pensar como tais experiências produtivas de indeterminação devem ser o primeiro momento de uma recuperação da densidade histórica presente em nossos desejos e impulsos.

Que tal recuperação deva passar por experiências de indeterminação, isso se explica pelo fato de não estarmos apenas no campo da revelação das causas históricas, como se fosse questão de conseguir reconstruir sistemas biunívocos de causalidade. Trata-se, na verdade, de saber construir unidades sintéticas com o desidêntico, com o que é infinitamente outro. Daí por que tal densidade histórica aparece, de maneira privilegiada, sob a forma da indeterminação. Pois ela se volta contra o caráter identitário e restritivo das determinações normativas em vigor, assim como contra o modelo de constituição de unidades sintéticas derivado da hipóstase do Eu. No entanto, em vez de simplesmente pôr uma nova norma, mais inclusiva, ela é abertura àquilo que não se oferece sob a figura da norma, mas do acontecimento.

Nesse contexto, o recurso à psicanálise a ser feito nesta segunda parte do livro procura, de certa forma, repetir as mesmas conclusões. Tal repetição é necessária para mostrar como a psicanálise pode aparecer como campo de reflexão empírica sobre a gênese das experiências descritas na primeira parte do livro. Assim, através de sua teoria das pulsões e sua teoria da fantasia, ela poderia fornecer uma alternativa à antropologia defensora dos limites da figura atual do homem.

O interesse da psicanálise nesse ponto vem do fato de ela partir do reconhecimento do caráter restritivo das determinações identitárias. Ela reconhece que podemos sofrer não apenas devido à incapacidade de sermos um indivíduo, por não alcançarmos a realização bem-sucedida de processos de socialização e individuação. Podemos sofrer por sermos apenas um indivíduo, por estarmos aferrados compulsivamente ao Eu. Para compreendermos este ponto, basta estarmos atentos ao conceito psicanalítico de pulsão de morte em sua relação ao que a sexualidade pode nos mostrar. Feito isso, poderemos mostrar como a teoria das pulsões serve de fundamento às estratégias de crítica à estrutura normativa do sujeito moral em sua tradição kantiana. Tal crítica é importante por expor a extensão da força psicanalítica da crítica ao Eu autônomo, assim como a um processo de maturação que teria na autonomia de moldes kantianos seu horizonte final. O recurso, no último capítulo desta parte, ao conceito de fantasia visará retomar nossas considerações sobre o reconhecimento da densidade histórica dos sujeitos, mas agora a partir da perspectiva da estrutura dos modos de repetição na vida afetiva.

Assim, se a primeira parte deste livro teve nos conceitos de desejo e vontade seus operadores centrais, nesta parte os operadores centrais serão os conceitos de pulsão (*Trieb*) e fantasia. Gostaria de mostrar como, na transformação de tais conceitos em fundamentos para a compreensão dos modos de síntese psíquica do tempo (através de uma articulação complexa entre fantasia e memória), assim como para aquilo que resiste a tais processos de síntese (e aqui entra o conceito de pulsão), encontramos problemas similares àqueles que animaram a teoria hegeliana do sujeito. Não é por outra razão que tal transformação é central para dois leitores de Hegel, como são Lacan e Adorno. Trata-se então de compreender como o conceito de pulsão é peça fundamental para a reconstrução de um pensamento capaz de reconhecer dignidade ontológica à negatividade e de pensar as incidências materiais de tal ontologia. Uma leitura da teoria das pulsões em chave ontológica atualiza algumas elaborações fundamentais que encontramos ao discutir o conceito hegeliano de individualidade. Isso implica mostrar, por um lado, como o conceito lacaniano de pulsão acaba por ser tributário de certos modos de encaminhamento do problema da negação cujas raízes encontramos em Hegel. Por outro, trata-se de mostrar como uma operação simétrica de compreensão do problema da pulsão trabalhará o interior de algumas elaborações conceituais maiores de Adorno.

Pulsão e ontologia

"Eu tenho uma ontologia – por que não? – como todo o mundo tem uma, ingênua ou elaborada."[1] Essa frase não poderia

---

1 LACAN, Jacques, *Séminaire XI*, Paris: Seuil, 1973, p. 69.

passar despercebida, ainda mais sendo proferida por um psicanalista. Que Jacques Lacan admita ter uma ontologia, como aparentemente seria o caso de todo o mundo; que ele admita isso em um tom absolutamente natural (por que não tê-la?), eis algo que não deixa de nos colocar questões. Pois qual poderia ser afinal a função de considerações de natureza ontológica para uma práxis aparentemente tão vinculada à particularidade do caso clínico como a psicanálise? Por que deveríamos procurar alguma espécie de relação entre a direção do tratamento que orienta a clínica analítica e uma ontologia? E, principalmente, qual tipo de ontologia seria capaz de fornecer, à psicanálise, os subsídios implicados na direção do tratamento?

Tais questões visam expor as consequências de uma hipótese maior a respeito da experiência intelectual lacaniana. Trata-se de afirmar que uma das contribuições mais importantes de Lacan consiste na defesa de que a psicanálise é solidária de uma articulação complexa, porém decisiva, entre clínica e ontologia. Maneira um pouco mais arriscada de dizer que a orientação da clínica analítica é dependente de um núcleo invariável de conceitos que compõe o campo do que se convencionou chamar de "metapsicologia".

É verdade que tal afirmação pode parecer não evidente, ainda mais em uma época como a nossa, na qual nos acostumamos a aceitar sem reservas o discurso da "soberania da clínica". Soberania legitimada pela realidade urgente do sofrimento que leva o sujeito à análise. Um pouco como se a eficácia terapêutica em relação a uma categoria fenomênica extremamente dispersiva como o "sofrimento" fosse condição suficiente para assegurar a validade de dispositivos clínicos. Nesse sentido, lá onde uma prática mede sua validade a partir da eficácia em realizar disposições normativas variáveis de acordo com contextos sócio-históricos não há lugar para insistir na articulação entre clínica e ontologia. Lá onde uma clínica se mede inteiramente através de sua capacidade em "curar o sofrimento" não há, de fato, espaço para além da implementação disciplinar de dispositivos normativos[2]. Me-

---

2 A afirmação canônica de Michel Foucault a respeito das ilusões da "soberania da clínica" vale para esse contexto de discussões: "Desde o século XVIII, a medicina tem tendência a narrar sua própria história como se o leito dos doentes tivesse sido sempre um lugar de experiências constante e estável, em oposição às teorias e sistemas que teriam estado em permanente mudança e mascarado, sob sua especulação, a

lhor seria reconhecer que a clínica é capaz de dar conta de certo tipo de sofrimento cuja causa, como veremos no próximo capítulo, está ligada à maneira de constituição da noção moderna de individualidade.

Isso talvez nos explique essa insistência peculiar de Lacan na relação entre direção do tratamento e reconhecimento da dignidade ontológica de certos conceitos metapsicológicos, especialmente o conceito de pulsão (*Trieb*). Daí afirmações segundo as quais a pulsão seria "uma noção ontológica absolutamente central que responde a uma crise da consciência que não somos forçados a apreender plenamente, já que nós a vivemos"[3]. A teoria da pulsão seria, assim, o que orienta, de maneira invariável, tal como o que se assenta sobre uma ontologia, a clínica em suas aspirações de validade, já que tal teoria revelaria a natureza do sofrimento que estaria na base dos modelos de intervenções próprios à clínica psicanalítica.

Nesse sentido, vale a pena avaliar algumas características maiores que nortearam a reconstrução lacaniana da metapsicologia. Características que só ficarão evidentes se abandonarmos a ideia tradicional de que, no núcleo do projeto lacaniano, encontraríamos um simples movimento de leitura estruturalista do inconsciente e da dinâmica de suas formações. Pois, talvez, o projeto lacaniano consista, na verdade, em dotar a metapsicologia de um estatuto ontológico que estaria para além de todo e qualquer estruturalismo. Estatuto ontológico que se insinua todas as vezes que Lacan toma a palavra para falar do "ser do sujeito" (e por que um psicanalista deveria falar do ser?) ou para falar sobre a "essência do objeto" do desejo, isto sem deixar de completar: "Vocês perceberam que eu falei de essência, tal como Aristóteles. E depois? Isso quer dizer que essas palavras são totalmente utilizáveis."[4]

Mas, para encaminhar de maneira adequada essa reflexão sobre a teoria lacaniana da pulsão, faz-se necessário retornar a Freud a fim de identificar aquilo que, no interior da longa elabo-

---

pureza da evidência clínica." Na verdade, tudo se passa como se: "Na aurora da Humanidade, antes de toda crença vã, antes de todo sistema, a medicina residia em uma relação imediata do sofrimento com aquilo que alivia" (FOUCAULT, Michel, *O nascimento da clínica*, Rio de Janeiro: Forense, 1994, pp. 59-60).
3 LACAN, Jacques, *Séminaire VII*, Paris: Seuil, 1986, p. 152.
4 Idem, *Séminaire XX*, Paris: Seuil, 1975, p. 55.

ração freudiana a respeito do estatuto das pulsões, será decisivo para a experiência intelectual lacaniana.

Energética e teoria da sexualidade

Sabemos como, para Freud, o recurso a uma teoria das pulsões como *Grundbegriff* marcava o coração da reflexão psicanalítica com uma dimensão especulativa indelével. Mesmo que, em alguns momentos, Freud aparentemente defenda certo reducionismo materialista ao esperar o dia em que "todas nossas concepções provisórias (*Vorläufigkeiten*), em psicologia, poderão se formar a partir de suportes (*Trägen*) orgânicos"[5], não devemos esquecer quão especulativa era a físico-química energética que servia de base para a formação do horizonte presente nos textos freudianos quando este fala em "fenômenos orgânicos". O que leva Lacan a afirmar, sem muitas mediações, que "a energética é também uma metafísica"[6]. Se voltarmos os olhos para o trajeto da formação do conceito de pulsão nos textos freudianos, veremos a natureza dessa dimensão especulativa da teoria das pulsões.

Ao aparecer pela primeira vez de maneira explícita, nos *Três ensaios sobre a teoria da sexualidade*, o termo "pulsão" visava dar conta das fontes internas de excitação às quais o organismo não pode escapar. Dentre tais fontes de excitações internas, a sexualidade aparece como elemento maior das preocupações freudianas, embora ela não seja a fonte exclusiva. Já no não publicado *Projeto para uma psicologia científica*, Freud lembrava, ao falar da "urgência da vida" (*Not des Lebens*) como excitação interna que contrariava o princípio de inércia do aparelho psíquico, que a fome e a respiração também eram fontes de tal excitação. Nessa primeira abordagem sobre a pulsão, Freud ainda insistirá que uma de suas características centrais é a de ser uma força constante, e não apenas força de um impacto momentâneo de falta sentida pelo organismo. De onde se segue a definição canônica da pulsão como "representação psíquica (*psychische Repräsentanz*) de uma fonte endossomática de excitação".

---

5 FREUD, Sigmund, *Gesammelte Werke*, op. cit., vol. X, pp. 143-4.
6 LACAN, Jacques, *Séminaire II*, Paris: Seuil, 1978, p. 80.

Até aqui, nada indica a necessidade de transformar o conceito de pulsão em fundamento de preocupações especulativas. À primeira vista, Freud parece estar muito mais perto de uma explicação materialista dos processos causais do aparelho psíquico ou, ainda, de uma perspectiva, classicamente implantada na medicina desde ao menos Broussais, que compreende a *excitação* como o fato vital primordial. Mas os problemas vinculados à definição do estatuto das pulsões ficam visíveis a partir do momento em que Freud procura definir a natureza da energia responsável por tal excitação interna constante.

Sabemos como Freud parte inicialmente de uma distinção entre a energia libidinal própria à sexualidade e "outras formas de energia psíquica" como aquelas em jogo nas necessidades fisiológicas de autoconservação, distinção essa fundadora de um primeiro dualismo pulsional entre pulsões sexuais e pulsões de autoconservação. Tal dualismo será suspenso a partir da constituição da categoria de "narcisismo", já que este permitirá a Freud reconhecer que "as pulsões de autoconservação também eram de natureza libidinal, eram pulsões sexuais que haviam tomado por objeto, em vez dos objetos exteriores, o próprio eu"[7]. De onde se seguia a afirmação de que: "Basta simplesmente admitir que as pulsões são parecidas qualitativamente e devem seus efeitos unicamente às grandezas de excitação (*Erregungsgrössen*) que cada pulsão veicula ou, talvez, a certas funções dessa quantidade."[8] Como veremos, redução extremamente sintomática da diferença qualitativa às grandezas quantitativas. Por fim, o dualismo pulsional voltará, de maneira totalmente reconfigurada, apenas a partir do texto *Para além do princípio do prazer*. É nesse momento de reconfiguração profunda também da noção de *libido* que Freud fará mais apelo às reflexões sobre o conceito de *Trieb* desenvolvidas a partir da tradição idealista alemã, em especial na obra de Schopenhauer (lembremos como, antes desse filósofo, o conceito de *Trieb* desempenhou papel importante, entre outros, em Fichte e Hegel).

Dessa forma, a noção-chave para a compreensão da natureza da energia pulsional é *libido*. Freud a define normalmente

---

[7] FREUD, Sigmund, *Gesammelte Werke*, op. cit., vol. XIII, p. 231.
[8] Idem, vol. X, p. 216.

como força quantitativamente variável que permite a comparação de processos e transposições no domínio da excitação sexual. Ao tentar compreender o impulso determinante para a inteligibilidade da conduta a partir da posição de uma energia endossomática plástica quantitativamente caracterizada, Freud atualiza, à sua maneira, uma antiga tradição racionalista que procurava definir a psicologia como "física do sentido externo", ou seja, como o que permite "determinar as constantes quantitativas da sensação e as relações entre tais constantes"[9].

De fato, nada disso deve nos estranhar, pois a teoria freudiana das pulsões foi construída através da confrontação demorada com dispositivos conceituais que visavam articular reflexões sobre o aparelho psíquico e conceitos próprios à *Naturwissenschaft*. Já a maneira de definir a pulsão como conceito-limite (*Grenzbegriff*) entre o psíquico e o somático, juntamente com a crença de que a dualidade pulsional se vincularia ao par atração/repulsão que opera no mundo inorgânico, mostra como Freud encontra-se, à sua maneira, no interior de uma longa tradição que estabelece sistemas de relações entre o físico e o moral através da defesa de que as dualidades ação/reação, atração/repulsão forneceriam um plano geral de inteligibilidade dos fenômenos[10].

Por outro lado, a própria noção de um conceito-limite capaz de operar nos pontos de indistinção entre psíquico e somático e articulado a partir do uso indistinto da noção de energia remete, necessariamente, à psicofísica de Fechner, influência claramente assumida por Freud. Lembremos apenas como Fechner procurava estabelecer correlações estritas entre estímulo corporal (fenômeno físico) e sensação (fenômeno mental) através de leis como a conhecida lei de Weber-Fechner[11]. Isso permitia, no limite, definir o pensamento como parte de uma corrente de processos corporais. Pois toda atividade mental submeter-se-ia às leis gerais daquilo que Fechner chama de "energia cinética", leis como o princípio de conservação, de estabilidade, de deslocamento de

---

9 CANGUILHEM, Georges, *Etudes d'histoire et de philosophie de la science*, Paris: Vrin, 2002, p. 370.
10 Ver, por exemplo, STAROBINSKI, Jean, *Ação e reação: vidas e aventuras de um casal*, Rio de Janeiro: Civilização Brasileira, 2006.
11 Que enuncia: "Tal como a intensidade da sensação aumenta em progressão aritmética, o estímulo deve aumentar em progressões geométricas."

energia etc. que valem tanto para fenômenos ditos psíquicos como para fenômenos orgânicos[12]. Maneira de afirmar que "os princípios gerais da psicofísica envolvem apenas a manipulação de relações quantitativas"[13]. Proposição que continuará válida para psicólogos que influenciaram decisivamente Freud, como Brücke, Helmholtz e Du Bois-Reymond, para quem só há, no organismo, forças físico-químicas em atuação[14].

Por outro lado, esse vocabulário da energia e da força, longe de ser mera metáfora cientista que impediria o desvelamento do verdadeiro caráter da psicanálise como prática assentada no uso clínico de processos de autorreflexão (motivo de uma longa tradição de crítica à metapsicologia que engloba nomes tão díspares entre si quanto podem ser Politzer, Habermas e Ricoeur), é, na verdade, a maneira que Freud encontra para indicar o vínculo da pulsão à dimensão de um solo irreflexivo (e ainda não estruturado) para o agir e o pensar.

Lembremos, a esse respeito, que a caracterização da libido como *quantum* de energia não é feita tendo em vista alguma forma de "mensuração" de processos psíquicos entre si. É verdade que Freud define o ponto de vista *econômico* (que, junto com o *tópico* e o *dinâmico*, compõe a perspectiva de apreensão de fatos metapsicológicos) como aquele que "se esforça em seguir os destinos (*Schicksale*) das grandezas de excitação (*Erregungsgrössen*) e em obter uma estimativa (*Schätzung*), ao menos relativa, destas"[15]. Mas a afirmação diz o que ela quer dizer. Se o problema da estimativa é afetado por uma cláusula de relativização, é para lembrar que o ponto realmente importante diz respeito à apreensão do

---

12 "Energia cinética empregada para cortar madeira e energia cinética usada no pensamento não são apenas quantitativamente comparáveis, mas cada uma pode ser transformada na outra e, consequentemente, ambos os tipos de trabalho são mensuráveis, em seu aspecto físico, por uma referência comum" (FECHNER, Gustav, *Elements of Psychophysics*, Nova York: Holt Rinehart and Winston, 1966, p. 36).
13 Idem, p. 9.
14 Nesse sentido, lembremos do que diz Canguilhem: "Se acrescentarmos que Descartes, mesmo não sendo exatamente o inventor do termo e do conceito de reflexo, ao menos afirmou a constância da ligação entre excitação e reação, veremos que uma psicologia entendida como física matemática do sentido externo começa com ele para chegar a Fechner, graças ao socorro de fisiologistas como Hermann Helmholtz" (CANGUILHEM, Georges, idem, p. 370).
15 FREUD, Sigmund, *Gesammelte Werke*, op. cit., vol. X, p. 280.

trajeto, do "destino" dos *quanta* de energia libidinal[16]. Na verdade, isso demonstra como o ponto de vista econômico visa permitir a Freud pensar essa plasticidade própria a uma energia psíquica caracterizada, principalmente, pela sua capacidade em ser transposta, invertida (Freud usa, nesses casos, o termo *Verkehrung*), desviada, recalcada, em suma, deslocada de maneira aparentemente inesgotável. Princípio de deslocamento constante que leva Freud a caracterizar de início a libido como energia que circula livremente, "energia livre" em relação àquilo que poderia barrar tal movimento, ou seja, em relação à sua ligação (*Bändigung*) através da subsunção a representações.

Que Freud tenha refletido sobre tal plasticidade, de maneira privilegiada, a partir de fenômenos ligados à sexualidade, eis um ponto absolutamente central. De fato, ele quer mostrar como há, no sujeito, o que não se deixa determinar de forma reflexiva como representação da consciência, há o que só se manifesta de maneira polimórfica, fragmentada e que encontra seu campo privilegiado, necessariamente, em uma sexualidade não mais submetida à lógica da reprodução, em um impulso corporal que desconhece *télos* finalista, como é o caso da reprodução. Daí por que a libido é inicialmente caracterizada como autoerótica, inconsistente por estar submetida aos processos primários e, por fim, perversa (no sentido de ter seus alvos constantemente invertidos, desviados e fragmentados).

Esse é um ponto importante por lançar algumas luzes acerca do conceito freudiano de "sexual". Longe de procurar fundar algum tipo de moral naturalizada através da elevação de Eros a fundamento do ser, as reflexões freudianas têm o interesse de mostrar como "sexual" é o nome psicanalítico para "um radical impasse ontológico"[17]. A esse respeito, lembremos como, desde o início, as pulsões sexuais não são naturalmente vinculadas aos

---

16 Sobre o uso do termo "destino" nesse contexto, lembremos que: "Ele indica que o que está em jogo em um ser humano no que diz respeito às suas pulsões é propriamente humano e produto de seres singulares, isso ao mesmo tempo que uma pulsão, devido ao fato de seus componentes escaparem ao sujeito que é dela o teatro, aparece como anônima, despersonalizada, a-subjetiva" (DAVID-MÉNARD, Monique, "Les pulsions caractérisés par leurs destins: Freud s'éloigne-t-il du concept philosophique de *Trieb*?" In: BIENESTOCK (org.), *Tendance, désir, pulsion*, Paris: PUF, 2001, p. 207).

17 ZUPANCIC, Alenka, "Sexuality and Ontology". In: *Why Psychoanalysis?* Uppsala: NSU Press, 2008, p. 24.

imperativos de reprodução, mas são tendencialmente polimórficas, sempre prontas a desviar de maneira aparentemente inesgotável os alvos e objetos sexuais. Como se estivéssemos diante de um paradoxo: o do desvio em relação a uma norma inexistente. O primado da sexualidade genital a serviço da reprodução é a última fase que a organização sexual atravessa e só se impõe através de processos profundos de repressão e recalcamento. É isso que Freud tem em vista ao afirmar: "A vida sexual compreende a função de obtenção do prazer através de zonas corporais; ela é posta apenas posteriormente (*nachträglich*) a serviço da reprodução."[18] Daí por que haveria "algo de inato na base das perversões, mas algo que é inato a todos os homens"[19]. Algo que diz respeito à polimorfia perversa que encontraríamos em toda sexualidade infantil. Polimorfia deve ser compreendida aqui como reconhecimento dessa posição na qual a multiplicidade dos prazeres corporais não se submete à hierarquia teleológica dos imperativos de reprodução com seu primado do prazer genital.

Assim, pelo fato de os prazeres corporais não se submeterem imediatamente a uma hierarquia funcional, cada zona erógena (boca, ânus, ouvidos, órgãos genitais etc.) parece seguir sua própria economia de gozo e cada objeto a elas associados (seio, fezes, voz, urina) satisfaz uma pulsão específica, produzindo um "prazer específico de órgão"[20]. Freud chamará de "pulsões parciais" tais pulsões que não se submetem à satisfação com representações globais de pessoas produzidas graças a uma imagem unificada do corpo. Ele chamará também de "autoerótica" tal satisfação por ela procurar e encontrar seus objetos no corpo do sujeito desejante, já que mesmo o seio e a voz do Outro materno são compreendidos pelo bebê como sendo objetos internos à sua própria esfera de existência[21].

18 FREUD, Sigmund, *Gesammelte Werke*, op. cit., vol. XVII, p. 75.
19 Idem, vol. V, p. 71.
20 O melhor comentário do sentido desse prazer de órgão vem de Alenka Zupancic: "Em relação à necessidade de alimentar-se, com a qual ela inicialmente se vincula, a pulsão oral persegue um objeto distinto do alimento: ela persegue (e procura repetir) a pura satisfação produzida na região da boca durante o ato de nutrição (...) nos seres humanos, toda satisfação de uma necessidade, a princípio, permite a ocorrência de outra satisfação, que tende a advir independente e a autoperpetuar-se na procura e na reprodução de si" (ZUPANCIC, Alenka, idem, p. 16).
21 Nesse sentido, o autoerotismo indica uma posição anterior ao narcisismo. Ela serve para indicar a polimorfia de uma libido que se direciona ao prazer de órgãos que

No entanto, vários psicanalistas insistiram no fato de o processo de maturação sexual, através da submissão da sexualidade polimórfica e autoerótica ao primado genital, nunca ser realizado de maneira completa. Jacques Lacan compreendeu isso muito bem ao afirmar:

> As aspirações mais arcaicas da criança são, ao mesmo tempo, um ponto de partida e um núcleo nunca totalmente resolvido sob alguma forma de primado genital ou de pura e simples *Vorstellung* do homem sob a forma humana, tão total que supomos andrógena por fusão.[22]

Ou seja, o primado genital sempre é frágil, está continuamente ameaçado. A ligação das pulsões parciais em uma unidade nunca é completamente possível. Como se houvesse algo a determinar a sexualidade que não poderia vincular-se à imagem unificada de uma *pessoa*. Algo que do ponto de vista da pessoa como unidade coerente de condutas aparece como força de indeterminação.

Voltaremos a essa discussão no próximo capítulo. No entanto, devemos inicialmente tirar algumas consequências dessa articulação complexa entre representação e libido pensada como energia livre. Uma delas ficará visível se aproximarmos duas afirmações canônicas a respeito da pulsão. A primeira vem do texto *O inconsciente*: "uma pulsão não pode transformar-se em objeto (*Objekt*) da consciência, apenas a representação que a representa (*die Vorstellung die ihn repräsentiert*)"[23]. A segunda, escrita na mesma época, lembra que o objeto da pulsão "é o que há de mais variável (*variabelste*) na pulsão, ele não lhe está originalmente vinculado (*verknüpft*) (...). Ele pode ser substituído à vontade ao longo dos destinos que a pulsão conhece"[24]. Se definirmos "objeto" como o que resulta de procedimentos de categorização de uma consciência que unifica o diverso da sensibilidade em representações sintéticas, então diremos que a pulsão só se manifesta à consciência através da sua ligação em representações de objeto. Ligação frágil, no entanto, marcada pela variabilidade estrutural do que não se deixa objetivar de maneira

---

ainda não se submetem a um princípio geral de unificação fornecido pelo Eu como unidade sintética.
22 LACAN, Jacques, *Séminaire VII*, op. cit., p. 112.
23 FREUD, Sigmund, idem, pp. 275-6.
24 Idem, p. 215.

essencial; ligação operada por uma representação incapaz de apresentar o que não se deixa unificar, ou ainda, o que não se deixa pensar no interior de relações estruturadas.

É a partir desse problema armado que devemos abordar as questões legadas pela construção freudiana ulterior do conceito de "pulsão de morte", conceito central para a metapsicologia lacaniana, já que, segundo o psicanalista parisiense, "toda pulsão é virtualmente pulsão de morte"[25]. Como veremos mais à frente, essa é a afirmação central para a compreensão da figura lacaniana da pulsão por nos lembrar que Lacan tende a operar na clínica com uma modalidade muito particular de *monismo pulsional*, não sendo por acaso que, em suas mãos, a *pulsão* aparece sempre no singular.

Seguindo uma via aberta por Lacan, Jean Laplanche lembra que uma metamorfose profunda ocorre quando Freud vincula, posteriormente, a noção de libido à potência unificadora de Eros (tal como ele a encontra no mito de Aristófanes, em *O banquete*, de Platão), isso ao passar ao dualismo pulsional Eros/Tânatos. A definição da libido como Eros unificador, potência que visaria "formar, a partir da substância viva, unidades (*Einheiten*) cada vez maiores e assim conservar a vida na sua permanência levando-a a desenvolvimentos mais complexos"[26], parece implicar abandono da noção de libido pensada a partir de uma energia livre própria a essa sexualidade fragmentada e polimórfica. Tal abandono seria impulsionado pelas considerações freudianas a respeito da centralidade do narcisismo, com seus mecanismos de projeção e introjeção que unificam os destinos da pulsão à repetição da imagem do Eu[27]. Como se o narcisismo fosse a revelação do *páthos* de um Eu pensado como unidade sintética que fornece o princípio de ligação do

---

25 LACAN, Jacques, *Ecrits*, Paris: Seuil, 1966, p. 848.
26 FREUD, Sigmund, *Gesammelte Werke*, op. cit., vol. XIII, p. 233.
27 Como dirá Laplanche: "Eros é o que procura manter, preservar e mesmo aumentar a coesão e a tendência sintética tanto do ser vivo quanto da vida psíquica. Enquanto, desde as origens da psicanálise, a sexualidade era, por essência, hostil à ligação, princípio de 'des-ligamento' ou de desencadeamento (*Entbildung*) que só se ligava através da intervenção do Eu, o que aparece com Eros é a forma ligada e ligadora da sexualidade, colocada em evidência pela descoberta do narcisismo" (LAPLANCHE, Jean, *Vie et mort en psychanalyse*, Paris: Flammarion, 1970, p. 187). Isso nos explica por que, em Freud: "O Eu aparece como uma estrutura inibidora e defensiva que funciona (...) para estabelecer uma economia restrita de impulsos e de suas descargas" (BOOTHBY, Richard, *Freud as Philosopher*, Nova York: Routledge, 2001, p. 285).

diverso da experiência sensível em representações de objetos. Boa parte do interesse de filósofos como Theodor Adorno pela psicanálise encontra aí sua raiz, ou seja, em uma espécie de reflexão sobre as "patologias do esquematismo transcendental".

Uma metafísica da morte?

Nesse contexto, a reconstrução do dualismo pulsional através do par Eros e pulsão de morte seria o resultado da necessidade em encontrar um novo destino para a potência de des-ligamento própria à energia livre que havia inicialmente definido a libido. Ou seja, a polaridade vida/morte na teoria pulsional freudiana recobre, na verdade, a distinção entre energia ligada em representações através da capacidade sintética do Eu/energia livre inauguradora da dinâmica psíquica[28].

Mas, a princípio, não é evidente a razão que leva Freud a utilizar o termo "morte" para falar de tal potência de des-ligamento. Trata-se de uma questão claramente posta por Lacan quando afirma:

> Existe uma dimensão para além da homeostase do Eu (*moi*), uma outra corrente, uma outra necessidade que deve ser distinguida em seu plano. Essa compulsão a retornar a algo que foi excluído do sujeito [própria à pulsão de morte], ou que nunca foi por ele absorvida, o *verdrängt*, o recalcado, nós não podemos fazê-lo entrar no princípio do prazer [que agora se confunde com Eros] (...). Faz-se necessário supor um outro princípio. Por que Freud o chamou instinto de morte?[29]

A questão se justifica pelo fato de essa guinada parecer, a princípio, desproporcional em relação à dimensão do problema (conservar a potência disruptiva da sexualidade para além da for-

---

28 O que nos leva a concordar com a ideia de Boothby, para quem: "A ideia mais crucial de Freud, raramente posta de maneira explícita exatamente por ser tão fundamental para toda a concepção freudiana, é a assunção da disjunção inevitável e irremediável entre o nível das excitações somáticas e o de suas representações psíquicas. Sempre há um resto, algo que é irremediavelmente deixado, uma porção de energia corporal que não recebe registro adequado na bateria dos *Triebrepräsentanzen*" (idem, pp. 286-7).
29 LACAN, Jacques, *Séminaire II*, op. cit., p. 163.

ça unificadora do Eu, força cuja extensão teria sido revelada, principalmente, pelo narcisismo). A não ser que, de fato, o problema pressentido por Freud fosse maior do que poderia parecer. Só assim poderíamos pressupor alguma espécie de unidade entre fenômenos aparentemente tão distintos quanto esses que Freud procura pensar a partir da noção de pulsão de morte, ou seja, a compulsão a repetir acontecimentos traumáticos (presente principalmente em neuroses de guerra), o fenômeno de resistência à cura e de vínculo à doença que a psicanálise chama de "reação terapêutica negativa", a organização de um destino à libido como energia livre e, por fim, o problema econômico dos fantasmas masoquistas que aparentemente desvinculam desejo e cálculo do prazer.

Responder à questão do real problema que a derradeira teoria freudiana das pulsões tentava resolver exige, inicialmente, lembrar que a reconstrução da teoria pulsional através da dicotomia pulsão de vida/pulsão de morte foi solidária de uma aparente redefinição do próprio conceito de pulsão. Ela será agora uma: "pressão (*Drang*) inerente ao organismo vivo em direção ao restabelecimento de um estado anterior [inorgânico] abandonado devido a influências perturbadoras de forças exteriores"[30], e não apenas a representação psíquica de uma fonte endossomática de excitação constante. Da primeira à segunda definição, acrescenta-se certo caráter *teleológico* que orienta a direção da pressão pulsional para as vias de uma operação de retorno. A pulsão aparece assim como expressão da inércia da vida orgânica, como exigência de trabalho rumo ao restabelecimento de um estado de supressão de tensão. Tendência essa, no entanto, que se manifesta principalmente através da figura da compulsão de repetição compreendida como movimento de retorno em direção ao aniquilamento de um indivíduo pensado como o que orienta sua conduta a partir da conservação de si graças ao cálculo do prazer, à simbolização de experiências traumáticas que bloqueiam disposições sintéticas da consciência e à efetivação de um princípio de individuação.

É nesse contexto que a especulação freudiana flerta mais claramente com certa metafísica da morte, toda ela fundada, por sua vez, em uma verdadeira filosofia da natureza. Praticamente

---

30 FREUD, Sigmund, *Gesammelte Werke*, op. cit., vol. XIII, p. 38.

ausente na primeira teoria das pulsões, essa inflexão rumo à metafísica, em especial através de Schopenhauer (além de Platão, para a ilustração do poder unificador de Eros, e Empédocles), não deve ser vista simplesmente como alguma espécie de desvio de rota. De fato, vários princípios da psicofísica de Fechner que aparecerão posteriormente em Helmholtz, Mach e outros, base teórica importante para a formação da teoria freudiana das pulsões, não são estranhos à filosofia de Schopenhauer e à sua reflexão sobre a dinâmica das forças. Da mesma forma, tais princípios não são imunes às pressuposições metafísicas, o que fica bastante claro especialmente em Fechner. Tudo se passa, pois, como se Schopenhauer fornecesse a Freud uma espécie de inteligibilidade alargada do que, posteriormente, continuou se insinuando no interior da energética.

Nesse sentido, vale a pena lembrar como as explicações gerais de comportamento humano e natural a partir da dinâmica de forças, pensada como figura de uma metafísica da Vontade como ser em-si, é o que leva Schopenhauer a ver, na morte, um protocolo de "retorno ao ventre da natureza"[31]. Pois a morte do indivíduo apenas demonstraria a perenidade das forças e da matéria em contraposição à transitoriedade dos estados e formas: "Assim, já considerada como força natural, a força vital permanece por inteira imune à mudança de formas e estados que a série de causas e efeitos produz, e somente à qual estão submetidos o nascer e o perecer como se mostra na experiência."[32] Podemos mesmo dizer que, nesse contexto, a morte aparece como potência de suspensão da ligação das forças em representações capazes de produzir individualizações. Daí por que Schopenhauer opera com uma dicotomia, entre a imortalidade da espécie como "Ideia" e a destrutibilidade dos indivíduos, que reaparecerá no próprio cerne da teoria pulsional freudiana; isso através das distinções entre *soma* e *plasma* vindas de Weismann. Lembremos ainda que essa dicotomia não deixa de ressoar aquela clivagem no interior da vida que vimos no primeiro capítulo, por ocasião do comentário sobre o conceito hegeliano de natureza.

---

31 SCHOPENHAUER, Arthur, *Metafísica do amor, metafísica da morte*, São Paulo: Martins Fontes, 1998, p. 71.
32 Idem, p. 74.

No entanto, há algumas diferenças fundamentais aqui. Schopenhauer insiste na morte como destruição do indivíduo apenas para lembrar que:

> Pedir a imortalidade da individualidade significa propriamente querer perpetuar um erro ao infinito. Pois, no fundo, cada individualidade é apenas um erro especial, um passo em falso, algo que seria melhor não ser, sim, algo do qual nos trazer de volta é de fato a meta de toda vida.[33]

O que não poderia ser diferente, já que a morte é pensada, ao mesmo tempo, como o que está inserido no *télos* do ciclo vital da renovação da natureza e como modo de acesso à inteligibilidade (acesso à inteligibilidade que não é exatamente conhecimento reflexivo) de uma dinâmica de forças não ligada que passa livremente de uma forma a outra sem perpetuar nenhuma delas. A morte é o nome do processo que revela a natureza como ciclo incessante de individuação e anulação da individuação de configurações de forças, como se estivéssemos diante de um ciclo de pulsação entre energia livre e energia ligada. Assim, longe de ser fenômeno desprovido de sentido, negação desprovida de conceito, a morte, para Schopenhauer, é o que, em última instância, garante a natureza como *polo positivo de doação de sentido* por desvelar os mecanismos de orientação da força vital.

De fato, esse não é o caso em Freud. Tal como em Schopenhauer, a morte em Freud não é apenas destruição da integridade do organismo biológico, mas também o que suspende o princípio de individuação e de unidade sintética em operação no Eu. Daí por que ela pode aparecer, no caso de Freud, como fonte da dinâmica pulsional responsável por processos como a repetição de acontecimentos traumáticos não simbolizados e essa reação terapêutica negativa compreendida como resistência aos processos de subjetivação em operação na clínica analítica. No entanto, não há nada em Freud semelhante à afirmação teleológica da vida como ciclo incessante de destruição e reconfiguração resultante de alguma forma de princípio geral de conservação de energia. A noção de pulsão de morte, ao contrário, está mais próxima da absorção de um conceito energético como a

---

33 Idem, p. 110.

entropia enquanto princípio do que aparece apenas como perda, princípio do que não se deixa configurar em um estado submetido a um protocolo de ordenação[34]. A morte é assim, para Freud, presença do que não se deixa absorver no interior de uma noção de natureza como polo positivo de doação de sentido, presença do que não se deixa contar no interior de uma economia vitalista.

No entanto, Freud acaba por operar, no interior de sua teoria das pulsões, com um conceito muito peculiar de natureza. Pois a tendência em utilizar a teoria das pulsões para explicar princípios de conduta de organismos *em geral* (o que não deixa de ser certa "atualização" de princípios explicativos holísticos próprios à psicofísica do século XIX) deve ser vista como pressuposição de um conceito não tematizado de natureza. Algo como uma natureza que não se deixa pensar a partir de figuras do ciclo vital ou de alguma forma de funcionalismo ordenador, mas que só se manifesta necessariamente como resistência à integração a todo e qualquer princípio de determinação positiva[35]. Dessa forma, Freud acaba por naturalizar a própria noção de *conflito* presente na reflexão sobre a dinâmica pulsional. Como se o conflito pulsional não fosse resultado dos descaminhos dos processos de

---

34 Nesse sentido, vale a afirmação de Assoun, para quem o conceito freudiano de energia "marca uma 'passagem' entre dois estados que traduz uma despesa mecânica, ela mesma expressão particular (moção) do aumento geral de desordem formulado pelo segundo princípio da termodinâmica (Cornot-Clausius). O que, desde esse momento, poderia ser expresso dizendo que: 'toda pulsão, como pulsão, é pulsão de morte'" (ASSOUN, Paul-Laurent, *Introduction à l'épistémologie freudienne*, Paris: Payot, 1981, pp. 182-3).

35 Quem compreendeu claramente essa definição eminentemente negativa de natureza presente nas elaborações freudianas foi Theodor Adorno. Lembremos aqui, apenas para ficar em um exemplo, dessa definição adorniana de mimetismo (operador central de reconciliação entre sujeito e natureza). Ele seria uma: "tendência a perder-se no meio ambiente (*Umwelt*) em vez de desempenhar aí um papel ativo, a propensão a se deixar levar, a regredir à natureza. Freud denominou-a pulsão de morte (*Todestrieb*), Caillois *le mimetisme*" (ADORNO, Theodor e HORKHEIMER, Max, *Dialektik der Aufklärung*, Frankfurt: Fischer, 2006, pp. 240-1). Se a pulsão de morte indica, para Adorno, as coordenadas da reconciliação com a natureza, então devemos admitir várias consequências. Pois a pulsão de morte freudiana expõe a economia libidinal que leva o sujeito a vincular-se a uma natureza compreendida como espaço do inorgânico, figura maior da opacidade material aos processos de reflexão. Essa "tendência a perder-se no meio ambiente" da qual fala Adorno pensando na pulsão de morte é o resultado do reconhecimento de si no que é desprovido de inscrição simbólica (ver SAFATLE, Vladimir, "Mirrors Without Images: Mimesis and Recognition in Lacan and Adorno", *Radical Philosophy*, Londres, n. 139, 2006, pp. 9-19).

socialização e formação subjetiva, mas um dado inerte e irredutível que tem, por que não dizer as coisas às claras, um peso ontológico. Como se, no final das contas, *o único conceito ontológico em Freud fosse, exatamente, o de conflito*.

Essa é uma afirmação central. De fato, essa naturalização do conflito pressuposta por Freud implica, por exemplo, submissão das múltiplas formas do antagonismo social a um antagonismo de base em operação no próprio indivíduo biológico. Proposição paradoxal por parecer anular o fato de antagonismos e conflitos subjetivos serem resultado de processos de formação e socialização. No entanto, trata-se de afirmar que as configurações dos processos de socialização não *produzem* antagonismos, mas apenas os *formalizam* através de matrizes sociais de relações. Há uma diferença fundamental entre dizer que conflitos *ganham forma* através de matrizes sociais de relação e que o conflito *é instaurado* por elas. No segundo caso, temos, por exemplo, a tese de que o conflito é resultante da repressão externa e posterior internalização das exigências repressivas às moções pulsionais. Já no primeiro caso, a ideia central é que a repressão é apenas uma dentre as figuras possíveis de um conflito que, por sua vez, tem um peso ontológico. Dessa forma, podemos dizer que o conflito pode adquirir múltiplas figuras sociais. Por exemplo, o poder disruptivo da pulsão de morte pode aparecer como tendência à agressão e à destruição do outro (tendência que pode inverter-se em agressão internalizada contra si mesmo), mas pode aparecer também como sexualidade polimórfica e perversa, assim como pode, ainda, aparecer como a dimensão de indeterminação e impessoalidade que todo sujeito porta em si mesmo. Uma impessoalidade tão bem descrita por Gilles Deleuze, ao falar do poder disruptivo da pulsão de morte como

> um estado de diferenças livres que não são mais submetidas à forma que lhes era dada por um Eu, que se desenvolve em uma figura que exclui *minha* própria coerência ao mesmo tempo que a coerência de uma identidade qualquer. Há sempre um "morre-se" mais profundo do que um "eu morro".[36]

E se, em dado contexto histórico, a pulsão de morte aparece de forma privilegiada como agressividade contra o outro e

---

36 DELEUZE, Gilles, *Différence et répétition*, op. cit., p. 148.

contra si mesmo, então devemos nos perguntar sobre quais condições sociais geram tal privilégio[37].

No entanto, fundar uma clínica, com seus protocolos de cura, a partir de tal pressuposição a respeito da naturalização do conflito não é algo desprovido de dificuldades. Isso talvez nos explique, entre outras coisas, a posição sintomática da pulsão de morte no interior da clínica freudiana. De fato, o lugar da pulsão de morte na clínica freudiana é complexo e difícil de ser equacionado. Lembremos apenas que, em um texto da fase final como *Análise finita e análise infinita*, Freud se pergunta se há limites para a ligação (*Bändigung*) das pulsões em representações – o que podemos entender como uma questão referente à possibilidade de dominar, principalmente, a compulsão de repetição própria à pulsão de morte. A resposta é programática: é a correção *a posteriori* do processo de recalcamento originário que pode colocar um fim à força efetiva do fator quantitativo da pulsão. Mas Freud é o primeiro a reconhecer a infinitude da força pulsional ao sublinhar o caráter inesgotável de seu domínio: "Pode-se duvidar que os dragões do tempo originário estejam verdadeiramente mortos até o último."[38] Como se a simbolização analítica não pudesse dissolver essa forçagem repetitiva da pulsão de morte.

No entanto, a negatividade da pulsão de morte não será incorporada pela clínica freudiana como motor dos processos de cura. A compulsão de repetição aparecerá como *limite* à clínica e aos mecanismos de rememoração, verbalização e simbolização reflexiva próprios aos modos freudianos de subjetivação. Freud só pode pensar a manifestação da negatividade da pulsão de morte no interior da clínica sob a forma da reação terapêutica negativa, da destruição do outro na transferência e de outras expressões de fantasmas masoquistas ou sádicos *que devem ser liquidados a fim de levar o sujeito ao final da análise*. Ou seja, o programa freudiano de "ligar (*bändigen*) a compulsão de repetição e de transformá-la em um motivo para rememorar (*Motiv fürs Erinnern*)"[39] graças à liquidação de uma repetição normalmente confundida com a transferência continuará válido até o final,

---

37 É dessa forma que compreendemos as elaborações fundamentais de FREUD, Sigmund, "Warum krieg?" In: *Gesammelte Werke*, op. cit., vol. XVI, pp. 13-27.
38 FREUD, Sigmund, *Gesammelte Werke*, op. cit., vol. XVI, p. 73.
39 Idem, vol. X, p. 134.

mesmo que Freud encontre limites para a sua eficácia. Haveria uma saída no interior do texto freudiano através da articulação entre potência de des-individualização da pulsão de morte e compreensão da fantasia como processo de rememoração (como gostaria de mostrar no capítulo VI). Mas isso obrigaria uma reflexão sobre as relações entre pulsão e fantasia que não está explicitamente posta por Freud.

Lacan e a clínica da pulsão de morte

Dado esse impasse, a saída mais usual da posteridade psicanalítica consistiu em abandonar tal amálgama feito por Freud ao introduzir o conceito de pulsão de morte. Normalmente, insistiu-se que a pulsão de morte referia-se a um fato social vinculado ao impulso de destruição em sociedades que socializam os sujeitos através de processos repressivos de culpabilização (Marcuse é um bom exemplo aqui) ou que estávamos simplesmente diante de um entulho metafísico desprovido de função clínica, até porque não haveria necessidade alguma de a clínica apelar para forças abstratas postuladas na antecâmara dos fenômenos que ela trata. Os fenômenos que a pulsão de morte visa explicar já seriam resolvidos através de conceitos como "compulsão de repetição" e "desamparo"[40].

Nesse sentido, uma das grandes peculiaridades de Jacques Lacan consistiu em tentar reorientar a clínica analítica através da defesa da centralidade da pulsão de morte como perspectiva de inteligibilidade da clínica. De fato, o reconhecimento de tal centralidade será visto como o motor do progresso analítico e da direção do tratamento. Pois o verdadeiro problema clínico para Lacan não consistirá em limitar o impulso de destruição da pulsão de morte a fim de permitir à vida operar processos cada vez mais amplos de unificação. Ao contrário, trata-se de produzir inicialmente uma ruptura dessa unidade almejada por Eros, unidade que, para Lacan, era fundamentalmente narcísica e imaginária, pois vinculada à projeção e à introjeção da imagem do Eu. Dessa forma, Lacan teve o mérito de compreender a pulsão de morte

---

40 Ver, a esse respeito, GEYSKENS, Tomas e VAN HAUTE, Phillipe, *From Death Instinct to Attachment Theory*, Nova York: Other Press, 2007.

para além da repetição compulsiva do instinto de destruição, o que abriu a possibilidade de estruturarmos uma nova via de reflexão sobre as figuras do negativo na clínica.

Nesse esforço, Lacan procurou, inicialmente, tecer aproximações entre o poder disruptivo da pulsão de morte e um conceito de "negatividade" herdado tanto das reflexões francesas sobre a *Begierde* hegeliana, primeiro modo de manifestação da individualidade da subjetividade, quanto dos vários momentos de confrontação com a experiência da morte que permeiam a *Fenomenologia do espírito*. No entanto, empréstimos filosóficos sempre têm uma peculiaridade: eles devem ser os únicos nos quais aquele que pega emprestado leva mais do que percebe. Assim, temos o direito de perguntar se Lacan não acabou por trazer, para o coração da teoria pulsional psicanalítica, um conceito de negação que, em Hegel, como vimos antes, tem um estatuto claramente ontológico, já que vinculado ao modo de manifestação do que se determina como essência. Tal conceito teria servido para dar conta do que já se manifestava quando Freud procurava "naturalizar" a pulsão de morte, mas agora Lacan poderá transformar tal processo em conceito norteador da inteligibilidade da conduta de todo e qualquer sujeito.

Antes de avançarmos nesse ponto, lembremos como, de fato, o encaminhamento lacaniano a respeito da teoria psicanalítica das pulsões só é inteligível como desdobramento de suas reflexões iniciais acerca do estatuto do desejo na clínica analítica, desse desejo que, como vimos com Hegel, instaura o conflito como solo ontológico. Podemos mesmo dizer que o problema do estatuto da pulsão ganha centralidade na experiência intelectual lacaniana a partir do momento em que ele se vê obrigado a rever certas questões deixadas em aberto por sua teoria do desejo.

A esse respeito, sempre vale a pena lembrar que a característica principal do desejo, em Lacan, é ser desprovido de todo procedimento natural de objetificação. Ele é fundamentalmente sem objeto. Um estranho desejo incapaz de se satisfazer com objetos empíricos e arrancado de toda possibilidade imediata de realização fenomenal.

Essa pura transcendência negativa, vinculada à função intencional de um desejo que insiste para além de toda relação de objeto, coloca-se como algo absolutamente incontornável para Lacan em seus primeiros escritos e seminários. A razão vem do fato de Lacan ter desenvolvido uma teoria da constituição dos objetos apoiada sobretudo em considerações sobre a centralidade do narcisismo. Trata-se do resultado do reconhecimento simultâneo do caráter constitutivo do Eu na ligação do diverso da intuição sensível em representações de objeto e da *gênese empírica* da função do Eu a partir de uma lógica de identificações narcísicas.

Dessa forma, nesse momento do pensamento lacaniano, tanto os objetos quanto os outros indivíduos empíricos são sempre projeções narcísicas do Eu. Lacan chega a falar do *caráter egomórfico* dos objetos do *mundo empírico*. De onde se segue um *narcisismo fundamental* guiando todas as relações de objeto, assim como a necessidade de atravessar esse regime narcísico de relação através de uma crítica ao primado do objeto na determinação do desejo.

O motivo da crítica ao primado do objeto aparecerá em Lacan principalmente através da crítica às relações reduzidas à dimensão do Imaginário, já que o Imaginário lacaniano designa, na sua maior parte, a esfera das relações que compõem a lógica do narcisismo com suas projeções e introjeções[41]. *Grosso modo*, podemos dizer que, para Lacan, o Imaginário é um gênero de *esquema de categorização espaçotemporal* que funcionaria através da subsunção do diverso da intuição sensível à imagem (nesse sentido, Lacan está muito próximo da teoria da imagem e do esquematismo presente em *Kant e o problema da metafísica*, de Heidegger). Essa imagem, no entanto, unifica o diverso a partir de um princípio de ligação e de identidade derivado do próprio Eu como unidade sintética e autoidêntica. É, por sua vez, o verdadeiro nome do que está em jogo na representação, isso ao menos segundo Lacan. De onde se segue essa articulação lacaniana cerrada entre Imaginário, narcisismo e *representação*[42].

Aqui, faz-se necessário salientar um ponto importante: é dessa forma que o *objeto empírico* aparece necessariamente como *objeto submetido à engenharia do Imaginário*. A possibilidade de fixação libidinal a um objeto empírico não narcísico ainda não é pos-

---

41 "Nós consideramos o narcisismo como a relação imaginária central para a relação inter-humana" (LACAN, Jacques, *Séminaire III*, Paris: Seuil, 1981, p. 107).
42 Para uma descrição mais detalhada dessa função do Imaginário e dos usos lacanianos do conceito de narcisismo, tomo a liberdade de remeter a SAFATLE, Vladimir, *A paixão do negativo: Lacan e a dialética*, op. cit., 2006.

ta. Assim, a fim de livrar o sujeito da fascinação por objetos que são, no fundo, produções narcísicas, restava à psicanálise "purificar o desejo" de todo e qualquer conteúdo empírico. Subjetivar o desejo no seu ponto brutal de esvaziamento. Pois a ligação do desejo em representações de objeto implica alienação de um ser pensado como transcendência. De onde se segue necessariamente a definição, em um indefectível acento sartriano, da negatividade do desejo como *manque d'être*: "O desejo é uma relação do ser à falta. Essa falta é falta de ser (*manque d'être*) propriamente dita. Ela não é falta disto ou daquilo, mas falta de ser através da qual o ser existe."[43] Levar o sujeito a reconhecer o ser como falta-a-ser (como Lacan adotará posteriormente a fim de se diferenciar de Sartre) seria a estratégia maior da prática analítica.

Esse é o esquema que anima as primeiras elaborações lacanianas a respeito da teoria pulsional. Já em seus primeiros seminários, Lacan tende a compreender a unidade produzida pela pulsão de vida como submissão do outro à lógica do narcisismo, definindo a ligação da energia psíquica como "captura pela forma, apreensão pelo jogo, absorção na miragem da vida"[44]. Pois há uma potência unificadora do Imaginário que consistiria em vincular o sujeito a um outro que é essencialmente imagem do Eu. Como se as unidades cada vez maiores das quais fala Freud fossem construídas através da ligação do diverso das representações e dos afetos à *imagem* do mesmo. A força desintegradora da pulsão de morte estaria, assim, desde o início, direcionada contra a coerência imaginária do Eu e suas relações imaginárias de objeto. Em vários momentos, essa força desintegradora da pulsão será apresentada como o que leva o sujeito para além de um prazer vinculado à submissão da energia libidinal a um princípio de homeostase garantido pela: "transferência de quantidade de *Vorstellung* em *Vorstellung*"[45], ou seja, submissão da energia libidinal à forma das representações. Isso talvez nos explique por que a emergência do que é da ordem da pulsão aparece constantemente em Lacan envolto na temática de um gozo que flerta com o informe; gozo para além do princípio do prazer que é, no fundo, gozo para além do princípio de submissão a representações. Um uso constante

---

43 LACAN, Jacques, *Séminaire II*, op. cit., p. 261.
44 Idem, p. 110.
45 Idem, *Séminaire VII*, op. cit., p. 72.

de motivos e exemplos vindos de Bataille se impõe, nesse ponto, para Lacan.

Bataille também coloca, como imperativo, um programa em larga medida próximo ao de Lacan: "Supressão do sujeito e do objeto", dirá ele, "único meio de não terminar na possessão do objeto pelo sujeito, ou seja, de evitar a corrida absurda do *ipse* querendo transformar-se no todo."[46] O motor de tal supressão aparece também a partir de certa temática vinculada à experiência da morte como saída do primado da antropologia: "Quem não 'morre' por ser apenas um homem será sempre apenas um homem."[47] No entanto, essa filiação possível entre Bataille e Lacan parece trazer vários problemas. Pois ela poderia indicar que, ao transformar a pulsão de morte em conceito central para o progresso analítico, Lacan estaria se deixando seduzir por uma espécie de *implementação clínica de expectativas estetizantes de experiências-limites pensadas através das temáticas da informidade e da heterologia*[48].

De fato, esse risco esteve sempre presente, mas ele não dá conta do que estava realmente em jogo na experiência intelectual lacaniana. Nesse sentido, lembremos como, inicialmente, a pulsão de morte serve a Lacan para organizar algumas distinções entre as dimensões do Imaginário e do Simbólico pensado em chave estruturalista, ou seja, como estrutura de significantes puros que organizam as diferenças linguístico-sociais. Por outro lado, Lacan nunca chegou a ponto de defender alguma forma de desagregação dos procedimentos de síntese ou de supressão do sujeito, mas apenas de crítica de sua entificação na figura autoidêntica do Eu.

Reflitamos, por exemplo, sobre aquela que é, simplesmente, a primeira frase dos *Escritos*: "Nossa pesquisa nos levou a permitir reconhecer que o automatismo de repetição (*Widerholungzwang*) encontra seu princípio no que chamamos de *insistência* da cadeia

---

46 BATAILLE, George, *L'expérience intérieur*, Paris: Gallimard, 1998, p. 67.
47 Idem, p. 47.
48 Experiências que obrigariam Lacan a aceitar colocações como essas de Derrida sobre como Bataille nos mostraria que "O ponto cego do hegelianismo, em torno do qual pode se organizar a representação do sentido, é o ponto no qual a destruição, a supressão, a morte, o sacrifício constituem uma despesa tão irreversível, uma negatividade tão radical – devemos dizer aqui *sem reserva* – que não podemos sequer determiná-la como negatividade em um processo ou em um sistema: o ponto onde não há mais nem processo nem sistema" (DERRIDA, Jacques, *L'écriture et la différence*, Paris: Seuil, 1967, p. 380).

significante."⁴⁹ Ou seja, Lacan está dizendo que essa compulsão de repetição que não se encaixa em nenhuma lógica que vise explicar a conduta do aparelho psíquico apenas através da maximização de prazer e da fuga do desprazer é, na verdade, manifestação do modo de funcionamento da estrutura simbólica que determina os sujeitos. Algo muito distante do que Freud tinha em vista ao tentar tematizar a compulsão em repetir situações traumáticas e desprazeirosas própria a certos neuróticos ou a tentativa de dominar processos de perda a partir de uma repetição simbolizadora (como é o caso do famoso exemplo do *fort-da*).

O que Lacan quer, ao aproximar cadeia significante e automatismo de repetição, é, por um lado, lembrar que a energia livre própria à força de des-ligamento da pulsão de morte produz os processos primários de condensação, deslocamento e figuração que fornecem a base da dinâmica dos significantes. Daí a possibilidade da aproximação. É assim que ele compreende o que Freud chama de caráter de rede (*Netz*) e fluidez (*Flüssigkeit*) da pulsão. Proposição que é tão ousada quanto frágil, já que a articulação da cadeia significante desconhece a disseminação própria do que se caracteriza como energia livre. Ao contrário, a cadeia significante tem um poder ordenador e articulador próprio a toda construção simbólica. Ou seja, seu trabalho é um trabalho de ligação estranho ao que é da ordem da pulsão de morte.

Mas há ainda outro aspecto da aproximação. Ao articular pulsão de morte e significante, Lacan parece indicar que não há algo como a particularidade da pulsão e do impulso que se contraporia ao universo sociolinguístico partilhado intersubjetivamente. Ao contrário, a pulsão já está, de certa forma, vinculada de maneira constitutiva ao que permite aos sujeitos se socializarem através do acesso à linguagem⁵⁰. Em última instância, ela não é reprimida devido aos processos de socialização de sujeitos. Ela é a mola mestra do que leva os sujeitos a usar a linguagem; à condição, é claro, de darmos realidade a um regime bastante

---

49 LACAN, Jacques, *Ecrits*, op. cit., p. 11.
50 Há um paralelo instrutivo, neste ponto, com o conceito hegeliano de *Trieb*. Pois, para Hegel, o impulso procede da oposição suprimida entre subjetivo e objetivo, o que significa, entre outras coisas, que sua satisfação não é mais marcada exclusivamente pela particularidade do objeto (como seria o caso do desejo), mas se revela como portando "algo de universal". Ou seja, o impulso implica tentativa de reconciliação com o objeto através da realização dessa intuição da falta no objeto.

peculiar de linguagem. Pois essa linguagem que Lacan tem em mente é absolutamente antirrealista por não ser composta por signos, mas apenas por puros significantes, ou seja, por termos que não têm força denotativa alguma, que não denotam objeto algum. Uma anulação da faticidade da referência que é descrita por Lacan nos seguintes termos: "Os significantes só manifestam inicialmente a presença da diferença como tal e nada mais. A primeira coisa que implicam é que a relação do signo à coisa seja apagada."[51]

Dessa forma, Lacan pode dizer que "nós encontramos aí o esquema do símbolo como morte da coisa"[52]. Como se o impulso de negação próprio à pulsão de morte estivesse em operação, ou ainda, se satisfizesse sempre que o significante se mostrasse como anulação da coisa *enquanto objeto reificado constituído pela lógica do Imaginário*. Pois, em sua essência, o significante não seria um dispositivo de denotação, mas apenas um dispositivo que marca a inadequação radical entre as palavras e as coisas, inadequação entre uma cadeia significante que se articula tal qual fluxo de energia livre e coisas pensadas como o que se submete a unidades imaginárias. Lacan procura, pois, encaixar sua compreensão da centralidade da pulsão de morte no interior de uma *lógica da inadequação* como saldo dos processos de socialização através de uma linguagem constituída por significantes. Por outro lado, ele vincula o significante não a um problema de denotação de objetos, mas de satisfação da pulsão. Como se os usos da linguagem estivessem todos subordinados a interesses práticos de satisfação.

Como vemos, essa estratégia lacaniana era ambivalente e difícil de ser sustentada da forma como foi a princípio construída. De um lado, a cadeia significante é solidária de um trabalho de ligação e de ordenação do mundo dos objetos estranho ao que é da ordem da pulsão de morte. Maneira lacaniana de insistir que a pulsão de morte não é puro impulso de destruição transgressora em direção à informidade ou a um gozo mortífero, mas é o que procura dar conta da inteligibilidade de processos de socialização; ao menos se pensarmos naquilo que os processos de socialização *em operação em nossas sociedades* teriam de não repressivos. De outro, a cadeia significante descreve exatamente o fluxo livre de

---

51 LACAN, Jacques, *Séminaire IX*, sessão de 6/12/61.
52 Idem, *Séminaire IV*, Paris: Seuil, 1994, p. 377.

energia que nega o que se deixa ligar sob a forma de objeto, sob a forma de representação.

No entanto, podemos dizer que essa contradição é criativa. É claro que Lacan procura um regime de formalização capaz de dar conta de uma relação do sujeito a uma pulsão que não se deixa pensar através da linguagem da representação, linguagem que, no interior da cartografia lacaniana, está submetida à lógica do Imaginário. Mas, para tematizar de maneira adequada o que não se deixa formalizar a partir da representação, Lacan deve explicar como o sujeito pode estruturar relações com aquilo que não se articula a partir de princípios de ligação derivados do Eu como unidade sintética. O acento aqui vai para o imperativo de "estruturar relações" que não sejam tributárias de um retorno a alguma forma de intuição imediata.

Essa estratégia da reconfiguração da pulsão de morte na clínica só ficará mais clara se levarmos em consideração o problema do estatuto das negações na práxis lacaniana. Lembremos, por exemplo, que os modos de relação do sujeito à pulsão propostos por Lacan não passam por aquilo que Freud definia como ligação da pulsão em representações de objeto, mesmo que Lacan insista na necessidade de pensarmos o que pode ser o "objeto" da pulsão. Pois a própria noção de objeto, nesse contexto, perde seu caráter do que se constitui a partir de princípios de ligação fornecidos pelo Eu como unidade sintética. O objeto da pulsão é objeto apenas no sentido do que obstaculiza, do que oferece resistência aos processos de determinação próprios à consciência.

Essa questão nos leva a uma outra, vinculada diretamente à direção do tratamento. Lacan insiste a todo momento que as subjetivações na clínica não podem organizar-se a partir da perspectiva de alargamento do horizonte reflexivo de compreensão da consciência ou de reconstituição das capacidades sintéticas do Eu. No entanto, a limitação dos processos reflexivos não pode significar impossibilidade completa de autoposição do sujeito ou mesmo bloqueio insuperável das capacidades subjetivas de síntese da experiência; isso por mais que lacanianos insistam no final de análise como advento da irreflexividade de um gozo mudo, monológico, ou ainda como advento de uma destituição subjetiva que resultaria no abandono de toda forma de aspiração sintética do pensamento.

Uma via possível para a compreensão do que Lacan tem em mente passa pela teoria lacaniana das negações. Pois Lacan sabe que a especificidade de seus modos de subjetivação se funda no reconhecimento do caráter eminentemente negativo dos "objetos" aos quais a pulsão se vincula e *nos quais o sujeito deve se reconhecer*. Isso demonstra como a clínica lacaniana demanda um modo de negação que não é simples indicação de um não ser, de uma privação (*nihil privativum*), do vazio como o puro ausente de determinações, de uma denegação ou modo de expulsão para fora de si do que vai contra o princípio do prazer. Ela precisa de um modo de negação que é modo de presença do que resta fora da simbolização reflexiva com seus protocolos de identificação, sem que isso implique necessariamente alguma forma de retorno ao inefável. É bem possível que essa tenha sido a verdadeira contribuição das importações lacanianas massivas em relação à filosofia hegeliana. Pois, para Lacan, que sempre vinculou a cura analítica às possibilidades de auto-objetivação do sujeito para além de sua objetificação no Imaginário, *só há cura lá onde o sujeito se reconhece em uma negação pensada como modo de presença do que se oferece como determinação essencial de objetos não mais constituídos como imagens narcísicas do Eu*. Há algo de profundamente hegeliano nessa estratégia. No caso lacaniano, esse ponto talvez fique mais claro se mostrarmos que há uma negação que pode *revelar a estrutura dos objetos* capazes de satisfazer a pulsão, e não apenas aparecer como modo de destruição de objetos.

Angústia como modo de manifestação do objeto

Há várias formas de abordarmos o problema da reflexão lacaniana sobre a negatividade constitutiva do objeto da pulsão. Noção aparentemente paradoxal, já que, à primeira vista, não é evidente dizer que há modos de negação que revelam a estrutura de objetos de satisfação. Mas podemos abordar tal questão através da maneira lacaniana de configurar o sentido de um fenômeno, central para a clínica analítica, como a angústia. Maneira em larga medida distinta daquela que encontramos em Freud.

De fato, Freud apresenta uma articulação importante entre angústia e vida pulsional, já que a angústia neurótica aparece claramente vinculada à emergência de reivindicações pulsionais. Tal articulação será preservada por Lacan.

Já em 1895, ao criar a nosografia de "neurose de angústia", Freud identifica sua causa ao impedimento em elaborar psiquicamente (ou seja, em ligar) a acumulação de excitação endógena de ordem sexual. Mais tarde, algo dessa perspectiva continuará através da afirmação de que, na angústia neurótica, tem-se medo da própria libido, já que a reivindicação pulsional é vivenciada como perigo interno. Esse esquema servirá de base para a definição da angústia como afeto vinculado à posição de um *quantum* de energia libidinal inutilizável, ou seja, não ligado em representações de objetos. Isso é o que permite a Freud vincular a angústia ao perigo derivado da perda de vínculo entre a pulsão e tudo aquilo que aparece como objeto determinado, uma relação de sustentação da pulsão lá onde o objeto falta e que faz o sujeito confrontar-se com o que Freud chama de "desamparo".

Tal manifestação de uma energia libidinal livre é o que está no cerne da definição canônica que vincula a angústia a um fator traumático que não pode ser liquidado segundo as normas do princípio do prazer. Até porque "é apenas a grandeza da soma de excitação (*Grösse der Erregungssumme*) que faz, de uma impressão, um fator traumático que paralisa a ação do princípio de prazer e que dá à situação de perigo seu sentido"[53].

Lacan começa seguindo essa via freudiana que vincula a angústia a situações de perda do objeto e de aumento de uma energia libidinal não ligada. Assim, ele afirmará:

> Quando, por razões de resistência, de defesa e de outros mecanismos de anulação do objeto, o objeto desaparece, continua aquilo que pode restar, ou seja, a *Erwartung*, a direção ao seu lugar, lugar no qual ele está ausente, no qual ele não pode ser mais do que um *umbestimmte Objekt*, ou ainda, segundo Freud, do que um objeto com o qual sustentamos uma relação de *Löslichkeit* [(solubilidade) *termo que, para este livro, não poderia ser indiferente*]. Quando nos encontramos nesse ponto, a angústia é o último modo, modo radical através do qual o sujeito continua sustentando sua relação ao desejo.[54]

---

53 FREUD, Sigmund, *Gesammelte Werke*, op. cit., vol. XV, p. 100.
54 LACAN, Jacques, *Séminaire VIII*, Paris, Seuil, 2001, p. 429.

Mas o momento realmente original da elaboração lacaniana sobre a angústia ocorrerá mais à frente. Ele está ligado à procura lacaniana em vincular-se a uma longa tradição filosófica que encontramos claramente, por exemplo, em Hegel, e que determina as experiências de angústia como dispositivo fundamental de processos de formação subjetiva. Pois a angústia indica o momento de confrontação do sujeito com aquilo que não se articula a partir de princípios de ligação derivados do Eu como unidade sintética. Nesse sentido, ela é peça central para o progresso analítico por livrar o sujeito das ilusões narcísicas do Eu, da mesma forma como é central, na perspectiva lacaniana, a experiência da pulsão de morte.

No caso de Lacan, tal dimensão formadora da angústia (que não exclui, é claro, uma dimensão bloqueadora da angústia) é tematizada quando o psicanalista insistir, contrariamente tanto a suas próprias elaborações anteriores quanto a Freud, que a "angústia não é sem objeto". Na verdade, a angústia será modo de manifestação de objetos não mais submetidos às estruturas de categorização espaçotemporal próprias ao Imaginário. Daí por que ele insistirá, durante todo seu *Seminário* dedicado à angústia, na necessidade de reconstituir a estética transcendental que convém à experiência analítica, já que:

> Há momentos de aparição do objeto que nos jogam em uma outra dimensão distinta daquela que nos é dada na experiência. Trata-se da dimensão do estranho. Tal dimensão não poderia, de forma alguma, ser apreendida como deixando diante dela o sujeito transparente a seu próprio conhecimento. Diante desse novo, o sujeito literalmente vacila, e tudo o que diz respeito à relação primordial do sujeito aos efeitos de conhecimento é posto em questão.[55]

Essa dimensão do estranho, a respeito da qual fala Lacan, é aquilo que Freud tematizou através da noção de *Unheimlichkeit*[56]. De fato, Freud tinha em mente fenômenos angustiantes nos quais situações e objetos familiares apareciam, de maneira inesperada,

---

55 LACAN, Jacques, *Séminaire X*, Paris: Seuil, 2004, pp. 73-4.
56 Cf. FREUD, Sigmund, "Das Unheimliche". In: *Gesammelte Werke*, op. cit., vol. XII, pp. 227-68.

fora de seus protocolos naturais de identidade e identificação. Por exemplo, se a imagem de si no espelho aparece, de repente, não mais como imagem *de si*, mas como imagem de algo que parece ter certa autonomia em relação ao si mesmo, como se fosse a imagem de um duplo, então estaríamos diante de um fenômeno de *Unheimlichkeit*. Normalmente, situações nas quais a distinção entre sujeito e objeto é posta em questão, como se houvesse algo da ordem de um sujeito agente lá onde esperávamos encontrar apenas um objeto inerte (ou vice-versa), também produzirão *Unheimlichkeit*.

Lacan tende a transformar tais fenômenos em chave para a determinação do papel formador da angústia. Pois ele os compreende como modos de aparição de objetos que não se submetem mais a protocolos naturalizados de identidade, diferença e oposição, e, por isso, embaralham as distinções seguras entre sujeito e objeto, si mesmo e outro, identidade e diferença. Assim, ao afirmar que tais aparições fazem vacilar a relação do sujeito às estruturas do conhecimento, Lacan procura mostrar como a aparição de objetos que colocam em questão princípios gerais do entendimento, tais como os princípios de identidade e de diferenciação, leva o sujeito a uma fragilização das imagens ordenadas do mundo e de si mesmo. Mas tais objetos podem colocar em questão princípios gerais do entendimento porque se trata de objetos que trazem em si mesmos a negação de sua submissão à identidade.

Esse é um ponto central. Quando Lacan determina tais objetos como aquilo que satisfaz a pulsão (de morte), satisfação estranhamente marcada pela angústia, é porque a negatividade da pulsão de morte pode se satisfazer com o gozo de um objeto que traz em si mesmo sua própria negação, que é a destruição de si, torção de seus protocolos de identidade (protocolos que, para Lacan, são fundamentalmente vinculados à ordem do Imaginário).

No entanto, é fato que falar de um objeto que traz em si sua própria negação parece simplesmente uma maneira mais nebulosa de dizer que estamos diante de um "objeto vazio desprovido de conceito" (*nihil negativum*)[57], ou seja, nada mais do que um *objeto contraditório*. Talvez por isso Lacan precise insistir que tal objeto "escapa às leis da estética transcendental"[58]. Sendo assim, a

---

57 Cf. KANT, Immanuel, *Crítica da razão pura*, op. cit., A 292/B 348.
58 LACAN, Jacques, *Séminaire X*, op. cit., p. 51.

elaboração lacaniana a respeito da centralidade da pulsão de morte como dispositivo de direção do tratamento é dependente de uma noção de objeto que não reduza a figura da autonegação da identidade ao estatuto de um objeto vazio desprovido de conceito. Noção que determina a essencialidade do objeto como o que é marcado por uma negatividade cuja aparição é sempre fonte de angústia por implicar fragilização das imagens ordenadas do mundo e de si. Questão profundamente hegeliana, nos parece.

Isso nos explica por que há, em Lacan, uma dupla função da experiência da angústia. Se, por um lado, a angústia pode aparecer como causa para a produção de sintomas e inibições, também aparecerá como algo que poderíamos chamar de motor do processo de formação subjetiva. No primeiro caso, Lacan abandona a descrição freudiana da falta de um objeto para o desejo, a fim de afirmar que ocorre angústia quando há "falta da falta". Diz Lacan: "(...) há sempre certo vazio a preservar, que nada tem a ver com o conteúdo, positivo ou negativo, da demanda. É de seu preenchimento total que surge a perturbação na qual se manifesta a angústia"[59]. Sendo o desejo caracterizado como desprovido de objeto que lhe seja originário, a angústia só poderá vir de certa impossibilidade de a falta ser assumida não apenas como condição, mas também como saldo necessário das operações do desejo.

Como exemplo, Lacan chega a falar de uma relação entre mãe e bebê na qual "não há possibilidade de falta"[60]. Proposição aparentemente paradoxal, pois, por mais que a mãe esteja imediatamente presente quando o bebê manifesta alguma necessidade, ela nunca poderá impedir que ele sinta a manifestação de certa carência, que ele vivencie um tempo vazio entre a manifestação da carência e sua satisfação. No entanto, é bem provável que Lacan tenha em vista outro tipo de fenômeno. Em relação ao bebê, a mãe tem posição privilegiada por aparecer como primeiro Outro que fornece um princípio de organização às exigências de satisfação (um tempo até a experiência de satisfação, um modo de acolhimento da demanda, um regime de presença, se quisermos, certa "estética transcendental" do desejo, mas gerada no interior de um processo empírico – ideia que, por sinal, era de fato defendida por Lacan). Dizer que tal princípio de organização im-

---

59 Idem, p. 80.
60 Idem, p. 67.

pede a falta significa, na verdade, dizer que é impossível reconhecer alguma demanda que não se conforme à ordem posta pelo princípio, que não passe pelo seu modo de gozo[61] ou, se quisermos, que não é possível constituir um objeto não conforme às regras do ordenamento simbólico presente através das ações dos membros do núcleo familiar. Essa angústia aparece como impossibilidade de tomar distância em relação a formas institucionalizadas de acolhimento de demandas.

Nesse sentido, Lacan pode agir como quem diz que o tratamento da angústia passa, necessariamente, pelo reconhecimento do seu conteúdo de verdade. Daí sua insistência de que a angústia funciona como um "corte" que nos permite assumir um modo de desarticulação de objetos imaginários. Como vemos, vincular a angústia a processos de formação não implica aceitar a ideia, denunciada por Deleuze a respeito do que ele entendia por dialética, de que processos de emancipação deveriam necessariamente confundir-se com defesas: "do valor do sofrimento e da tristeza, valorização das 'paixões tristes' como princípio prático que se manifesta na cisão, no dilaceramento"[62]. Trata-se de pensar as condições para o redimensionamento do campo da experiência. Ou, se quisermos ser mais precisos, trata-se de assumir uma noção de saúde perfeitamente definida por Georges Canguilhem ao afirmar:

> Porque a saúde não é uma constante de satisfação, mas o *a priori* do poder de dominar situações perigosas, esse poder é usado para dominar perigos sucessivos [*não esqueçamos que Freud vinculava a angústia à noção de correr perigo*]. A saúde após a cura não é a saúde anterior. A consciência lúcida de o fato de curar não ser retornar ajuda o paciente em sua busca de um estado de menor renúncia possível, liberando-o da fixação ao estado anterior.[63]

---

61 Esse é um ponto importante que será desenvolvido através da teoria lacaniana do supereu. Trata-se de dizer que a conformação aos modos de funcionamento do social passa, principalmente, pela aceitação dos regimes de gozo (e de suas transgressões possíveis) socialmente avalizados. Daí por que Lacan pode falar: "Gozar às ordens, eis algo que qualquer um percebe que, se há uma fonte, uma origem da angústia, ela deve se encontrar em algum lugar por aqui" (idem, p. 96). Para o problema da noção lacaniana de supereu, ver SAFATLE, Vladimir, "Para uma crítica da economia libidinal". In: *Cinismo e falência da crítica*, op. cit.
62 DELEUZE, Gilles, *Nietzsche et la philosophie*, op. cit., p. 224.
63 CANGUILHEM, Georges, *Escritos sobre a medicina*, op. cit., p. 70.

Parafraseando Hegel, a verdadeira saúde não se atemoriza ante a angústia e se conserva intacta da devastação, mas a verdadeira saúde suporta a angústia, convertendo o negativo em ser. Há de se perguntar por que nossas formas hegemônicas de vida são pouco capazes de formar sujeitos que saibam produzir tais conversões.

A gramática hegeliana da negação lacaniana

Vimos como a clínica lacaniana, ao privilegiar o conceito de pulsão de morte, exigia uma teoria específica das negações. Vemos agora que tal teoria pede uma figura da negação capaz de determinar objetos que não se ajustam à positividade da imagem ou da formalização a partir de representações.

Conhecemos alguns capítulos da relação conflituosa entre Lacan e Hegel. Relação feita de desencontros e incompreensões, como só poderia ser prenhe de desencontros e incompreensões uma relação com um "Hegel errado, mas vivo", para usar uma fórmula feliz de Paulo Arantes. No entanto, para além dela, devemos estar atentos à gramática hegeliana da negação lacaniana, o que não implica necessariamente alinhamento incondicional às consequências do sistema hegeliano. Nesse sentido, poderíamos dizer que alguns dos pontos centrais do projeto de Lacan consistiriam em: a) transformar a teoria das pulsões em *teoria da pulsão*; b) transformar a negação própria à pulsão de morte em negação ontológica, negação como modo de manifestação da essência; c) mostrar como essa negação pode determinar objetos cuja manifestação se dá sob o afeto da angústia. Esses objetos determinados por negações colocam-se como descentrados por trazerem em si mesmos a negação de sua submissão à identidade.

De fato, haveria várias formas de abordar uma possível partilha entre Lacan e Hegel no que diz respeito a um conceito de negação próximo àquele presente na pulsão de morte lacaniana. Mas vale a pena lembrar aqui dessa figura fenomenológica central da negação em Hegel que já encontramos no primeiro capítulo, ou seja, a morte. Primeiro, quando Hegel fala em "morte", ele pensa na manifestação fenomenológica própria à indeterminação fenomenal do que nunca é apenas um simples ente. Ou seja, a morte indica uma experiência do que não se submete aos contornos autoidênticos do pensar representativo, a morte como aquilo que não se submete à determinação do Eu. Para Hegel, há uma experiência de confrontação com o indeterminado, com um ponto no qual o pensar do puro Eu não consegue projetar sua própria imagem, que equivale à morte. Uma morte que, como vimos, não é destruição simples da consciência, não é um simples despedaçar-se (*zugrunde gehen*), mas é modo de ir ao fundamento (*zu Grund gehen*). Movimento de ir ao fundamento desprovido de conteúdo que, tal como na pulsão de morte lacaniana, impulsiona a determinação de objetos nos quais a consciência reconhece a sua própria negatividade. Daí por que Hegel dirá, na *Ciência da lógica*, que a essência, enquanto se determina como fundamento, determina-se como o não determinado, e é apenas a superação de seu ser determinado que é seu determinar. A respeito dessa articulação entre negatividade da morte e experiência do fundamento, lembremos de um momento central da *Fenomenologia do espírito* acerca do qual Lacan era extremamente sensível, momento em que, no interior da Dialética do Senhor e do Escravo, a consciência tem a experiência da angústia:

> Essa consciência sentiu a angústia, não por isso ou aquilo, não por esse ou aquele instante, mas sim através de sua essência toda, pois sentiu o medo da morte, do senhor absoluto. Aí se dissolveu interiormente, em si mesma tremeu em sua totalidade, e tudo o que havia de fixo, nela vacilou. Entretanto, esse movimento universal puro, o fluidificar-se absoluto de todo subsistir é a essência simples da consciência-de-si, a negatividade absoluta, o puro ser-para-si que assim é nessa consciência.[64]

Impossível não ler esse trecho sem colocá-lo em confrontação com um comentário de Hegel a respeito de sua própria experiência pessoal. Ela está descrita em uma conhecida carta a Windischmann, de 27/8/1810:

> Conheço por experiência própria esse estado de alma, ou talvez, da razão, quando ela uma vez penetrou com interesse e pressentimento em um caos de fenômenos e quando ela, interiormente certa de seus alvos, ainda não atravessou esse caos, ainda não al-

---

64 HEGEL, G.W. F., *Fenomenologia do espírito*, op. cit., § 194.

cançou uma visão clara e detalhada do todo. Sofri dessa hipocondria durante alguns anos até perder as forças, todo homem conheceu tal ponto de contração de sua essência, obrigando-se a atravessar um estreito para confirmar a vida cotidiana ordinária e, se ele for incapaz de ser por ela preenchido, assegurar-se em uma existência interior mais nobre.[65]

Essa confrontação nos permite perguntar até que ponto não estamos, nesses trechos da *Fenomenologia*, diante de descrições de processos que se confundem com certa experiência patológica de sofrimento. Nesse sentido, talvez fosse o caso de perguntar em que essa experiência da doença é condição para o advento da dialética. Não seria a dialética um modo de confrontação com esse "ponto de contração da essência"? Que uma forma de pensar seja dependente da maneira com que a experiência da dissolução e da fragilização das imagens de mundo é vivenciada, eis algo que não devemos descartar de imediato[66]. Lembremos ainda que o termo "angústia" tem um uso feliz na citação do *Fenomenologia* porque indica exatamente essa posição existencial na qual o sujeito parece estar diante de um desejo capaz de problematizar as determinações normativas da forma[67]. No entanto, se a consciência for capaz de compreender a angústia que ela sentiu ao ver a fragilização de seu mundo e de sua linguagem como primeira manifestação do Espírito, desse Espírito que só se manifesta destruindo toda determinidade fixa, então a consciência poderá compreender que esse "caminho do desespero" é, no fundo, internalização do negativo como determinação fundamental da essência, como vemos em uma afirmação como: "o temor do senhor é o início [mas apenas o início] da sabedoria". E é para esse ponto que Lacan, com suas reflexões sobre a pulsão, parece também querer nos levar.

---

65 HEGEL, G.W. F., *Correspondance*, Paris: Gallimard, 1962, vol. 1, p. 281.
66 Lembremos ainda como, no início do século XIX, a "hipocondria" indicava doença sem causa específica e vista como a contraparte masculina da histeria feminina. Desde Galeno, ela é caracterizada como angústia em relação ao funcionamento do próprio corpo. No caso de Hegel, ela é descrita de maneira mais ampla como perda no indeterminado e confrontação com o caos.
67 De fato, há um pressuposto comum entre Hegel e Lacan nesse ponto. Na verdade, todos os dois, de maneiras distintas porém em larga medida convergentes, associam a angústia a temáticas advindas de uma filosofia do infinito.

Capítulo V
UM IMPULSO PARA FORA DA LEI

> *Leis são como salsichas:*
> *melhor não ver como são feitas.*
> OTTO VON BISMARCK

> *O que é comum à metafísica e à filosofia transcendental*
> *é inicialmente esta alternativa que nos é imposta:*
> *ou um fundo indiferenciado, sem fundo, não ser informe,*
> *abismo sem diferenças e propriedades,*
> *ou um Ser soberanamente individualizado,*
> *uma Forma fortemente personalizada [ou Deus ou o Eu].*
> *Fora desta Forma e deste ser, vocês só terão o caos...*
> GILLES DELEUZE

Até aqui, foi questão de procurar desenvolver um conceito de individualidade e de sujeito a partir de articulações entre psicanálise e filosofia hegeliana. Uma estratégia silenciosa governou tais aproximações. Ela consistiu em, no fundo, assumir certas críticas direcionadas contra essas duas experiências intelectuais, mas apenas para poder ao final dizer que seus críticos estavam certos pelas razões erradas.

Sabemos, por exemplo, como o pensamento hegeliano será visto por muitos como profundamente dependente do quadro conceitual de uma filosofia da consciência que eleva a autorreflexão absoluta do sujeito à condição de fundamento para o estabelecimento da normatividade racional. Lembremos, por exemplo, de Habermas, para quem o Hegel de maturidade (exatamente esse que nos interessa aqui) teria se deixado encantar pelo "pressuposto de um absoluto que é concebido segundo o modelo da autorreferência de um sujeito cognoscente"[68]. Nossa estraté-

---

[68] HABERMAS, Jürgen, *O discurso filosófico da modernidade*, op. cit., p. 47.

gia consistiu em, de fato, assumir que a filosofia hegeliana opera vínculos substanciais entre "sujeito" e "fundamento". No entanto, com Hegel, devido às razões que foram discutidas no capítulo I, a fundamentação deixa de ser operação de clarificação do fundado para ser a posição de um processo que corrói toda positividade que determina o modo de disposição dos entes. Chegamos mesmo a falar de um caráter negativo do fundamento, já que, a partir da filosofia hegeliana, teríamos a figura de um fundamento não mais dependente da forma autoidêntica do Eu. Fundamento que nos leva à superação dos modos naturalizados de determinação por ser solidário da fragilização das imagens de mundo que orientam e constituem nosso campo estruturado de experiências. Nesse contexto, o sentido da expressão "autorreferência de um sujeito cognoscente" deve necessariamente ser revisto, pois ele não significa mais simplesmente algo como "processo de posição da autoidentidade do sujeito".

Por sua vez, a psicanálise também, em especial a lacaniana, foi muitas vezes acusada de ser uma prática dependente dos quadros normativos de uma filosofia da consciência. Dentre as inúmeras acusações dessa natureza, lembremos desta de Gilles Deleuze e Félix Guattari:

> O fato é que a psicanálise nos fala muito de inconsciente; mas é sempre para reduzi-lo, destruí-lo, conjurá-lo. O inconsciente é concebido como uma contraconsciência, um negativo, uma parasitagem da consciência. É o inimigo "Wo es war, soll Ich werden". Tentou-se traduzir: "Lá onde isso estava, eu como sujeito devo advir" [trata-se de uma interpretação fornecida por Lacan (*comentário meu*)] – isto não muda nada, inclusive o "*soll*", esse estranho "dever no sentido moral".[69]

Mas a análise da teoria lacaniana do sujeito a partir de um de seus fundamentos maiores, a saber, a teoria da pulsão, nos demonstra como esse negativo que a psicanálise traz não deveria ser visto simplesmente como uma contraconsciência, como uma diferença que se deixa ler como simples oposição ao modo de determinação próprio à consciência. Na verdade, ela permite uma articulação importante entre *sujeito* e *negação* que nos leva a

---

[69] DELEUZE, Gilles, *Deux regimes des fous*, Paris: Minuit, 2003, p. 72.

determinar estratégias precisas para não mais reduzir a categoria de sujeito a *locus* da identidade.

Nos dois casos, a construção de um conceito não substancial e não identitário de sujeito aparece como preâmbulo para a recompreensão da natureza de procedimentos de conceitualização, de operações sintéticas de constituição de objetos da experiência (como vimos nas discussões sobre a relação entre angústia e objeto) e de determinação do que entendemos por normatividade racional. Este último aspecto, no entanto, ainda não foi abordado. Tal é, na verdade, a função deste capítulo. Mas a discussão, agora, passa principalmente por alguns aspectos fundamentais da teoria do sujeito de Theodor Adorno, aspectos nos quais psicanálise e dialética se encontram. E elas se encontram na crítica à noção de normatividade racional tal como ela pode ser derivada da filosofia transcendental kantiana, em especial da reflexão kantiana sobre a razão em sua dimensão prática.

Trata-se, pois, de discutir a crítica adorniana à moralidade kantiana tendo em vista a defesa, feita pelo filósofo frankfurtiano, de uma ontogênese das capacidades judicativas do sujeito moral. Devemos, para isso, inicialmente reconstruir a maneira através da qual Adorno apoia-se na teoria freudiana das pulsões a fim de traçar tal ontogênese e suas consequências. O recurso a Freud é fundamental para Adorno constituir o horizonte regulador de sua crítica da razão, assim como as "bases materiais" de sua teoria do sujeito. O recurso a Adorno se justifica aqui por ele ser, certamente, o autor que mais sistematicamente explorou o potencial da psicanálise freudiana na crítica à noção de normatividade racional pressuposta pela filosofia moral kantiana.

Assim, o esclarecimento dessa articulação entre Adorno e Freud servirá para evidenciar uma das características maiores dessa proposta adorniana, que encontramos em *Dialética do esclarecimento*, de ler Kant junto com a estrutura perversa da moral libertina de Sade. Proposta feita a fim de expor mais claramente as consequências da maneira kantiana de constituir a esfera do sujeito moral. Pois é bem possível que Adorno procurasse, com tal aproximação, desenvolver uma "transformação da crítica da razão em análise de patologias sociais". No nosso contexto, entende-se por tal transformação o deslocamento através do qual uma perspectiva crítica que visa esclarecer as condições de possibilidade para a fundamentação da normatividade racional dá lugar à análise da natureza do sofrimento produzido por formas de racionalidade que objetivam, em última instância, orientar ações sociais que aspiram à validade e à universalização. Sofrimento advindo da impossibilidade em dar conta de exigências de reconhecimento dos sujeitos com suas aspirações de autorrealização. Assim, não se parte mais da determinação prévia da normatividade, mas da identificação inicial de uma situação patológica de sofrimento e limitação resultante de nossos ideais de racionalidade. No entanto, teremos que compreender qual impossibilidade de reconhecimento estaria implicada na formação do conceito kantiano de sujeito moral.

Notemos inicialmente como o uso do termo "patologia" nesse contexto perde um pouco do seu estranhamento se assumirmos um encaminhamento interpretativo que compreende a razão como *forma de vida*. Diremos então que uma forma racional de vida seria aquela organizada a partir de valores e critérios normativos institucionalizados capazes de permitir aos sujeitos a apreensão autorreflexiva do fundamento de práticas sociais não coercitivas que aspiram à universalidade. Podemos encontrar tal ideia de razão como forma de vida já em Hegel, com sua noção de *Geist*[70]. Mas uma forma de vida pode ser "patológica" quando ela produz um sofrimento social advindo da impossibilidade de dar conta de exigências de reconhecimento dos sujeitos em suas expectativas de autorrealização. Nesse sentido, é possível que a crítica adorniana esteja fundada na ideia de a estrutura conceitual que define nossas capacidades como sujeitos autônomos, produtores de deliberações racionais, talvez já ser "patológica". Como se houvesse algo de profundamente "disciplinar"[71] na figura do *vernünftig Mensch*. Modo de questionamento que não deixa de nos remeter à genealogia nietzschiana, que Adorno conhecia bem. Ou seja, talvez a verdadeira questão que Adorno procura colocar é: *a autonomia e o modelo de deliberação racional, tal como pensados na constituição kantiana do sujeito moral, não seriam figuras de uma patologia?*

---

70 Ver PINKARD, Terry, *Hegel's Phenomenology: The Sociality of Reason*, op. cit., e PIPPIN, Robert, *Hegel's Practical Philosophy: Pratical Agency as Ethical Life*, op. cit.
71 Vários comentadores apontaram para a proximidade entre as estratégias críticas de Adorno e a descrição de dispositivos disciplinares em Foucault. Ver, por exemplo, DEWS, Peter, *Logic of Disintegration: Post-Structuralist Thought and the Claims of Critical Theory*, Londres: Verso, 1987, pp. 150-61.

Colocada dessa forma, a questão pode parecer um despropósito. E para responder a ela de maneira adequada será necessário um movimento que perpassa todo este livro. Por enquanto, podemos lembrar do fato de os ideais de moralidade criticados por Adorno aparecerem como horizonte normativo dos processos de socialização e formação de sujeitos capazes de se orientar racionalmente no julgamento e na ação. O que nos demonstra como a problemática da ação moral não visa apenas responder à questão: "O que devo fazer?", mas "Que tipo de pessoa procuro ser?", "Que forma de vida procuro fazer minha?". Se levarmos isso em conta, vale a pena perceber a maneira peculiar com a qual Adorno utiliza categorias clínicas como "narcisismo", "paranoia" e "fetichismo", entre outras. Pois, no seu caso, não se trata de descrever desvios patológicos de conduta em relação a padrões normativos de comportamento intersubjetivamente partilhado. Na verdade, elas serão utilizadas para indicar *o saldo necessário da ontogênese das capacidades prático-cognitivas de sujeitos socializados.*

Nesse sentido, ao utilizar tais categorias (principalmente "narcisismo" e "fetichismo") também na crítica ao sujeito moral kantiano[72], Adorno age como quem pressupõe que tal conceito de sujeito aparece como horizonte regulador da ontogênese das nossas capacidades prático-cognitivas. O que é possível se levarmos em conta uma afirmação aparentemente temerária e polêmica de Freud como: "O imperativo categórico kantiano é o herdeiro direto do complexo de Édipo."[73] Poderíamos ainda lembrar como a psicologia do desenvolvimento moral de Lawrence

---

72 Por exemplo: "A liberdade, como conceito universal abstrato de um para-além da natureza, é espiritualizada como liberdade em relação ao reino da causalidade. Mas assim ela leva à autodesilusão. Psicologicamente falando, o interesse do sujeito pela tese de sua liberdade seria narcísico, tão desprovido de medida quanto tudo o que é narcísico. Mesmo na argumentação kantiana, que situa categoricamente a esfera da liberdade acima da psicologia, ressoa o narcisismo" (ADORNO, Theodor, *Negative Dialektik*, op. cit., p. 219). Ou ainda, quando ele afirma ser a filosofia moral kantiana: "um caso modelo de fetichismo" (idem, *Probleme der Moralphilosophie*, Frankfurt: Suhrkamp, 1996, p. 207). Sobre o problema do "narcisismo" da filosofia moral kantiana, podemos seguir Butler e dizer: "A caracterização do kantismo como uma forma de narcisismo moral parece querer dizer que toda posição deontológica que recusa o consequencialismo corre o risco de entrar no narcisismo e, nesse sentido, retificar a organização social do individualismo" (BUTLER, Judith, *Giving an Account of Oneself*, op. cit., p. 108).

73 FREUD, Sigmund, "Das ökonomische Problem des Masochismus". In: *Gesammelte Werke*, op. cit., vol. XIII, p. 380.

Kohlberg expõe uma ontogênese cujo estágio final é a aquisição de um princípio de autonomia, em larga medida, convergente com o que encontramos na moralidade kantiana[74].

Aceita a ideia de que o sujeito moral kantiano aparece como horizonte regulador da ontogênese de nossas capacidades prático-cognitivas, a crítica adorniana ganha outra dimensão. Ela servirá para mostrar como a reflexão sobre a teoria psicanalítica das pulsões serve para revelar a natureza do sofrimento presente na internalização de normatividades que se queiram racionais. Essa articulação nos leva, ainda, à pergunta sobre as modificações necessárias na ideia de "deliberação racional" quando se aceita partir da gênese empírica do sujeito moral, tal como ela é pensada no interior desse quadro conceitual no qual encontraríamos Adorno, leitor de Freud. O que significa deliberar racionalmente quando se insiste, tal como fez Adorno, na necessidade de problematizar tanto a noção de Eu autônomo quanto o saldo normativo dos processos de socialização, na impossibilidade de operar distinções estritas entre impulsos e vontade livre, assim como na necessidade de operar com aquilo que alguns autores chamam de "crítica totalizante da razão"?

Mas, antes de abordarmos tais questões, devemos resolver um problema de base. Pois aceitar a possibilidade de uma crítica à moralidade kantiana através da defesa de uma ontogênese das capacidades judicativas implica repensar a relação entre o psicológico e o transcendental.

Recuperar o "psicológico"

Um espectro ronda a filosofia: o espectro do psicologismo. Acusar uma argumentação de cair no psicologismo foi uma estratégia seguidamente utilizada para desqualificar posições no interior da história da filosofia moderna ao menos desde o momento em que Kant criticou a possibilidade de uma psicologia racional. Reiteradamente, foi sempre questão de afirmar que aqueles que se deixam enredar nessa forma astuta de erro são incapazes de compreender o fundamento incondicional do que teria

---

[74] Ver KOHLBERG, Lawrence, *The Psychology of Moral Development*, São Francisco: Harper and Row, 1984.

validade transcendental, relativizando tal fundamento por submetê-lo às condições psicológicas do sujeito pensante.

Mas e se esse desconforto em relação à submissão do fundamento das operações racionais à psicologia escondesse um outro problema? E se ele fosse uma maneira de nos impedir de discutir a possibilidade de nossas estruturas e princípios racionais serem o fruto de experiências empíricas? Pois é possível que, por trás do psicologismo, pulse a compreensão de que nada do que aspira à validade incondicional *para nós* é indissociável de sua gênese. Como se questões de *validade* e de *gênese* não pudessem em absoluto ser separadas.

Digamos que foi isso o que um "psicólogo", Sigmund Freud, compreendeu ao se perguntar sobre a gênese empírica dos sentimentos morais a partir dos conflitos familiares. Tratava-se de mostrar como o sentido daquilo que aspira à validade transcendental no domínio da razão prática é indissociável da determinação de sua gênese. Uma determinação que acaba por fornecer as coordenadas gerais para a crítica.

No entanto, tal operação não se resume apenas à esfera da dimensão prática da razão. Aceita a estratégia freudiana, nada nos impediria de ampliar esse procedimento a fim de abarcar a gênese do que se coloca para nós como necessidade formal no campo da consciência cognitiva. Por exemplo, abarcar a gênese empírica da necessidade de que algo seja sempre idêntico a si mesmo (princípio de identidade), de que seja impossível pensar um objeto paradoxal através de duas séries de proposições contrárias (princípio de não contradição), entre outros. Não estariam tais "princípios" ligados a um esforço monumental visando obrigar o pensamento a começar lá onde a máquina já está montada e o jogo decidido?

Conhecemos um filósofo para quem questões dessa natureza não eram desprovidas de sentido: Theodor Adorno. Pois Adorno quer levar às últimas consequências afirmações como: "(...) a discussão sobre o Eu e sobre todos os elementos que são mantidos, em Kant, como elementos transcendentais pressupõe algo como uma individualidade empírica"[75]. Discutir as pressuposições do *Eu penso*, princípio formal que "é o veículo de todos

---

[75] ADORNO, Theodor, *Kants "Kritik der reinen Vernunft"*, Frankfurt: Suhrkamp, 1995, p. 307.

os conceitos em geral e, por conseguinte, dos transcendentais"[76], permitirá a Adorno, entre outras coisas, recuperar o campo do psicológico como momento constitutivo do processo de fundamentação da reflexão moral[77].

De fato, Adorno pode assumir tal perspectiva porque se trata de afirmar que o *Eu penso* tem uma faticidade, uma empiricidade advinda da sua natureza operativa na estruturação das sínteses psíquicas do Eu psicológico. Como se não fosse possível separar, de maneira completa, o *Eu penso* como unidade formal do sujeito da representação do *Eu* como unidade atual da minha experiência na vida empírica da consciência. Mas essa impossibilidade de separação evidenciaria, na verdade, certo regime de dependência. É tendo isso em vista que Adorno poderá mobilizar a gênese do Eu psicológico contra consequências na determinação de um conceito transcendental de sujeito.

Freud, Hegel e o problema da gênese

Um ponto de partida privilegiado para analisarmos tal problematização da relação entre o psicológico e o transcendental em Adorno consiste em salientar sua dependência conceitual para com estratégias presentes em Freud e em Hegel. Principalmente no que diz respeito à moralidade kantiana, poderemos encontrar Adorno às voltas com uma crítica da transcendentalidade inspirada, ao mesmo tempo, pela *dialética* hegeliana e pelo *materialismo* de Freud. Um peculiar *materialismo dialético* nasce dessa operação.

A esse respeito, lembremos primeiro como, no começo de sua *Ciência da lógica*, Hegel descarta a possibilidade de iniciar suas reflexões pelo Eu, elevando com isso o princípio de subjetividade à condição de fundamento da objetividade do saber e dando continuidade, dessa forma, a uma sequência que conhecemos atual-

---

76 KANT, Immanuel, *Crítica da razão pura*, op. cit., A 341/B 399.
77 Vale para Adorno a tentativa de "passar por cima da separação kantiana de princípio entre a 'metafísica dos costumes' completamente independente da experiência e o 'elemento empírico' da moral, reunião de observações psicológicas, sociológicas ou antropológicas sobre os princípios da moralidade que acabam por nos confrontar com o 'caro eu' e marcar com o selo da inanidade o próprio conceito de dever" (JOUAN, Marlène, *Psychologie morale*, op. cit., p. 11).

mente como "filosofias da consciência". Sequência a que Hegel alude ao falar da maneira com que o "novo tempo" (ou seja, a modernidade) elevou o Eu à condição de fundamento do saber. As colocações de Hegel a esse respeito são de extrema importância.

Hegel insiste que a primeira verdade que constitui a série do saber deve ser uma certeza imediata (*unmittelbar Gewisses*). No entanto, há uma dificuldade estrutural em tomar o Eu como o fundamento dessa certeza imediata. Pois o Eu, ao mesmo tempo em que procura afirmar-se como consciência-de-si imediatamente certa de si mesma, é uma instância empírica envolta na "multiplicidade infinita do mundo". É isso que Hegel tem em mente ao afirmar: "(...) mas Eu em geral é também, ao mesmo tempo, um concreto, ou ainda, na verdade, o Eu é o que há de mais concreto – a consciência-de-si como um mundo infinitamente múltiplo"[78]. Para ser fundamento, o Eu deve se separar dessa multiplicidade empírica, o que exige um ato absoluto através do qual o Eu se purifica de si mesmo como Eu abstrato (ou, se quisermos, como sujeito transcendental). Isso significa elevar-se a essa perspectiva do puro saber em que a diferença entre sujeito e objeto desaparece (já que o Eu surge como fundamento para a constituição de todo e qualquer objeto da experiência).

Mas Hegel insiste que esse puro Eu não é um imediato acessível ao "Eu ordinário" (*gewöhnlich Ich*). Mesmo assim, para não ser uma perspectiva arbitrária e imposta de forma não reflexiva, seria necessário que "o movimento dos Eus concretos da consciência imediata até o puro saber fosse mostrado e apresentado neles mesmos a partir de uma necessidade interna"[79], como se o fundamento do saber fosse gerado com base na necessidade interna própria ao Eu empírico (caminho que, de maneira peculiar, poderia ser visto como o sentido dessa *ciência da experiência da consciência* que é a *Fenomenologia do espírito*), e não como ruptura radical em relação a toda e qualquer empiricidade do que entendemos hoje por Eu psicológico. No entanto:

> Como este puro Eu deve ser essencialmente puro saber [*determinação transcendental absoluta*], e o puro saber só está posto na consciência individual através do ato absoluto de autoelevação, não

---

78 HEGEL, G. W. F., *Wissenschaft der Logik I*, op. cit., p. 76.
79 Idem, p. 76.

existindo imediatamente nela, perde-se a vantagem que deveria surgir desse começo da filosofia, a saber, partir de algo absolutamente conhecido que cada um encontra imediatamente em si e ao qual se podem acrescentar reflexões posteriores.[80]

Nesse sentido, diz Hegel, fala-se de algo conhecido, ou seja, do Eu cuja referência não pode ser outro que o Eu psicológico da consciência empírica, mas refere-se a algo que é absolutamente estranho (*Unbekanntes*) à consciência. No entanto, por ainda se falar do puro Eu, "a determinação do puro saber como Eu leva consigo à rememoração (*Rückerinnerung*) contínua do Eu subjetivo" como modo de construção de sínteses[81]. O que explicaria por que o fundamento acaba por trazer para si a oposição insuperável ao objeto própria ao Eu como conceito. Melhor seria abandonar o Eu como fundamento e mostrar como, através dos desdobramentos do Eu empírico, demonstramos que ele não existe como entidade isolada, mas é desde sempre Espírito, ou seja, aquilo que não é um Eu absoluto, mas é o que aparece quando a individualidade irredutível do Eu se mostra como ilusão. Como diz claramente Robert Brandom, Hegel quer mostrar com isso que "toda constituição transcendental é uma instituição social"[82]. Essa é uma das razões pelas quais Hegel pode dizer que a *Fenomenologia* é um pressuposto da *Ciência da lógica*.

Talvez isso nos explique também por que, na *Enciclopédia*, a *Psicologia* é precedida pela *Fenomenologia do espírito*. Pois, longe de ser uma simples descrição de faculdades mentais responsáveis pela relação ao mundo e a si, a psicologia é a exposição de modos de relação de objeto (como a intuição, a representação, o pensar, o impulso, a satisfação etc.), de *Vermögens*, isso no sentido de habilidades de interação com o meio ambiente cuja inteligibilidade pressupõe a exposição da gênese fenomenológica das relações sociais. Pois, de certa forma, a *Fenomenologia* nos livra da ilusão de procurar no

---

80 Idem, p. 77.
81 É a partir desse problema que podemos compreender também afirmações como: "O que resulta da abstração nunca pode ser absolutamente autônomo em relação ao que foi abstraído; pois o *abstractum* permanece aplicável (*anwendbar*) ao que está sob ele, e, como o retorno deve ser possível, a qualidade do que foi abstraído é, de certa forma, ao mesmo tempo preservada (*aufbewahrt*), ainda que em uma universalidade (*Allgemeinheit*) extrema" (ADORNO, Theodor, *Drei Studien zu Hegel*, op. cit., 2003, p. 263).
82 BRANDOM, Robert, *Tales of the Mighty Death*, Harvard University Press, 2002, p. 216.

Eu o fundamento do saber e nos abre para a tematização de um modo de síntese que não seja mais dependente da figura solipsista de um Eu.

Por outro lado, como já foi dito, a problematização da relação entre psicológico e transcendental está presente também em Freud. Entre outros momentos, podemos indicar todas as vezes que ele se pergunta sobre a gênese dos sentimentos morais a partir dos conflitos no interior de núcleos de interação responsáveis por processos de socialização (como é o caso da família). Trata-se aqui de mostrar claramente que a *validade transcendental* no domínio da razão prática não é outra coisa que uma maneira de impedir considerações precisas sobre processos ligados à gênese. Uma gênese que Freud não teme em derivar de um sentimento de "angústia social"[83].

Ou seja, tanto em Freud quanto em Hegel encontramos maneiras de perguntar sobre a *gênese* daquilo que estamos dispostos a contar, de maneira categórica, incondicional e universal, como racional. *Uma gênese que pode ser descrita tanto como social quanto como psicológica*, já que tanto o psicanalista vienense quanto o filósofo alemão adotam uma perspectiva na qual o psicológico aparece, em larga medida, como o nome que damos ao modo de internalização subjetiva de processos sociais[84]. Por isso, se quisermos, é possível dizer que se trata, nos dois casos, de um *psicológico sem interioridade*.

É levando em conta essa redefinição de "psicológico" que podemos dizer que o psicológico procurado por Adorno não se reduz à descrição de funções intencionais da consciência empírica individual. Trata-se de um psicológico marcado, em seu núcleo principal, pela análise do impacto de processos de socialização na formação das capacidades prático-cognitivas e no destino das moções pulsionais, ou seja, pela problematização das relações en-

---

83 FREUD, Sigmund, "Zeitgemässes über Krieg und Tod". In: *Gesammelte Werke*, op. cit., vol. X, p. 330.
84 No caso de Freud, vale sempre a pena lembrar como sua descrição a respeito da ontogênese das capacidades prático-cognitivas articula-se às considerações filogenéticas que, na verdade, atualizam o peso do acúmulo histórico de processos sociais de interação. Foi recorrendo à perspectiva filogenética que Freud mostrou como a constituição das instâncias psíquicas, das faculdades mentais e das funções intencionais era indissociável de processos conflituais de socialização em núcleos cada vez mais alargados de interação, núcleos onde presente e passado histórico se entrelaçavam.

tre indivíduo e vínculo social. Este é um ponto fundamental para compreender o modo adorniano de problematização da relação entre psicológico e transcendental. É a partir dele que devemos, por exemplo, interpretar afirmações como:

> Freud foi o primeiro a superar (*eingeholt*) a crítica kantiana da ontologia da alma, da "psicologia racional"; o anímico com o qual ele trabalha submete-se (*unterworfen*), como parte do mundo já constituído, aos esquemas ordenadores da formação conceitual (*Begriffsbildung*) empírica.[85]

Isso permite a Adorno afirmar que Freud teria posto fim à transfiguração ideológica do animismo no psíquico a partir do momento em que submeteu a teoria da alma a uma teoria empírica da sexualidade infantil. Se levarmos em conta como Adorno quer mostrar, entre outros, que "certamente a gênese implícita do lógico não é a motivação psicológica, mas um comportamento social"[86], então podemos já imaginar como Freud irá auxiliá-lo no projeto de decifrar, no sujeito transcendental, "a sociedade inconsciente de si mesma"[87].

Lembremos ainda como, desde *Kierkegaard: construção do estético*, Adorno voltava-se contra tentativas de apelar para a noção de interioridade (*Innerlichkeit*) para dar conta daquilo que é próprio da esfera do sujeito. A interioridade, defendia Adorno, era apenas uma construção burguesa abstrata que visava substancializar a impossibilidade de o sujeito moderno reconhecer-se em uma objetividade reificada, objetividade reduzida à condição de "complexo de sentido petrificado que se tornou estranho, já que de todo incapaz de despertar a interioridade", "um ossuário

---

85 ADORNO, Theodor, "Zum Verhältnis über Soziologie und Psychologie". In: *Soziologische Schriften I*, Frankfurt: Suhrkamp, 2003, p. 62.
86 Idem, *Zur Metakritik der Erkenntnistheorie*, Frankfurt: Suhrkamp, 2003, p. 83.
87 Idem, *Negative Dialektik*, op. cit., p. 179. Nesse sentido, podemos também dizer que "Adorno aceita que o psicologismo é falso, mas, no seu lugar, propõe uma forma do que poderíamos chamar de sociologismo. O que ele está dizendo é que nenhuma característica da lógica – entendida como esfera da validade pura – pode ser compreendida como independente de sua sociogênese" (O'CONNOR, Brian, *Adorno's Negative Dialectic*, Cambridge: MIT Press, 2004, p. 67). No entanto, não há como esquecer o quanto tal sociogênese depende dos esquemas interpretativos próprios à teoria freudiana da formação do sujeito através da dinâmica de socialização das pulsões.

de interioridades putrefatas"[88]. Dessa forma, esse sujeito psicológico fundado na interioridade acabava por dar realidade ontológica àquilo que era fruto de uma situação social a ser superada.

Neste ponto, já podemos imaginar como e por que um leitor atento de Freud e Hegel como Adorno pode fazer afirmações como: "(...) a distinção usual entre ciência social e filosofia pura não pode ser sustentada porque categorias sociais entram nas fibras das categorias da filosofia moral"[89].

No entanto, tal reflexão deve partir de uma questão que Freud nunca deixará de colocar, a saber: "o que é necessário perder para se conformar às exigências de racionalidade presentes em processos hegemônicos de socialização?" ou, ainda, "qual o preço a pagar, qual o cálculo econômico necessário para viabilizar tais exigências?". Devemos, pois, nos perguntar o que deve acontecer ao sujeito para que ele possa se pautar por um regime de racionalidade que impõe padrões de ordenamento, modos de organização e estruturas institucionais de legitimidade. Uma pergunta a que Adorno irá procurar responder.

A crítica do Eu

Ao se perguntar sobre o preço a pagar para realizar processos de socialização, processos que visam, principalmente, à constituição de uma instância de autorreferência como o Eu, Adorno abre espaço para modos de crítica à concepção moderna de individualidade. Nem sempre essa crítica está claramente visível. Pois é verdade, por exemplo, que, em vários momentos, Adorno insiste em compreender o enfraquecimento do Eu enquanto instância de mediação entre exigências pulsionais e realidade externa no capitalismo tardio como índice de uma desagregação da autonomia subjetiva. No entanto (e não podemos em hipótese alguma esquecer esse "no entanto"), Adorno nunca se associará a exigências terapêuticas de "fortalecimento do Eu" tão em voga, por exemplo, na *ego psychology* que ele conhecia bem. Pois ele sabe que o Eu como representante do princípio de realidade no interior do sistema psíquico é, sobretudo, a instância responsável pe-

---

[88] LUKÁCS, Georg, *A teoria do romance*, São Paulo: Duas Cidades/Editora 34, 2000, p. 64.
[89] ADORNO, Theodor, *Probleme der Moralphilosophie*, op. cit., p. 205.

las resistências e pelos processos de recalcamento de exigências pulsionais. Nesse sentido, fortalecê-lo seria uma operação indissociável da perpetuação de uma forma de alienação.

Tanto é assim que vários comentadores notaram que Adorno tende a insistir que o Eu como instância de autorreferência não nos permite pensar "que alguma forma de desenvolvimento rumo à socialização possa ocorrer na presença de outros sujeitos que não exerçam coerção"[90]. Ou seja, para Adorno, a formação do Eu como instância psíquica não poderia ser compreendida como abertura gradativa em direção a processos intersubjetivos de interação não coercitiva, nem a relação entre bebê e mãe poderia ser vista como alguma forma empírica privilegiada de intersubjetividade primária[91]. Por isso, o Eu não seria um modo de síntese psíquica capaz de sustentar regimes de reconhecimento daquilo que Adorno entende por "não identidade". Ele seria, ao contrário, um princípio rígido de conformação da experiência à forma geral da identidade, como vemos na *Dialética do esclarecimento*, quando Adorno e Horkheimer falam da "identidade do Eu que não pode perder-se na identificação com um outro"[92]. Isso pode nos explicar o uso extensivo, próprio a Adorno, da categoria de "narcisismo" para dar conta dos modos hegemônicos de relação de objeto na sociedade contemporânea.

Ao menos nesse ponto, poderíamos dizer que a perspectiva adorniana encontra uma legitimação suplementar nas teorias da constituição da função do Eu em psicanalistas como Jacques Lacan. Adorno só tomou conhecimento das teorias de Lacan no final de sua vida, como vemos na única referência feita por ele ao psicanalista francês: uma indicação em seu último curso, "Introdução à sociologia", no qual manifesta o desejo de dedicar o curso do ano seguinte ao estruturalismo, em especial Lévi-Strauss e Lacan. Mas podemos imaginar que a teoria lacaniana do Eu como princípio de organização psíquica constituído a partir da introjeção da imagem do outro e da posterior denegação de tal processo poderia servir a Adorno.

---

90 BENJAMIN, Jessica, "The End of Internalisation: Adorno's Social Psychology", *Telos*, n. 32, 1977, p. 60.
91 Como o quer, por exemplo, HONNETH, Axel, *Lutte pour reconnaissance*, op. cit., cap. V.
92 ADORNO, Theodor e HORKHEIMER, Max, idem, p. 16.

Lacan insistirá que o Eu é uma instância que se forma através do reconhecimento de si na imagem especular ou da identificação com a imagem de outro bebê. Tal processo, conhecido como estádio do espelho, é uma operação mimética de assunção de papéis e imagens ideais. Lacan quer mostrar como a formação do Eu só se daria por identificações: processos através dos quais o bebê introjeta uma imagem que vem de fora e é oferecida por um outro. Assim, para orientar-se no pensar e no agir, para aprender a desejar, para ter um lugar na estrutura familiar, o bebê inicialmente precisa raciocinar por analogia, imitar uma imagem na posição de tipo ideal adotando, assim, a perspectiva de um outro. Tais operações de imitação não são importantes apenas para a orientação das funções cognitivas, mas têm valor fundamental na constituição e no desenvolvimento subsequente do Eu em outros momentos da vida madura. O que levava Lacan a afirmar que "nada separa o eu de suas formas ideais" absorvidas no seio da vida social. Pois "o eu é um objeto feito como uma cebola, podemos descascá-lo e encontraremos as identificações sucessivas que o constituíram"[93].

Levando isso em conta, Lacan pode falar que a gênese do Eu mostra como a autonomia e a individualidade são apenas figuras do desconhecimento quanto a uma dependência constitutiva ao outro. Acreditamos que nosso Eu é o centro de nossa autonomia e autoidentidade. No entanto, sua gênese demonstra como, nas palavras de Rimbaud, "Eu é um outro". Por isso Lacan não acredita que tal dependência entre Eu e outro signifique consolidação de uma relação comunicacional entre sujeitos. As múltiplas figuras da agressividade e da rivalidade na relação com o outro seriam, na verdade, sintomas estruturais da impossibilidade de o Eu assumir o papel constitutivo do outro na determinação interna da sua própria identidade. Pois o Eu é um princípio de organização que funciona como uma "estrutura rígida" de coesão das condutas e crenças, uma "armadura"[94] que leva toda tentativa de afirmar o que não se submete à autoidentidade a aparecer sob a forma do conflito, do sintoma, da inibição e da angústia[95].

93 LACAN, Jacques, *Séminaire I*, Paris: Seuil, 1975, p. 194.
94 Cf. LACAN, Jacques, *Ecrits*, op. cit., p. 97.
95 Whitebook sistematizou bem essa proximidade entre Lacan e Adorno no que diz respeito à crítica do Eu: "Lacan e Adorno apresentam as mesmas três teses interconec-

Tal crítica do Eu serve como base material para a crítica da identidade. Nesse sentido, podemos dizer que Adorno espera convocar a ontogênese freudiana para fundamentar uma verdadeira *crítica ao caráter repressivo do primado da identidade*, primado esse que estaria entificado na figura não apenas do Eu psicológico, mas da própria subjetividade transcendental. É tendo em vista tais problemas que devemos compreender o programa adorniano de: "com a força o sujeito quebrar a ilusão da subjetividade constituinte"[96]. Pois, em vários momentos, Adorno parece acreditar, como Lacan, na necessidade de separar o sujeito dos modos de síntese psíquica derivados do Eu. Vejamos como tal programa será mobilizado na crítica da moralidade kantiana. Mas, para tanto, partamos de um problema específico na determinação do conceito transcendental de sujeito.

Unidade sintética

Se voltarmos os olhos para o texto *Juliette ou Esclarecimento e moral*, veremos como ele começa a partir da afirmação canônica de Kant em "Was ist Aufklärung?" onde o esclarecimento é apresentado como a saída do homem de uma minoridade da qual ele mesmo é responsável. Essa saída só seria possível através da constituição de um entendimento não dirigido por outro, uma lei que dou a mim mesmo em situação de autonomia. Ou seja, Adorno e Horkheimer partem da definição moderna de autonomia como a capacidade de os sujeitos porem para si mesmos a sua própria Lei moral, transformando-se assim em agentes morais capazes de se autogovernar. De certa forma, os autores desenvolvem seu texto como uma crítica às inversões que essa noção de autonomia não seria capaz de evitar. Tentemos reconstruir o argumento tal como ele aparece no texto.

---

tadas: 1) a unidade do Eu é rígida, compulsiva e coercitiva; 2) o Eu é uma estrutura narcísica (ou paranoica) na medida em que ele só pode apreender o objeto através de sua própria reflexão (ou projeção); 3) o Eu rigidamente integrado é profundamente implicado com a vontade de poder [no sentido lato, e não nietzschiano da expressão] e com a dominação da natureza" (WHITEBOOK, Joel, *Perversion and Utopia: a Study in Psychoanalysis and Critical Theory*, Cambridge: MIT Press, 1995, p. 133).
[96] ADORNO, Theodor, *Negative Dialektik*, op. cit., p. 10.

Adorno e Horkheimer querem mostrar que tal autonomia aparece necessariamente como "controle de si" solidário de certa rigidez psicológica, inibição de afetos, e clivagem entre exigências racionais e abertura afetiva. Tal controle de si seria, na verdade, um modo de bloqueio daquilo que poderíamos chamar de "expressão de si" (levando em conta aqui a necessidade de reconstruir a noção mesma de expressão). No entanto, em vez de discutir aspectos da *Crítica da razão prática* que poderiam apoiar tal problematização, os autores preferem começar fazendo uma crítica do papel desempenhado pela esquematismo dos conceitos puros do entendimento tal como ele aparece na *Crítica da razão pura*.

Sabemos que Kant tenta responder à questão sobre como conceitos puros do entendimento podem ser aplicados a fenômenos em geral fazendo apelo às funções de um esquema transcendental. O esquema seria uma regra, um produto transcendental da imaginação que permite a produção de significado (*Bedeutung*) através do estabelecimento de relações entre as categorias e o material empírico da intuição. A imaginação em Kant é necessariamente poder sintético do diverso da intuição sensível (*synthesis speciosa*). O esquema transcendental é uma representação mediadora, homogênea tanto às categorias (na medida em que ele é universal, regra *a priori* e visa à unidade do geral) quanto aos fenômenos (na medida em que ele unifica diretamente as *determinações particulares da sensibilidade* fornecendo o objeto que se submeterá à apreensão categorial). Kant chega a falar do esquema como "conceito sensível de um objeto"[97] (*sinnliche Begriff eines Gegenstandes*), isso a fim de sublinhar seu caráter mediador.

Adorno e Horkheimer insistem como tal função do esquematismo demonstra que "o conhecimento consiste na subsunção a princípios"[98]. Tal subsunção, que Kant vê como uma harmonização, apareceria como a figura de um princípio de dominação da natureza pelo sistema, do diverso da intuição sensível por protocolos de unidade e sistematicidade. No entanto, em vez de discutir diretamente as razões que nos levariam a criticar o caráter mediador do esquematismo transcendental (um pouco como fez Heidegger em *Kant e o problema da metafísica*), Adorno e Horkhei-

---

97 KANT, Immanuel, *Crítica da razão pura*, op. cit., A 146/B 186.
98 ADORNO, Theodor e HORKHEIMER, Max, *Dialektik der Aufkärung*, op. cit., p. 100.

mer preferem passar a um argumento psicológico. Ele consiste em dizer que a harmonização prometida pelo esquematismo transcendental seria estratégia de dominação da natureza *tendo em vista a autoconservação do sujeito*. Tal autoconservação seria o verdadeiro objetivo da saída do homem da minoridade.

O uso dessa categoria psicológica (a autoconservação ou, se quisermos, a pulsão de autoconservação tal como aparece em Freud) se justificaria por supostamente haver uma "relação obscura" (*unklaren*) na *Crítica da razão pura* entre o Eu empírico e o Eu transcendental. Tudo se passa como se os autores quisessem dizer que, se o Eu transcendental é, no fundo, um princípio formal de unidade capaz de fornecer as condições de possibilidade para a constituição de objetos da experiência, é porque tal princípio seria o meio de realização de exigências empíricas de autoconservação. Daí uma afirmação absolutamente central como: "Mesmo o Eu, a unidade sintética de apercepção, a instância que designa em Kant o ponto mais alto ao qual se deve vincular toda a lógica, é, na verdade, tanto o produto quanto a condição da existência material."[99] Como se não bastasse tal relativização da distinção entre empírico e transcendental, Adorno e Horkheimer dirão ainda que tais exigências empíricas de autoconservação são, por sua vez, inscritas em uma situação social precisa, elas são exigências próprias a uma forma social de vida historicamente determinada sob as condições de existência da sociedade capitalista. Temos então um duplo movimento que consiste em insistir, por um lado, na gênese psicológica do sujeito transcendental e, por outro, na gênese social das condições psicológicas desse sujeito. O que explica, por sua vez, uma afirmação aparentemente temerária como: "A verdadeira natureza de esquematismo, o ato de derivar o universal e o particular, conceito e caso um do outro, demonstra-se claramente na economia atual como interesse da sociedade industrial."[100]

De fato, tais afirmações não são imediatamente claras. Afinal, em que o modo de dedução do sujeito transcendental seria dependente de exigências empíricas de autoconservação? E, principalmente, que exigências são essas que seriam geradas no interior da experiência social das sociedades capitalistas?

---

99 Idem, p. 94.
100 Idem, p. 102.

Tentemos entender inicialmente o primeiro ponto. Em seu curso sobre a *Crítica da razão pura*, Adorno enuncia a seguinte frase: "Na Alemanha, a alma é muito refinada para ter algo a ver com a psicologia."[101] O alvo era a desqualificação kantiana de toda psicologia racional possível. Desqualificação que nos mostra como o que é da ordem da psicologia nada poderia nos dizer a respeito de um conceito transcendental de sujeito, fundamento da possibilidade de toda normatividade racional. Kant não cansa de afirmar que todos os modos de consciência-de-si no pensamento são simples funções lógicas, e não há sentido algum em se perguntar sobre a gênese empírica ou psicológica do que é função lógica e forma geral de representação. "Daqui se infere", dirá Kant, "a impossibilidade de explicar pelos princípios do materialismo a minha natureza como sujeito simplesmente pensante."[102]

Como forma da representação em geral, sabemos que a consciência é o ato espontâneo de unificar o diverso da experiência sensível a partir de um princípio de ligação (*Verbindung*) que o sujeito já encontra em si mesmo. Pois

> não podemos representar algo como ligado no objeto se nós não o tivermos ligado previamente e, entre todas as representações, a *ligação* é a única que não pode ser dada pelos objetos, mas só pode ser realizada pelo próprio sujeito, porque é um ato de sua espontaneidade.[103]

No entanto, essa ligação pressupõe a representação *da unidade sintética* do diverso construída a partir de aceitação não problemática de princípios de identidade, síntese, unidade e diferença. Esses princípios formais de estruturação do campo da experiência só podem aparecer ao sujeito de maneira não problemática porque o próprio sujeito seria o *locus* de constituição, a operação que permite constituir tais princípios. Pois devemos tirar todas as consequências do fato de o fundamento da regra de unidade sin-

---

101 ADORNO, Theodor, *Kants "Kritik der reinen Vernunft"*, op. cit., p. 292.
102 KANT, Immanuel, *Crítica da razão pura*, op. cit., B 420. Desde sua juventude, Adorno critica tal impossibilidade em Kant. Basta lembrarmos de afirmações como: "O 'Eu penso' não significa apenas a unidade formal de um sujeito do representado no pensamento (= x), mas a unidade atual das minhas vivências (*Erlebnisse*) na consciência empírica (*Bewsstseinverlauf*)" (ADORNO, Theodor, "Der Begriff des Unbewussten in der tranzendentalen Seelenlehre". In: *Philosophische Frühschriften*, op. cit., p. 163).
103 KANT, Immanuel, idem, B 130.

tética do diverso da experiência ser inicialmente fornecido pelo modo de imediaticidade a si da consciência-de-si. Devemos tirar as consequências do fato de a unidade sintética de apercepção ser "o ponto mais elevado a que se tem de suspender todo o uso do entendimento, toda a própria lógica e, de acordo com esta, a filosofia transcendental: essa faculdade é o próprio entendimento"[104].

Tal fato permitirá a Adorno afirmar que as representações devem se estruturar a partir de um princípio de identidade e de organização de distinções categoriais que é, na verdade, a projeção da imagem do *Eu penso*[105]. Por isso, ele pode afirmar que: "Os sentidos já estão determinados pelo aparelho conceitual antes que a percepção ocorra. O cidadão vê *a priori* o mundo como a matéria com a qual ele o produz para si próprio. Kant antecipou intuitivamente o que só Hollywood realizou conscientemente."[106] Não devemos ver nessas colocações uma simples *boutade*.

De fato, Adorno é sensível a essa maneira com que Kant permite a entificação transcendental de um conceito de experiência construído a partir da autorreflexão solipsista e da elevação da unidade (e, por consequência, de identidade) a algo como uma premissa metafísica. Isso fica claro em afirmações como:

> O conceito [kantiano] de unidade nunca é discutido. Na verdade, ele representa o cânon a partir do qual o todo pode ser julgado. O conhecimento é uno e este uno tem primazia sobre o múltiplo: se quisermos, eis aqui o pressuposto metafísico da filosofia kantiana.[107]

---

104 Idem, B 134.
105 É assim também que interpretamos a consequência de afirmações como: "A experiência, se quisesse ser mais do que uma rapsódia de percepções, repousaria numa unidade sintética dos fenômenos. E justamente essa unidade seria produzida por meio das categorias, as quais Kant vai buscar nas formas do juízo e que estariam fundadas no 'eu penso' enquanto unidade sintética da apercepção" (HÖSLE, Vittorio, *O sistema de Hegel: o idealismo da subjetividade e o problema de intersubjetividade*, Belo Horizonte: Loyola, 2007, p. 33). Isso fica claro na primeira edição da *Crítica da razão pura*, em que Kant afirma: "A unidade, que constitui necessariamente o objeto, não pode ser coisa diferente da unidade formal da consciência na síntese do diverso das representações" (KANT, Immanuel, idem, A 105).
106 ADORNO, Theodor e HORKHEIMER, Max, idem, p. 83.
107 ADORNO, Theodor, *Kants "Kritik der reinen Vernunft"*, op. cit., p. 299. Ou ainda: "A razão [em Kant] fornece apenas a ideia da unidade sistemática, os elementos formais de uma sólida conexão conceitual" (ADORNO, Theodor e HORKHEIMER, Max, idem, p. 81). Adorno pensa principalmente em afirmações como: "Que o eu da aper-

No entanto, esse pressuposto metafísico seria, no fundo, outro nome para o desconhecimento da maneira que uma experiência empírica da consciência psicológica serve de base para a gênese da consciência transcendental. Adorno acredita que o recurso a Freud poderia demonstrar como tais princípios seriam expressão de certa *metafísica da identidade* problemática e repressiva, ou ainda seriam os fundamentos de uma vida mutilada (como dirá Adorno, uma *"beschädigten Leben"*)[108] entificada, diríamos nós, em um senso comum. Nesse sentido, podemos mesmo dizer que através do recurso à "psicologia" freudiana Adorno poderia mostrar os vínculos entre certo regime social de *identidade* e as exigências individuais de *autoconservação*. Isso pode nos explicar uma afirmação como:

> Por detrás dos bastidores do sistema kantiano, esperava-se que o conceito supremo da filosofia prática coincidisse com o conceito supremo da filosofia teórica, com o princípio do eu que tanto funda teoricamente a unidade quanto controla e integra praticamente as pulsões.[109]

A afirmação é aqui bastante clara. Haveria um modo de síntese e de integração pulsional no campo prático da consciência psicológica, modo de integração fundamentalmente vinculado a exigências de autoconservação, que serviria de modelo para a constituição do regime de síntese que determina os processos formais de ligação do diverso e de unidade próprios à consciência transcendental.

---

cepção e, por conseguinte, o eu em todo o pensamento seja algo de *singular*, que não se possa decompor numa pluralidade de sujeitos e que designe, por conseguinte, um sujeito logicamente simples, eis o que já se encontra no conceito do pensamento e é, consequemente, uma proposição analítica" (KANT, Immanuel, idem, B 407).

108 Para a caracterização adorniana do questionamento transcendental kantiano como uma metafísica da identidade, ver, por exemplo, ADORNO, Theodor e HORKHEIMER, Max, idem, p. 90. Trata-se de um trecho importante, pois os dois autores afirmam também que os conceitos kantianos teriam duplo sentido (*sind doppelsinnig*). Dessa forma, o "eu transcendental supraindividual" conteria ainda a ideia de convivência baseada na liberdade através de um sujeito universal. Tratarei desse ponto mais à frente.

109 ADORNO, Theodor, *Dialética negativa*, Rio de Janeiro: Jorge Zahar, 2009, p. 243.

Sofrimento de determinação

Ligar o conceito de "vida mutilada" à assunção de uma metafísica da identidade nos fornece a chave do sofrimento social que, para Adorno, estaria vinculado ao sujeito moral kantiano. Pois podemos dizer que o sofrimento que Adorno tem em vista é de ordem bastante particular. Ele não está exatamente vinculado, por exemplo, a alguma forma de sentimento de indeterminação resultante da perda de relações sociais substancialmente enraizadas, estáveis, motivo sociológico clássico ao menos depois de Durkheim e que não deixa de ecoar a perda da *Sittlichkeit* hegeliana. Pois Adorno age como se *nosso sofrimento mais aterrador fosse resultante do caráter repressivo da identidade*. Essa é uma temática que procurei descrever na primeira parte deste livro e que encontra um eco profundo no interior da experiência intelectual adorniana. Podemos mesmo dizer que, para Adorno e Hegel, a modernidade não é apenas momento histórico em que: "não somente está perdida para ele [*o espírito*] sua vida essencial; está também consciente dessa perda e da finitude que é seu conteúdo"[110]. Perda que implicaria a pretensa angústia crescente do sentimento de indeterminação. A modernidade seria também a era histórica de elevação do Eu à condição de figura do fundamento de tudo o que procura ter validade objetiva. O que nesse caso significa: era do recurso compulsivo e rígido à autoidentidade subjetiva como princípio de fundamentação das condutas e de orientação para o pensar. Refletir a respeito das consequências desse diagnóstico de época na reflexão sobre a dimensão prática parece ser um dos objetivos centrais de Adorno. Na verdade, tudo se passa como se Adorno partilhasse um diagnóstico que apontaria para certo "sofrimento de determinação" advindo de nossos processos de constituição de individualidades.

Para entender melhor esse ponto, vale a pena voltarmos à crítica adorniana ao sujeito moral tal como ela aparece na *Dialética negativa*. Se voltarmos os olhos para o texto da *Dialética negativa*, veremos Adorno utilizando uma estratégia que começa através da crítica à tendência kantiana em conceber a autoconsciência do sujeito moral como desprovida de relação constitutiva ao Outro

---

110 HEGEL, G. W. F., *Fenomenologia do espírito I*, op. cit., p. 24.

(já que a consciência da lei moral parece se dar no interior de uma autorreflexividade solitária). Tal crítica está clara em afirmações como:

> O pretenso sujeito existente-em-si (*ansichseiende Subjekt*) é em si mediado por aquilo a respeito do qual ele se separa: o contexto/a interdependência de todos os sujeitos (*Zusammenhang aller Subjekte*). Devido a tal mediação, ele advém aquilo que sua consciência de liberdade não quer ser: heterônomo.[111]

Essa frase sintetiza um problema inicial maior que Adorno levanta contra a estratégia kantiana de determinação transcendental da vontade pura. Trata-se de insistir que, no interior da ação, o sujeito necessariamente se confronta com uma estrutura intersubjetiva que acaba por descentrar o polo de produção de sentido da ação. Afirmar que o sujeito da ação, como pretenso sujeito autônomo, é mediado por aquilo a respeito do qual ele se separa significa dizer que a determinação mesma do sentido da ação não é imediatamente dada, mas é resultado de uma mediação social complexa e *a posteriori*. Pois a intersubjetividade fornece o sentido de uma ação que, fora da sua referência ao Outro, seria pura abstração. Ou seja, o Outro não seria apenas a ocasião para o exercício da liberdade, mas condição para a constituição do sentido da ação[112]. Essa é uma maneira de retomar uma ideia fundamental da crítica hegeliana a Kant: não é possível separar procedimentos de *fundamentação* de um princípio moral e determinação dos modos de *aplicação* de tal princípio em contextos intersubjetivamente partilhados.

Mas Adorno parece querer dizer ainda mais alguma coisa. Ele afirma que reconhecer o caráter constitutivo da mediação social na determinação do sentido da ação moral significa instaurar

---

111 ADORNO, Theodor, *Negative Dialektik*, op. cit., p. 213.
112 Por isso, Adorno não pode aceitar proposições como: "Ora, não posso ter a mínima representação de um ser pensante por experiência externa, mas só pela consciência de mim próprio. Portanto tais objetos não são mais que a transferência (*Übertragung*) dessa minha consciência a outras coisas, que só desse modo podem representar-se como seres pensantes" (KANT, Immanuel, *Crítica da razão pura*, op. cit., B 405). Proposições dessa natureza implicam afirmar que o acesso ao Outro se dá através de uma transferência dos resultados de um processo de autodeterminação da consciência que ocorre sob a forma da autorreflexão solipsista.

certa heteronomia no coração mesmo de todo ato que se queira livre. O que isso pode exatamente significar?

Nesse contexto, só podemos falar em heteronomia se formos obrigados a reconhecer uma opacidade fundamental entre o princípio transcendental do imperativo moral e sua realização empírica. O que Kant está longe de aceitar, pois isso o levaria a assumir a impossibilidade de a consciência julgar de forma *a priori* a ação. Ora, para ele, como já foi dito anteriormente: "Julgar o que deve ser feito a partir desta lei [a Lei moral] não deve ser algo de uma dificuldade tal que o entendimento mais ordinário e menos exercido não saiba resolver facilmente, *mesmo sem nenhuma experiência do mundo (Weltklugheit)*."[113]

É verdade que Kant reconhece um limite à consciência cognitiva na dimensão prática devido à impossibilidade radical de *conhecermos* a realidade da ideia de liberdade, já que a consciência da liberdade não é fundada em intuição alguma. O que nos leva a aceitar a Lei moral como um fato (*faktum*) da razão. E, se não podemos conhecer a realidade objetiva da liberdade, então é impossível "descobrir na experiência um exemplo que demonstre que essa lei foi seguida"[114].

Mas isso não coloca problemas a Kant, já que, com ele, nós sempre sabemos em que condições um ato deve ser realizado para que ele seja o resultado de uma vontade livre. Nosso não saber incide sobre a presença efetiva de tais condições. Em suma, não saberei jamais se digo a verdade por medo das consequências da descoberta da mentira ou por amor à Lei. Mas sempre sei que, em qualquer circunstância, contar mentiras é contra a Lei moral. *Mesmo que não exista transparência entre a intencionalidade moral e o conteúdo do ato, resta um princípio de transparência entre a intencionalidade moral e a forma do ato.* Eu sempre saberei *como* devo agir. Não há indecidibilidade no interior da práxis moral[115]. Assim, para Adorno, o verdadeiro erro de Kant teria consistido em acreditar que a pura forma do ato, acessível à autotematização do sujeito consti-

---

113 KANT, Immanuel, *Kritik der praktischen Vernunft*, Berlim: Walter de Gruyter, 1969, p. 36.
114 Idem, p. 40.
115 O que talvez nos forneça a razão pela qual Adorno vê a filosofia moral kantiana como uma "ética da convicção" baseada em uma interioridade que exclui o cálculo da natureza da realidade externa na determinação do sentido da ação moral (ver ADORNO, Theodor, *Probleme der Moralphilosophie*, op. cit., p. 218).

tuinte, determinaria *a priori* sua significação. A significação do ato apresentar-se-ia como simples indexação transcendental da particularidade do caso. De certa forma, é isso que Adorno tem em mente ao ver a "verdadeira natureza do esquematismo" como o ato de "harmonizar exteriormente o universal e o particular, o conceito e a instância singular"[116]. Ao contrário, trata-se de insistir que a significação do ato só se dá *a posteriori* a partir dos modos de determinação social.

Por isso o termo "heteronomia" é mais pesado do que pode supor essa simples mediação pelo Outro como condição para a determinação do sentido da ação. Ele só será compreendido se aceitarmos que, de alguma forma, essa passagem pelo Outro é uma perda de si, é uma alienação no sentido de conformação de si a partir de um Outro que traz uma perspectiva que, de certa forma, descentra minha própria perspectiva. É isso que Adorno tem em vista ao afirmar que "Identidade de si e alienação de si (*Identität des Selbst und Selbstentfremdgung*) estão juntas desde o início"[117]. Pois essa referência ao Outro é constitutiva não apenas para o sentido da ação, mas para a própria posição do sujeito como individualidade. Uma referência que deve ser compreendida como alienação de uma posição primeira do sujeito e anterior à sua relação com o Outro. Só isso nos permitiria afirmar que o processo de socialização capaz de produzir uma autoidentidade com o Eu como unidade sintética é processo de alienação de si em um Outro.

As pulsões como potência de indeterminação

Neste ponto, não devemos esquecer como tal esquema só faz sentido por Adorno ter em vista a teoria freudiana do desenvolvimento e da maturação. Sabemos como Freud insiste que há algo, no sujeito, anterior ao advento do Eu. Há um corpo libidinal polimórfico que orienta sua conduta a partir da procura de satisfação de pulsões parciais (ou ainda pré-egoicas), ou seja, impulsos que não respondem à hierarquia funcional de uma unidade. Como vimos anteriormente, essa estrutura polimórfica e fragmentada das pulsões viria da ausência de um princípio unificador como o Eu, princípio que não estaria presente antes de certo

---

116 ADORNO, Theodor e HORKHEIMER, Max, idem, p. 83.
117 Idem, p. 216.

processo de maturação individual através do qual o sujeito internaliza a representação social de uma unidade de conduta e coerência, unidade que permite a unificação das pulsões a partir da identificação a um outro na posição de tipo ideal.

Por outro lado, tal característica polimórfica das pulsões viria também do fato de Freud compreender a estrutura do interesse (e de todas as suas variantes: volição, vontade, desejo etc.) a partir da libido, ou seja, de uma energia psíquica que desconhece *télos* finalista, já que circularia de maneira "livre" no aparelho psíquico, de maneira desligada de representações determinadas de objetos. Como vimos, esse caráter livre da libido explicaria a natureza própria a uma energia psíquica caracterizada, principalmente, pela sua capacidade em ser transposta, invertida, desviada, recalcada, em suma, deslocada indefinidamente. Uma energia psíquica que parece se realizar como "potência de indeterminação".

Se voltarmos à primeira tópica freudiana, com sua distinção entre pulsões sexuais e pulsões de autoconservação, podemos encontrar elementos que serão importantes para a discussão. Sabemos como as pulsões de autoconservação, ou pulsões do Eu, permitem elevar as exigências de conservação do indivíduo e do *principium individuationis* que determina a imagem unificada de si à condição de princípio de orientação da conduta. Em um tom que não deixa de nos remeter a Nietzsche, Freud vincula o desenvolvimento da consciência, da linguagem, da memória e do julgamento às exigências de autoconservação agenciadas pelo princípio de realidade. Trata-se, em todos os casos, de como construir o melhor caminho para alcançar um objeto capaz de satisfazer as pulsões do Eu, de repetir experiências estabelecendo certa previsibilidade graças à aplicação de processos de unificação. Nesse sentido, só a abertura a exigências de autoconservação pode me fazer organizar minha experiência a partir de regras e princípios. Trata-se, ainda, de abandonar a polimorfia a fim de integrar as pulsões em uma unidade coerente de condutas e julgamentos, o que me permitirá dizer que não me reconhecerei mais em certos impulsos corporais, não me sentirei responsável por eles. Elevarei a *vontade de identidade a princípio de uma vontade fundadora de minha posição de sujeito reconhecido*. A vontade de identidade será o princípio fundamental de uma vontade livre e base dos processos de autoconservação.

À sua maneira, tudo se passa como se Adorno acreditasse que essa vontade de identidade fosse a base do sofrimento social produzido pela moralidade kantiana. Que a razão como modo de se orientar no pensar e no agir seja solidária de exigências de autoconservação, eis algo que não deve ser visto inicialmente como negativo. Não se trata de fazer aqui uma defesa abstrata da dissolução do Eu como modelo de retorno a uma liberdade originária. No entanto, podemos dizer que a hipóstase de tal função de autoconservação acaba por produzir um modo bastante preciso de impasse. Da mesma forma, a incapacidade de o Eu retornar ao que ficou para trás no processo de maturação, ao que foi arruinado pelo processo de desenvolvimento, é fonte certa de sofrimento. Daí por que se faz necessário lembrar que a hipóstase das exigências de autoconservação só pode produzir um Eu que não se reconhece mais em "nenhuma exteriorização humana que não se situe no quadro teleológico da autoconservação da individualidade". Assim:

> O Eu que, após o extermínio (*Ausmerzung*) metódico de todos os vestígios naturais como algo de mitológico, não queria mais ser nem corpo, nem sangue, nem alma, nem mesmo um Eu natural, constituiu, sublimado num sujeito transcendental ou lógico, o ponto de referência da razão, a instância legisladora da ação.[118]

Essas afirmações são de extrema importância. Os autores estão afirmando que o preço a pagar para a constituição do sujeito transcendental como fundamento das operações da razão moderna está no extermínio metódico, na repressão reiterada do que, no interior do sujeito, não se submete à forma lógica geral do Eu. Não querer mais ser nem corpo, nem sangue, nem alma significa, ao menos nesse contexto, impor-se através da vontade de se afastar de tudo o que ameaça a imposição do Eu como forma geral da experiência. Isso nos leva necessariamente à "subordinação de todo impulso à unidade lógica, seu primado sobre o que a natureza tem de difuso e sobre toda a diversidade do não idêntico"[119]. Aqui fica claro como a estratégia consiste em procurar, no modo de integração pulsional, o regime de identidade que será "sublimado" na figura de um sujeito transcendental. Como se os modos de inte-

---

118 ADORNO, Theodor e HORKHEIMER, Max, idem, p. 41.
119 ADORNO, Theodor, *Negative Dialektik*, op. cit., p. 247.

gração pulsional tendo em vista a formação da pessoa psicológica fossem a chave para uma gênese empírica do transcendental.

É pensando nesse processo que Adorno poderá afirmar: "A consciência nascente da liberdade alimenta-se da memória (*Erinnerung*) do impulso (*Impuls*) arcaico, não ainda guiado por um Eu sólido."[120] Vemos claramente aqui como Adorno tem em vista o processo de unificação de moções pulsionais pré-egoicas. Ele insiste que tal processo deve ser lido como o correlato de uma dinâmica que compreende a autonomia a partir do esquema de dominação repressiva da natureza interna[121]. Nesse sentido, por exemplo, a desativação da dicotomia natureza/liberdade que Adorno insiste em realizar desde a conferência "A ideia de história natural", do início dos anos 1930, e a consequente crítica da metafísica da identidade na determinação da dimensão prática da razão passam pela exposição da maneira com que a ação se deixa marcar por esses impulsos arcaicos que aparecem não totalmente subsumidos a processos de socialização. Daí esta afirmação central:

> Apenas lá onde se age como um Eu, não de maneira reativa, pode o agir ser chamado livre. Mas seria igualmente livre o que não é controlado (*Gebändigte*) por um Eu como princípio de toda determinação, aquilo que aparece, tal qual na filosofia moral de Kant, como não livre para o Eu e foi até hoje não livre.[122]

Demoremo-nos mais nesse problema referente à relação entre pulsões e liberdade em Adorno. A fim de compreender esse

---

120 Idem, p. 221. Isso pode explicar por que Adorno insiste que, em Kant, há uma construção paradoxal a partir da articulação entre dois "momentos conflitantes da filosofia moral", a saber, a ideia de liberdade e a ideia de repressão (*Unterdrückung*).Ver também *Probleme der Moralphilosophie*, op. cit., p. 108.
121 Adorno ainda se serve da maneira freudiana de compreender o advento da consciência moral (*Gewissen*) a partir da internalização de um tipo ideal de conduta, de controle das pulsões e da consequente produção de uma instância moral de observação (o superego) para a qual convergem expectativas ideais e mecanismos disciplinares de repressão pulsional (ver, por exemplo, FREUD, Sigmund, "Zur Einführung des Narzissmus". In: *Gesammelte Werke*, op. cit., vol. X, 1999). Por isso ele insistirá que, em Kant, as concretizações da moral precisam ter geralmente traços repressivos (a obediência, a dominação de si, a dor e a humilhação, a consciência moral como juiz etc.). Pois é a "irresistibilidade empírica da consciência moral em sua existência psicológica, o superego, [que] garante, apesar do princípio transcendental dessa consciência, a faticidade da lei moral" (ADORNO, Theodor, *Negative Dialektik*, op. cit., p. 267).
122 Idem, p. 222.

ponto, comecemos lembrando da importância da noção adorniana de *impulso* (*Impuls, Trieb, Drang*), vinculado ao corpo, na preparação de um "conceito positivo de razão que possa liberá-la do emaranhado que a prende a uma dominação cega"[123].

Por exemplo, ao analisar a causalidade da vontade livre, Adorno critica a ideia da causalidade pela liberdade a fim de falar do "suplemento" (*das Hizutretende*) como causa do ato (*Handlung*), causa que não se esgota na transparência da consciência. O que permite a Adorno insistir que, na deliberação moral, há sempre uma espécie de "salto" no interior da cadeia de causalidade. Através desse salto, Adorno pode insistir no fato de que reduzir a vontade a uma razão centrada na consciência nada mais é do que um exercício de "abstração". Pois esse suplemento é algo de corporal ligado à razão mas qualitativamente diferente dela. Sua gênese está ligada ao impulso (*Impuls*) vindo de uma fase autoerótica. É nessa experiência corporal que Adorno introduz a espontaneidade que Kant havia colocado na função constitutiva do Eu penso. Maneira de resgatar a materialidade de uma espontaneidade que é, no fundo, modo de expressão afetiva de si. Insistir nesse suplemento indica que há algo em todo o ato que não é intencionalidade consciente, mas "intencionalidade corporal"[124]. Intencionalidade de um corpo que é manifestação daquilo que Freud entende por corpo pulsional.

É verdade que não está ainda claro como essas questões sobre a relação entre vontade livre e impulso podem fornecer um regime renovado de reflexão sobre o ato moral. Da mesma forma, ainda não está claro qual modelo de deliberação racional pode ser daí derivado, qual princípio de racionalidade está em seu bojo. Estamos diante de um retorno à moralidade dos sentimentos? E o que significa esse apelo ao corpo? Pode o corpo "julgar", servir de fundamento para julgamentos morais? Por mais "poéticas" que tais questões possam soar, elas, a princípio, não parecem muito rigorosas.

---

123 ADORNO, Theodor e HORKHEIMER, Max, idem, p. 6.
124 Ver, por exemplo, MERLEAU-PONTY, Maurice, "Sobre a fenomenologia da linguagem". In: *Signos*, São Paulo: Martins Fontes, 1991, p. 94.

Retorno à origem?

Retornemos, por enquanto, ao problema do recurso adorniano à noção freudiana de conflito próprio ao processo de socialização das pulsões. Essa insistência no potencial disruptivo do reconhecimento de si no campo de pulsões não socializadas parece abrir espaço para uma crítica posta em várias ocasiões por Habermas. Ela consiste em afirmar que o horizonte da reflexão adorniana seria regulado por certo "retorno às origens através do qual se tenta retornar aquém da ruptura entre a cultura e a natureza"[125], ou seja, a crença na emancipação do homem através da ressurreição da natureza. Daí por que Habermas não cansa de achar estranho como "o tema de um Eu que retorna à natureza toma os traços, em Adorno, de uma utopia sexual e de certa anarquia"[126]; utopia que, por ser irrealizável por sujeitos socializados, só pode levar a certa posição depressiva em relação aos descaminhos da vida social. Posição descrita pelo próprio Habermas ao falar do "negativismo de Adorno que (...) só enxerga a confirmação de que não é mais possível romper a magia de uma razão instrumental aparatosamente transformada em totalidade social"[127].

No entanto, podemos dizer que Axel Honneth parece ter compreendido melhor o que está em jogo no pensamento de Adorno. Pois ele sabe que:

> Essas pulsões subtraídas da consciência representam, no espaço de comunicação aberto no psiquismo, certa forma de exigências mudas que obrigam constantemente o sujeito a ultrapassar o nível no qual ele havia anteriormente formado seus compromissos com o ambiente social, assim como a se elevar a um estádio superior de individuação na expressão de suas necessidades.[128]

Isso demonstraria como a autonomia só seria possível através da aquisição de certa capacidade de suspender momentaneamente, de integrar de "maneira lúdica" o que ficou fora dos limites da síntese identitária do Eu. Honneth, baseado em trabalhos do

---

125 HABERMAS, Jürgen, *Theorie des kommunikativen Handelns*, Frankfurt: Suhrkamp, 1995, p. 513.
126 Idem, *Profils philosophiques et politiques*, Paris: Gallimard, 1980, p. 239.
127 Idem, *Consciência moral e agir comunicativo*, Rio de Janeiro: Tempo Brasileiro, 1989, p. 31.
128 HONNETH, Axel, *La société du mépris*, op. cit., p. 336.

psicanalista Hans Loewald, chega mesmo a falar da necessidade de se abandonar temporariamente a experiências que dissolvem os limites do Eu permitindo o retorno para aquém das diferenciações intrapsíquicas que se consolidaram através de processos de maturação. Isso redundaria na constituição de personalidades mais flexíveis e instáveis.

Insistamos nas consequências desse ponto. Podemos dizer que, para Adorno, algo no julgamento moral se constitui a partir da capacidade de os sujeitos recuperarem o que ficou para trás no processo de maturação, o que foi arruinado pelo processo de desenvolvimento. Nesse sentido, o processo de formação em direção à moralidade não é simplesmente um progresso mentalista em direção à formação de uma consciência formalmente mais universalista em sua capacidade de enunciar julgamentos (como encontramos em Piaget ou Kohlberg). O verdadeiro processo de formação pressupõe a capacidade de recuperar "fases" que ficaram para trás, modos de vínculos a objetos que pareciam superados, mas que permitem a constituição de sínteses com o que me aparece como radicalmente outro.

Adorno, no entanto, quer ir além dessa mera flexibilização de identidades. Ele parece acreditar que, em última instância, não é possível operar sínteses intrapsíquicas com pulsões não socializadas através de uma instância como o Eu, até porque, do ponto de vista do Eu, tais pulsões representam uma potência de indeterminação e de desagregação por não se submeterem à forma da identidade. Isso talvez nos explique por que Adorno é obrigado a afirmar que:

> Os homens só são humanos quando não agem e não se colocam mais como pessoas; essa parte difusa da natureza na qual os homens não são pessoas assemelha-se ao delineamento de um ser inteligível, a um Si que seria desprovido de Eu (*jenes Selbst, das vom Ich erlöst wäre*). A arte contemporânea fornece algo disso.[129]

Ou seja, o reconhecimento dos homens como sujeitos (e não simplesmente como pessoas jurídicas portadoras de direitos positivos – não é por acaso que Adorno parece querer atualizar uma distinção que vimos, no primeiro capítulo, como ela já era

---

129 ADORNO, Theodor, *Negative Dialektik*, op. cit., p. 267.

apresentada por Hegel) é dependente da capacidade de eles se porem ou, ainda, de se identificarem com o que não se submete mais aos contornos autoidênticos de um Eu com seus protocolos de individuação.

De todo modo, se voltarmos às colocações de Adorno, devemos insistir que são várias as consequências dessa nova forma de síntese intrapsíquica para uma teoria do reconhecimento e da ação, a começar pelo fato de ela nos obrigar a pensar ações que não aparecem como atributos de uma pessoa compreendida a partir da matriz da imputabilidade jurídica, ou seja, ações cuja causalidade não se esgota na espontaneidade livre de um Eu que coloca para si mesmo sua própria Lei. Como disse Adorno, essa causalidade exige algo de corporal ligado à razão, mas qualitativamente diferente dela. Um algo, um suplemento ligado a um impulso cujo reconhecimento instauraria a não identidade no coração do sujeito e o faria ver suas ações como não sendo exatamente de um Eu, *mas da tensão com uma corporeidade não completamente submetida ao Eu*[130].

Ruy Fausto, em um importante texto em que também é questão da relação entre Adorno e a psicanálise, fornece uma interpretação relativamente distinta da aqui apresentada. Ele insiste no caráter dialético do Eu em Adorno: ao mesmo tempo um pedaço (*Stuck*) da pulsão e representante do princípio de realidade no interior do aparelho psíquico. Tal insistência permite a Fausto pensar momentos em que "o sujeito 'passa' no Eu, no isso, ou, caso se queira, o Eu 'passa' no isso etc."[131]. Tal passagem nos permitiria pensar situações em que o Eu aparece como depositário de expectativas de autonomia e liberdade, e não apenas como instância repressiva e narcísica, responsável por sínteses psíquicas incapazes de dar conta da diferença.

De fato, Fausto tem razão; basta lembrarmos da afirmação de Adorno: "apenas lá onde se age como um Eu pode o agir ser chamado livre". Assim como ele também tem razão em insistir que a crítica adorniana à moralidade kantiana não o impediu de

---

130 Isso talvez nos explique por que "a esfera da ação moral inclui algo que não pode ser totalmente descrito em termos intelectuais, mas também não pode ser hipostasiado como absoluto" (ADORNO, Theodor, *Probleme der Moralphilosophie*, op. cit., p. 18).
131 FAUSTO, Ruy, "Dialética e psicanálise". In: SAFATLE, Vladimir, *Um limite tenso: Lacan entre a filosofia e a psicanálise*, São Paulo: Unesp, 2003, p. 135.

compreender que o recurso ao transcendental era expressão, *ainda que "imperfeita e deformada"*, da impossibilidade de a objetividade moral ser medida pelo estado dos homens tal como eles são agora[132]. No entanto, poderíamos nos perguntar se essa passagem do Eu no Isso não nos levaria a pensar outros modos de sínteses psíquicas que estariam distantes dos princípios de unidade, identidade, autodeterminação e coesão que caracterizam o Eu como instância psíquica *e* como função transcendental. Talvez seja por isso que Adorno irá ao final procurar pensar um "Si desprovido de Eu" cujos modelos não violentos e não repressivos de sínteses vêm diretamente da generalização de reflexões sobre a mimese como estrutura formal das obras de arte avançadas, obras capazes de flertar com o informe e que suspendem seu princípio formal de organização no momento mesmo em que o implementam, como vemos, por exemplo, nas interpretações adornianas a respeito dos processos composicionais de Berg.

Um exemplo sintomático das consequências dessa forma de pensar o problema da síntese psíquica a partir da crítica "totalizante" do Eu nos é fornecido por uma reflexão adorniana acerca das relações sexuais como espaço privilegiado de imbricação entre satisfação de exigências pulsionais e realização de expectativas de reconhecimento intersubjetivo. A esse respeito ele dirá:

> Uma parte de utopia sexual é não ser si mesmo e amar na amada algo que não é ela mesma: negação do princípio do Eu (*Ich-*

---

[132] A partir desse ponto, alguns comentadores chegam a afirmar que: "A recusa de Kant em submeter a consciência a uma crítica genético-psicológica encontra aprovação em Adorno, porque este reconhece aí a objeção de direito da aspiração moral de validade contra uma dissolução relativista na psicologia. O conteúdo de verdade, crítico e antecipador, de uma filosofia moral racionalmente estabelecida não pode ser atribuído à subjetividade, sempre danificada, da personalidade empírica. Esta não pode ser o critério pelo qual se meça a moralidade" (SCHEPPENHÄUSER, Gerhard, "A filosofia moral negativa de Theodor W. Adorno", *Educação e Sociedade*, vol. 84, n. 83, 2003). Claro está que não creio ser esse o caso. Primeiro porque tal posição ignora como o conteúdo positivo da moral não está assentado na recusa da "psicologia relativista", mas na recuperação de uma experiência que apenas a reconstrução genético-psicanalítica da formação do Eu pode revelar. Segundo, porque o recurso ao transcendental aqui é eminentemente negativo, ele apenas indica a necessidade de transcendência em relação à positividade da empiria e ao estado atual do mundo. Ele não funda norma alguma de conduta. Se o conteúdo de verdade da moral não pode ser atribuído à personalidade empírica, é porque precisamos recorrer àquilo que foi recalcado pela produção social da personalidade.

-*prinzips*). Tal utopia faz vacilar essa invariante, em sentido amplo, da sociedade burguesa, sempre em direção à integração, ou seja, à exigência de identidade. No início, tal exigência foi constituída; mas, ao final, ela deve ser novamente superada (*aufzuheben*). O que é puramente idêntico a si é desprovido de felicidade.[133]

Muito haveria a se dizer a respeito desse amor do que, no outro, não é constituído a partir da imagem de um Eu. Amor que, por abalar a exigência de integração, não pode ser pensado como uma figura do Eros unificador próprio à pulsão freudiana de vida. Esse amor, ao contrário, tem a força de se voltar, de reconhecer algo de impessoal e de despersonalizado que se encontra no outro. Algo que leva o desejo a se vincular com o que não se submete diretamente ao *principium individuationis*[134], a procurar a felicidade lá onde o Eu não consegue mais projetar a imagem de si mesmo, lá onde ele deve ser superado.

---

133 ADORNO, Theodor, "Sexualtabus und Recht heute". In: *Kulturkritik und Gesellschaft II*, Frankfurt: Suhrkamp, 2003, p. 538.
134 Sobre essa questão, ver "A destituição subjetiva como protocolo de amor". In: SAFATLE, Vladimir, *A paixão do negativo: Lacan e a dialética*, op. cit., pp. 216-20.

Capítulo VI
NOSSO TEMPO ABRE UMA MULTIPLICIDADE EM CADA DESEJO

> *Através da repetição, o que aparecia no começo apenas como contingência e possibilidade alcança realidade e permanência.*
> Hegel

> *Ele pensava dentro de outras cabeças, e, na sua, outros além dele pensavam. Este é o verdadeiro pensamento.*
> Bertolt Brecht

Essas discussões sobre a teoria psicanalítica das pulsões nos colocaram diante de uma modalidade específica de compreensão do problema da negatividade, assim como de uma individualidade não submetida à redução egológica do sujeito. Trata-se, agora, de demonstrar como a atividade psíquica pode ser estruturada, como as sínteses psíquicas podem ser operadas sem o recurso exclusivo aos modos de síntese derivados do Eu.

No capítulo III, vimos como um pensamento da negatividade exigia que as sínteses no interior do tempo fossem pensadas a partir de um modelo de determinação assentado sobre a dialética entre finito e infinito. Tal modelo nos permitia compreender o tipo de transformação que se opera quando sujeitos históricos se constituem. Tais sujeitos suportam uma ação que é atualização de uma multiplicidade transindividual de ações, que é a repetição redimensionadora de acontecimentos. Sujeitos históricos desejam a história como objeto, ou seja, a sedimentação de tal transindividualidade na forma de um objeto.

No capítulo presente, abordaremos de novo o problema das sínteses no interior do tempo. Desta vez, nos perguntaremos sobre como tal dinâmica descrita anteriormente pode estruturar também sínteses psíquicas, e não apenas sínteses no interior da temporalidade histórica. Uma forma de abordar tal problema é através da articulação entre fantasia e memória, tal como podemos derivá-la do pensamento freudiano. Se precisamos de uma ideia renovada do que vem a ser uma determinação, gostaria de mostrar como a noção freudiana de fantasia tem algo a nos dizer a esse respeito. Pois há uma dimensão da fantasia que é atualização de séries virtuais de desejos transindividuais. Nesse sentido, fantasias podem aparecer como dimensões fundamentais de uma historicidade que se atualiza fragilizando toda determinação finita. Elas fundam uma dimensão da vida psíquica em que encontramos uma espécie de memória social marcada pelo desejo.

Uma maneira privilegiada de pensar tal ponto passa pela compreensão do problema da rememoração em Freud, assim como pela compreensão da fantasia como setor dos modos de síntese operados pela memória. Se o conceito central nos dois capítulos anteriores foi pulsão, há aqui a necessidade de pensarmos de que forma uma experiência pulsional como a descrita anteriormente pode constituir objetos. Vimos como os objetos da pulsão se manifestam em certas situações de angústia. No entanto, tais situações de angústia devem aparecer como momentos de reconfiguração da capacidade de determinação. A perpetuação de tais momentos seria a simples entrada em colapso. Neste ponto, talvez seja o caso de fazer apelo à força sintética dos conceitos de fantasia e memória. Pois, se a fantasia é normalmente compreendida como uma defesa contra a angústia, deve haver situações nas quais tal defesa não é uma negação simples. Para tanto, é necessária uma passagem pelo uso clínico da rememoração em Freud.

Curar através da rememoração

Sabemos como um dos dispositivos centrais dos processos de cura na clínica freudiana é a noção de rememoração (*Erinnerung*). No entanto, como pode a memória e o ato de rememorar ser elementos fundamentais no processo de cura das ditas doenças mentais? Em que condições podemos dizer que problemas como os rituais compulsivos do obsessivo, sua maneira de defender-se destruindo seu desejo, os sintomas histéricos de conversão, entre outros, deixam evidente a incapacidade de certos sujeitos em rememorar processos constitutivos da subjetividade? Essas perguntas não nos levam simplesmente a compreender melhor aspectos centrais da clínica freudiana, mas também nos mostram como é necessário colocar uma pergunta simples apenas em aparência, a saber: o que Freud entende exatamente por "rememorar"?

Responder a tal pergunta implica explorar tanto as modalidades do uso clínico do ato de rememorar quanto a relação entre memória e fantasia. Tal exploração talvez nos revele um uso bastante peculiar da noção de rememoração que coloca a reflexão freudiana fora dos limites de uma filosofia para a qual a memória seria o processo fundamental de unificação da experiência temporal da consciência individual. Ou seja, a maneira com que Freud pensa processos de rememoração talvez o coloque para além dos limites de uma filosofia da consciência.

Comecemos pela tentativa de compreender de maneira adequada os usos clínicos do ato de rememorar. Isso nos obriga a explorar certas articulações que aparecem em Freud entre rememoração e transferência. Em um texto em que é questão da natureza da psicanálise como psicoterapia, Freud descrevia o cerne de sua prática analítica da seguinte forma:

> Segundo um ditado que certamente não é moderno, já que o devemos às antigas práticas, esses doentes [os neuróticos] não seriam curados por medicamentos, mas pelo médico, ou seja, pela personalidade do médico na medida em que, através dela, ele exerce sua influência. Vocês aprovam a opinião enunciada pelo professor de estética Vischer na sua paródia de Fausto – "Eu sei bem que o físico geralmente age sobre o moral." Não seria mais adequado (*adäquater*) e eficaz agir sobre o moral através de meios morais, ou seja, psíquicos?[135]

Posicionando-se a respeito desse debate maior do século XIX sobre as relações entre o físico e o moral, Freud insiste na perspectiva presente desde Pinel, que consiste em fundar a eficácia e a adequação da clínica através da tematização da relação médico-paciente. Sem deixar de ressoar considerações próprias à noção de tratamento moral, Freud chega a falar do tratamento psicanalítico como uma "reeducação (*Nacherzierung*) que permite a do-

---

135 FREUD, Sigmund, "Über Psychotherapie". In: *Gesammelte Werke*, op cit., vol. V, pp. 15-6.

minação (*Überwindung*) das resistências internas". Isso demonstra como Freud nunca questionou a existência de um poder de sugestão na relação médico-paciente. Uma sugestão que, nesse caso, seria capaz de levar o paciente à independência final (*endliche Selbständigkeit*) através da liquidação da transferência e da "recuperação prática do doente, da produção (*Herstellung*) da capacidade de ação (*Leistung*) e de gozo (*Genuss*)"[136].

Todo esse vocabulário não nos é estranho. Poderíamos, por exemplo, seguir Foucault e afirmar que estamos aí diante de um processo de "reeducação" que visa à reconstrução de uma autonomia, uma independência final que só poderia ser o resultado necessário da internalização de práticas e procedimentos disciplinares que se apoiam na transformação do médico em algo como um tipo ideal[137]. Como se se tratasse aí da implementação clínica de um dispositivo ligado à lógica do poder disciplinar. Mostrar que esse não é o caso nos exige entrar em uma análise detalhada da constituição da prática clínica freudiana, principalmente através de um de seus dois eixos centrais: a transferência (sendo o outro eixo a interpretação – interpretação essa extremamente vinculada aos processos de rememoração e construção).

Sabemos como o primeiro passo rumo à tematização da noção de transferência veio através do uso, por Freud, daquilo que ele e Breuer chamavam de "método catártico". As discussões a respeito da noção de catarse no século XIX marcam uma reviravolta importante no modo de compreensão da determinação do sentido "terapêutico" da tragédia. Nesse contexto, a obra de Jacob Bernays[138], tio da mulher de Freud e, entre outros, professor de Nietzsche, não deixa de ter importância.

Bernays procurava salientar que a noção grega de catarse, utilizada para a compreensão do impacto cênico produzido pela tragédia, não era ligada, como se insistia à época principalmente devido à interpretação de Lessing, a uma "purificação" moral que produziria um afeto responsável por nos levar a querer imitar uma

---

136 Idem, p. 16.
137 Ver, nesse sentido, FOUCAULT, Michel, *O poder psiquiátrico*, São Paulo: Martins Fontes, 2008.
138 Ver, sobretudo, BERNAYS, J., *Zwei Abhandlungen uber die aristotelische "Theorie des Drama"*, Darmstadt: Wissenschaftliche Buchgesellschaft, 1968.

ação digna de compaixão. Na verdade, ela estaria ligada à noção médica de "purgação", ou seja, o ato de fazer o sujeito expelir um elemento patogênico, no caso, um afeto a respeito do qual o sujeito não tinha o controle consciente.

No entanto, vale a pena perceber como temos aqui um processo produzido através da identificação do sujeito com uma cena, com uma situação na qual ele deve, de uma maneira ou de outra, se inserir. Tal processo, e essa não é a menor de suas características, é eminentemente visual. O sujeito é levado a se identificar com uma imagem que tem a força de desencadear afetos reprimidos. Algo disso já estava presente nessas práticas de encenação do delírio que encontramos na psiquiatria do século XIX.

Levando esse esquema em conta, o método catártico se utilizava da hipnose para levar o paciente histérico ao estado psíquico próprio à primeira aparição do sintoma. Lembranças, pensamentos e impulsos ressurgiam com intensa exposição afetiva (*Affektäusserung*), e, ao ressurgir, o afeto era superado (*aufgehoben*). Freud fala, na maioria dos casos, do afeto "ab-reagido" ou, antes, "evacuado" (*Abfuhr*). Assim, a cura estava associada a um processo quase físico de descarga afetiva, de reação diferida de situações traumáticas. Daí por que Freud falará que "a histérica sofre de reminiscências". Pois ela sofreria de lembranças traumáticas (normalmente ligadas à sexualidade) que não foram suficientemente ab-reagidas. Nesse sentido, podemos seguir a interpretação de Jean Starobinski:

> O distúrbio característico da histeria consiste em uma perturbação do mecanismo da resposta motora: esta, atrasada ou desviada, não pode ser efetuada adequadamente, pelas vias e no tempo normais. Ao adotar essa concepção do comportamento histérico, Freud não se exclui da teoria bastante difundida que explicava a função cerebral a partir do modelo evidenciado pela experiência fisiológica do reflexo sensório-motor espinhal. O esquema do reflexo, para a época, é uma garantia de cientificidade.[139]

De fato, o final do século XIX conheceu um momento de recuperação da hipnose como prática terapêutica reconhecida. Tal reconhecimento foi impulsionado, por um lado, por Jean-Marie Charcot e, por outro, pela chamada Escola de Nancy (Liébault,

---

139 STAROBINSKI, Jean, *Ação e reação*, op. cit., p. 172.

Bernheim). Freud conhecia bem os dois campos, tanto que estudou com Charcot e traduziu livros de Bernheim. Hyppolite Bernheim compreendia claramente o hipnotismo como uma técnica de sugestão, daí por que "Bernheim ensinava que a hipnose era mais fácil de induzir em seres humanos acostumados à obediência passiva, como por exemplo velhos soldados ou trabalhadores de fábricas, nos quais ele conseguia os melhores resultados. Entre os pertencentes às camadas superiores e mais ricas raramente se alcançavam os mesmos"[140]. Esse caráter sugestivo da hipnose logo se mostrou inadequado para aquilo que Freud realmente procurava: a possibilidade de apropriação reflexiva do processo causal que produz a situação traumática. Não exatamente a encenação imaginária do trauma, mas a apropriação reflexiva de sua estrutura causal. Não exatamente uma repetição, mas uma autorreflexão.

Nesse sentido, a grande inovação de Freud estava vinculada a uma questão de método, assim como ao reconhecimento da *subjetividade do sentido*. A questão de método dizia respeito a um princípio de interpretação que se fundava no reconhecimento da particularidade dos contextos de significação. Interpretar não era assim aplicar esquemas prévios de simbologias (embora Freud nunca tenha deixado de reconhecer a presença de certo simbolismo nos sonhos), mas permitir uma reconstrução de contextos no interior da qual o sujeito aparecia em um papel ativo. Este é o sentido de uma afirmação maior de Georges Politzer: "(...) a ideia [central para a psicanálise] segundo a qual poderia haver uma dialética puramente individual à qual os atos individuais forneceriam uma significação puramente individual é totalmente estranha à psicologia clássica"[141].

Isso leva Freud a substituir a hipnose pela associação livre. A associação livre é, no fundo, um método de reconstituição de contextos de significação. Ela fundamenta-se em uma teoria de associações cujas raízes encontram-se no empirismo inglês (base, entre outros, para Cabanis e Pinel). A esse respeito, basta lembrarmos desta afirmação do filósofo escocês David Hume:

> E mesmo nos nossos mais desordenados e errabundos devaneios, ou antes, nos nossos sonhos, verificamos, se nos entregarmos à re-

---

[140] ELLENBERGER, Henri, *The Discovery of Unconscious: the History and Evolution of Dynamic Psychiatry*, Nova York: Basic Books, 1970, p. 234.
[141] POLITZER, Georges, *Critiques du fondement de la psychologie*, Paris: PUF, 2000, p. 102.

flexão, que a imaginação não deambulou ao acaso, mas que existe ainda uma conexão surgida entre as diferentes ideias, que se sucedem umas às outras. Se a mais solta e mais livre conversação houvesse de ser transcrita, notar-se-ia imediatamente algo que a ligava em todas as suas transições.[142]

O que a associação de ideias demonstra é, no fundo, a inexistência de história da neurose sem alguma forma de amnésia, de conteúdo recalcado e de estrutura de resistências à consciência. Desta feita, a análise transforma-se em uma arte da interpretação que leva à reconstrução da estrutura causal que fora expulsa da consciência do paciente. Já a hipnose dissimula a resistência e, por isso, é incapaz de dar conta do que está em jogo no trabalho de deformação próprio ao sintoma.

É no interior desse contexto que devemos apreender o desenvolvimento da noção de transferência. Por um lado, Freud já tem uma psicoterapia desenvolvida a partir da noção de simbolização reflexiva. Por outro, graças ao uso do método catártico, ele reconhece o poder fundamental da imitação, do colocar em cena e repetir o que vem do passado. Essas duas preocupações estavam presentes na constituição da transferência.

Assim, por um lado, a transferência estará ligada a certo colocar em cena o que vem do passado, colocar em cena já presente na catarse. Lembremos, por exemplo, de *A dinâmica da transferência*, texto de 1912. Freud começa lembrando que, devido a uma combinação entre constituição natural e influência dos anos de infância, cada homem tem uma maneira determinada própria à sua vida amorosa e a seus modos de satisfação pulsional. Essa maneira determinada é apresentada através de uma metáfora fotográfica, a saber, a noção de "clichê" (*Abklatschen*).

Esse clichê é, no fundo, um conjunto de *estruturas fundamentais de relação* que foram desenvolvidas inicialmente no interior do primeiro núcleo de socialização do sujeito, ou seja, a família. Elas não são apenas imagens fundadoras e libidinalmente investidas ligadas à maneira com que o sujeito se relaciona às figuras paterna, materna e fraterna. Como lembra Melanie Klein, tais imagens podem ser também a "mistura na fantasia do paciente

---

142 HUME, David, *Investigação acerca do entendimento humano*, Lisboa: Edições 70, s/d, p. 29.

dos pais como uma figura"[143]. De fato, tais *imagos*, para utilizar um termo de que Freud se serve (e que ganhará importância em Jung e Lacan), são modos fundamentais de socialização e de organização subjetiva que, à sua maneira, constituem os sujeitos.

Nesse sentido, a transferência nada mais é do que a colocação em cena de tais imagens formadoras. Procedimento possível, já que a força terapêutica da personalidade do médico seria ligada exatamente à sua posição de suporte de imagens que atualizam estruturas fundamentais de constituição de modos de relação. Assim, quando Freud falar de "amor de transferência", ou seja, de uma forma de investimento libidinal provocada pela situação transferencial médico/paciente, ele não deixará de afirmar que esse estado amoroso é, na verdade, a *repetição de fatos antigos*, repetição de reações e fantasias infantis. Como se a transferência fosse uma via em direção aos fundamentos infantis do amor.

No entanto, não se trata, assim, de satisfazer esse amor de transferência, mas de irrealizá-lo, ou seja, de colocar o psicanalista na posição de alguém que não responde completamente. Esse silêncio calculado, essa indiferença ambígua, essa opacidade vinda do outro forçaria o sujeito a projetar cada vez mais tais fundamentos infantis do amor com os quais o analisando procura colonizar todo outro. Daí por que Freud deverá dizer:

> Convém manter o amor de transferência, mas tratando-o como algo irreal, como uma situação que se atravessa na cura e que devemos reportar às suas origens inconscientes, de tal maneira que ela faça ressurgir na consciência tudo o que, na vida amorosa do doente, pode ajudá-lo a dominá-la (*Beherrschung*).[144]

Mas, por outro lado, a técnica analítica não pode ser apenas a projeção transferencial de tais imagens no interior da relação entre médico e paciente. Um pouco como se ela tivesse por função reforçar esquemas de socialização que não estariam funcionando de maneira correta na vida afetiva de certos sujeitos neuróticos. Na verdade, na transferência, figuras familiares de autoridade devem ser atualizadas tendo em vista o desvelamento de seu

---

143 KLEIN, Melanie, "The Origins of Transference". In: ESMAN, Aaron (org.). *Essential Papers on Transference*, Nova York: New York University Press, 1990, p. 342.
144 FREUD, Sigmund, *Gesammelke Werke*, op. cit., vol. X, p. 314.

"poder", seu mecanismo pulsional. Daí por que a transferência tem esse estranho papel de ser, ao mesmo tempo, a condição para a cura e resistência à cura. Ela é a condição por permitir que as estruturas determinantes do comportamento, dos modos de desejar do sujeito tomem a cena da relação médico-paciente. A esse respeito, Freud chega mesmo a afirmar que um passo importante da análise consiste em transformar a neurose em neurose de transferência. Mas a transferência é também *resistência à análise*, na medida em que a simples projeção de formas de relação que fazem o sujeito sofrer não implica sua desativação. Daí a necessidade de articular a transferência a outro processo clínico, em larga medida complementar.

A noção freudiana de rememoração estaria presa a uma filosofia da consciência?

Este segundo processo clínico pode ser explicado se lermos com atenção um texto maior de Freud: *Rememorar, repetir, perlaborar*, de 1914. Nele, Freud estabelece uma dicotomia fundamental entre repetir e rememorar. Dicotomia que se justifica se levarmos em conta que, nesse contexto, para Freud, repetir é basicamente uma forma de esquecer (tal com os atos falhos, lapsos, lembranças encobridoras etc.). Essa forma de esquecer própria da repetição estaria, à sua maneira, vinculada à transferência. Tudo se passa como se essas imagens que colonizam a relação médico-paciente acabassem por encobrir, marcar com o selo do esquecimento algo de fundamental para a própria compreensão da doença. Pois, nesse caso, em vez de se lembrar de certos complexos patogênicos e traços patológicos, o sujeito os repetia sob a forma de ação. "Ele não o reproduz como lembrança (*Erinnerung*), mas como ação, ele repete isto, naturalmente sem saber que ele repete."[145] Tudo se passa como se, parafraseando Marx, o paciente não soubesse o que faz.

Freud apela então para a transformação da repetição em rememoração através da liquidação da transferência. Ou seja, se a repetição transferencial é um processo importante, ela não deixa

---

145 FREUD, Sigmund, *Gesammelte Werke*, op. cit., vol. XIII, p. 129.

de fazer apelo a uma elaboração reflexiva suplementar que apenas a noção de rememoração parece poder garantir. Elaboração que realiza o desejo freudiano de "ter uma visão de conjunto (*überblicken*) consequente, compreensível e completa da história da doença". Pois, "se o objetivo prático do tratamento consiste em suprimir todos os sintomas possíveis substituindo-os por pensamentos conscientes, há ainda um outro, o objetivo teórico que é a tarefa de curar o doente de todos os males da memória (*Gedächtnisschäden*)"[146]. Objetivo teórico que nos lembra como "a memória não é uma propriedade entre outras do psiquismo, ela é a própria essência do psiquismo"[147].

Tudo se passa assim como se valesse para Freud a afirmação crítica de Deleuze: "Repete-se mais seu passado na medida em que dele menos se lembra, que se tem menos consciência de dele se lembrar – Lembrem, elaborem a lembrança para não repetirem."[148] Essa é uma das razões pelas quais Freud exortava seus pacientes, por exemplo, a não tomar nenhuma decisão importante, ou seja, a não agir enquanto estivessem em análise. Pois, em situação de análise, toda ação seria uma repetição transferencial (seja dentro da análise ou fora dela). Nesse sentido, o manejo da transferência estará intimamente ligado à análise das resistências do paciente a rememorar. Isso leva psicanalistas como Otto Fenichel a afirmar que "as resistências distorcem as conexões verdadeiras. O paciente entende mal o presente em função do passado; e então, em vez de recordar o passado, esforça-se em reconhecer a natureza da forma por que atua, por reviver o passado e vivê-lo mais satisfatoriamente do que viveu na infância"[149].

Mas até aqui não temos clareza da razão pela qual a constituição narrativa de uma história poderia ter a força de desencadear processos de cura. De fato, não devemos relativizar o fato de que, para Freud, a rememoração é um dos dispositivos centrais do paradigma que organiza a racionalidade da cura psicanalítica e uma das causas maiores de sua característica desmedicalizada. No entanto, *seria a rememoração a reorganização de fatos vivenciados pela consciência individual no interior de uma história organizada como uma*

---

146 FREUD, Sigmund, *Gesammelte Werke*, op. cit., vol. XIII, p. 175.
147 DERRIDA, Jacques, *L'écriture et la différence*, op. cit., p. 299.
148 DELEUZE, Gilles, *Différence et répétition,* op. cit., p. 57.
149 FENICHEL, Otto, *Teoria psicanalítica das neuroses*, São Paulo: Atheneu, 2004, p. 25.

cadeia causal, um pouco como vemos nos próprios relatos clínicos freudianos? Pois, se esse for realmente o caso, devemos nos perguntar se a rememoração em Freud seria apenas um processo de alargamento do horizonte de compreensão da consciência, o que nos levaria a compreender a rememoração como uma estratégia de cura de dissociações da consciência através de protocolos de autorreflexão. Dissociações que, quando curadas, poderiam permitir aos sujeitos reorientar seu agir a partir de uma visão mais completa das motivações para a ação e dos verdadeiros objetos de seus desejos.

Sabemos como Freud afirma que, no interior do processo analítico: "O desejado é uma imagem (*Bild*) fiel e completa em suas partes essenciais dos anos esquecidos pelo paciente."[150] Essa imagem fiel seria importante não exatamente por permitir a totalização da história subjetiva, mas por desvelar as conexões causais que fizeram de certos acontecimentos aparentemente banais acontecimentos traumáticos. Acontecimentos impossíveis de ser simbolizados, impossíveis de ser integrados à consciência. Pois a compreensão (no sentido de integração à consciência, internalização presente no termo alemão *Erinnerung*) da rede causal à qual o sintoma pertenceria seria a condição para a suspensão de seu efeito.

Sobre tais acontecimentos traumáticos, Freud utiliza constantemente uma linguagem fisicalista a fim de falar acerca de quantidades de excitação, de energia libidinal que o sujeito não teria condições de dominar através da ligação em representações. Conhecemos, por exemplo, o que Freud diz a respeito desse acontecimento traumático em um de seus casos célebres: "O homem dos lobos." Nesse caso de neurose obsessiva, Freud crê identificar uma cena primitiva (*Urszene*) vista pelo paciente quando na idade de um ano e meio: a cena de seus pais transando três vezes como lobos, ou seja, com sua mãe de quatro. Essa cena não pode ser simbolizada (por ser incompreensível ao bebê). No entanto, devido àquilo que ela envolve (respiração ofegante, gemidos, aparência de violência etc.), ela mobiliza uma quantidade de energia libidinal que não fica ligada a representação alguma e só será integrada *a posteriori*. O que fica são traços mnésicos fragmentados que, de certa forma, serão posteriormente reinscritos.

---

150 FREUD, Sigmund, *Gesammelte Werke*, op. cit., vol. XIV, p. 44.

De fato, sabemos que o sentido do caráter traumático da cena é, na verdade, uma construção *a posteriori*. É através da associação da cena a acontecimentos posteriores (a escuta de contos em que lobos devoram crianças, a ameaça de castração enunciada quando o paciente se excita vendo uma empregada limpando o chão de quatro etc.) que o sentido de seu caráter traumático é construído por ocasião de um sonho angustiante quando o paciente tinha 4 anos de idade. Sonho em que lobos observam o paciente na cama. Freud faz questão de lembrar que, nesse caso, a cena primitiva é ativada (*Aktivierung*), e não rememorada[151]. Sua ativação estaria agora vinculada ao trabalho de ligação entre a cena primitiva e a ameaça de castração. Nesse sentido, a fantasia da cena primitiva tem agora, e de maneira retroativa, o sentido de testemunho da introjeção do erotismo adulto pela criança[152].

Na verdade, a rememoração propriamente dita ocorre no momento em que o paciente narra a cena do sonho em situação transferencial de análise. Há assim três momentos distintos: o fato tal como se apresenta à idade de um ano e meio com sua inscrição fragmentária, a ativação traumática através de um sonho tido com 4 anos, que fornece à percepção um contexto *a posteriori* de significação, e a rememoração no interior da análise, quando o paciente tem 29 anos. Essa temporalidade retroativa é fundamental para mostrar como o trauma ocorre quando o acontecimento se repete uma segunda vez. Ele é um acontecimento em dois tempos. No entanto, tal acontecimento se repete na dimensão onírica, mostrando assim seu caráter eminentemente fantasmático.

Não escapa a Freud o paradoxo que consiste em dizer que o sentido do acontecimento traumático só pode ser posto por ocasião da rememoração no interior da análise. Pois tudo se pas-

---

[151] Vale aqui o que dizem Laplanche e Pontalis: "Por um lado – primeiro tempo –, a sexualidade literalmente irrompe de fora, penetrando por difração em um 'mundo de infância' presumido inocente no qual ela vem se enquistar como um acontecimento bruto sem provocar reação de defesa. O acontecimento não é em si patogênico. Por outro, no segundo tempo, o impulso pubertário, tendo desencadeado o despertar fisiológico da sexualidade, produz desprazer, e a origem desse desprazer é procurada na lembrança do acontecimento primeiro, acontecimento de fora transformado em acontecimento de dentro, 'corpo estranho' que dessa vez irrompe no seio mesmo do sujeito" (LAPLANCHE, Jean e PONTALIS, J.-B., *Fantasme originaire, fantasmes des origines, origines du fantasme*, Paris: Hachette, 1985, pp. 32-3).

[152] Ver LAPLANCHE e PONTALIS, idem, p. 37.

sa como se fosse possível negligenciar a distância entre a segunda e a terceira fase temporal. Essa negligência é, no entanto, o resultado de uma ideia fundamental de Freud. Ela consiste em afirmar que a memória e o ato de rememorar não são o desvelamento de situações originárias, primitivas, mas a reinscrição de processos passados a partir das pressões do presente. Na verdade, a rememoração já é uma forma de cura porque é a maneira de reorganizar o presente a partir da integração das opacidades do passado (e muito há ainda a ser dito a respeito do que pode significar, nesse contexto, "integração").

Memória e fantasia

Sobre a natureza dessa opacidade, insistimos em alguns pontos suplementares, para além do problema ligado à quantidade de excitação. Podemos dizer que uma das fontes da opacidade dos acontecimentos traumáticos vem do fato de eles nunca terem sido completamente presentes. Já a simples ativação fantasmática da cena primitiva implica saída da dimensão dos fatos presentes a uma consciência individual. Pois, para Freud, fantasias são processos ligados à filogênese da espécie. O fato de as fantasias se repetirem com os mesmos conteúdos em uma multiplicidade de indivíduos, ou seja, o fato de as fantasias não serem a dimensão da singularidade insubstituível, mas da repetição constante, do "esquema", demonstra, para Freud, que elas são marcas de acontecimentos transmitidos através de gerações. Por isso, podemos mesmo dizer que não existem fantasias individuais ou, se quisermos, *não existem indivíduos no interior das fantasias*. Há apenas "fantasias sociais", processos transindividuais e supratemporais que insistem no interior de indivíduos. Por meio das fantasias, o sujeito se confronta com camadas temporais que não se esgotam na dimensão da simples experiência individual. Fantasias são uma dimensão fundamental da experiência da historicidade, pois elas são os espaços de atualização das promessas de felicidade que mobilizaram aqueles que me antecederam, que mobilizaram a história dos desejos desejados. Por isso, fantasias são camadas temporais que sempre serão relativamente opacas por nos colocar diante do problema referente à significação do desejo de outros que nos precederam, e que nos constituíram[153]. Como dirá Deleuze, "e mesmo nosso amor de criança pela mãe repete outros amores de adultos diante de outras mulheres, um pouco como o herói de *Em busca do tempo perdido* reencena, com sua mãe, a paixão de Swann por Odette"[154]. Que a rememoração seja, fundamentalmente, rememoração de traços mnésicos reinscritos no interior de fantasias, eis algo que não pode nos deixar indiferentes.

Há, neste ponto, duas colocações importantes a ser feitas. Primeira, Freud insiste em não reconhecer o caráter totalmente fantasmático das cenas primitivas. O fato de elas aparecerem sob a forma de sonhos, de provocarem forte convicção (*Überzeugung*) no paciente quando apresentadas pelo analista deveria servir de prova inicial de seu "valor real". Freud ainda lembra que, no caso do homem dos lobos, a existência de uma neurose infantil com constituição fóbica de objeto (entre o quarto e o quinto ano de idade) demonstra a necessidade da existência de um acontecimento já na primeira infância. No entanto, é possível que tal acontecimento seja, por exemplo, um coito entre cães visto pelo paciente quando criança (não necessariamente com a idade sugerida por Freud) que mais tarde seria projetado para a situação de uma relação sexual entre os pais. Por levar tal hipótese a sério, Freud chega a afirmar que prefere sustentar um *non liquet* a respeito do "valor real da cena primitiva (*Realwert der Urszene*)"[155].

Mesmo assim, há uma "questão de método" que permanece: um fato empírico capaz de provocar forte quantidade de excitação deve estar na base da composição fantasmática, deixando-se inscrever como traços mnésicos. Da mesma maneira, Freud afirmava, sobre as fantasias de ameaça de castração, que muito provavelmente fatos dessa natureza ocorreram no passado e deixaram traços na herança filogenética da espécie. No entanto, ao menos no primeiro caso, o fato empírico não fornece princípio positivo algum de significação, mas apenas *uma espécie de questão aberta* produzida pelo desvelamento da contingência de certos acontecimentos e que deverá posteriormente ser integrada às construções simbólicas do sujeito. Como se "fatos traumáticos" não

---

153 Não por acaso, Lacan aproxima o tempo da fantasia ao tempo mítico. Ver LACAN, Jacques, *O mito individual do neurótico*, Rio de Janeiro: Jorge Zahar, 2006.
154 DELEUZE, Gilles, *Différence et répétition*, op. cit., 1969, p. 28.
155 FREUD, Sigmund, *Gesammelte Werke*, op. cit., vol. XII, p. 90.

tivessem, no fundo, peso determinista algum. Eles apenas abrem questões.

Isso fica muito claro se lembrarmos que essa redução do fato a traços que devem ser recompostos no interior de fantasias em que o peso de dramas sociais se faz sentir abre as portas para Freud insistir em uma maneira peculiar, própria à análise, de reconquistar o passado. Primeiro, Freud reconhece ao menos um limite para o processo de rememoração. Ele está ligado aos limites da memória como arquivamento. Assim, Freud dirá que o doente não pode se lembrar de tudo o que está recalcado, talvez não possa lembrar-se precisamente do essencial. Por exemplo, Freud faz uma precisão importante ao insistir no fato de as cenas primitivas não serem reproduzidas, no curso da análise, sob a forma do ato de lembrar-se de algo já ocorrido. Na verdade, elas são o resultado de uma "construção" capaz de evidenciar o verdadeiro caráter do que Freud entende por rememoração. Pois, através da temática da construção da memória pelo analista, Freud mostra como a rememoração deve ser compreendida como processo produtivo de composição. Vale aqui o que um historiador das ciências, Israel Rosenfield, falou sobre a memória:

> As lembranças não são imutáveis, mas são reconstituições operadas sobre o passado e em perpétuo remanejamento que nos dão um sentimento de continuidade, a sensação de existir no passado, no presente e no futuro.[156]

Lacan havia compreendido claramente esse ponto na clínica freudiana. Basta lembrarmos de uma afirmação como:

> A história não é o passado – a história é o passado enquanto ele é historicizado no presente – historicizado no presente porque ele foi vivido no passado (...) o fato de o sujeito reviver, rememorar, no sentido intuitivo da palavra, os acontecimentos formadores de sua existência, não é em si mesmo algo realmente importante. O que conta é que ele reconstruiu (...). Eu diria que, no final das contas, do que realmente se trata é menos de se lembrar do que de reescrever a história.[157]

---

156 ROSENFIELD, Israel, *L'invention de la mémoire*, Paris: Flammarion, 1994, p. 87.
157 LACAN, Jacques, *Séminaire I*, op. cit., pp. 19-20.

Tais colocações servem de maneira integral à perspectiva freudiana (e não teríamos dificuldades em ler os problemas ligados à história no capítulo III a partir dessa chave). De fato, Israel Rosenfield mostrou como Freud havia reconhecido o caráter fragmentário e ambíguo das imagens da memória. Pois elas não são arquivadas como impressões de coisas. Seu caráter fragmentário é o que permite, inclusive, os processos de deslocamento e de condensação presentes nas formações oníricas. Não é a ausência de contexto que faz o sonho retrabalhar a lembrança, sobredeterminá-la. Antes, as próprias lembranças foram armazenadas como fragmentos. Nesse sentido, a atualização de uma lembrança nunca poderá ser a mera apresentação de um conteúdo previamente arquivado. Ela é a construção de um sentido a partir das exigências do presente. Derrida, em um texto maior sobre o conceito freudiano de memória, alude a isso ao afirmar:

> O texto consciente não é uma transcrição porque ele não teve que transpor, que transportar um texto presente em outro lugar, sob a forma do inconsciente (...). Não há verdade inconsciente a encontrar como se ela estivesse escrita em outro lugar. Não há texto presente e escrito em outro lugar, que daria lugar, sem ser modificado, a um trabalho e a uma temporalização (esta pertencendo, se seguimos a literalidade freudiana, à consciência) que lhes seria exterior e flutuaria em sua superfície.[158]

Sendo assim, se não há texto presente em outro lugar, é porque a memória não é um arquivamento, mas uma contínua e incessante interpretação. Pois as lembranças não são imutáveis, mas são reconstituições operadas sobre o passado e em contínuo remanejamento. Não se trata de unidades discretas perpetuando-se através do tempo. O que temos é um sistema dinâmico que, a partir do presente, integra traços mnésicos em relações que se constituem *a posteriori*[159]. É com isso em mente que podemos dizer que

---

158 DERRIDA, Jacques, *L'écriture et la différence*, op. cit., p. 313.
159 Isso levou Rosenfield a afirmar, sobre Freud: "Na verdade, todos recriamos o passado, e uma repetição não deve ser compreendida como um ato simbolizando um acontecimento que já ocorreu, mas como uma história global de esforços desdobrados para reaprender o passado, história situada em um contexto dado, em certo momento, que é esse próprio à repetição" (ROSENFIELD, Israel, *L'invention de la mémoire*, op. cit., p. 90).

o passado nunca foi um "presente passado". Ele é, na verdade, a dimensão no interior da qual temos a experiência de sermos habitados por questões abertas, questões que vêm de um tempo virtual. Freud afirma que nunca vivemos inteiramente no presente. A história do desejo de um sujeito mostra que essa frase também vale para o passado ("O passado nunca foi completamente presente").

No entanto, aqui se coloca a questão de saber em até que ponto a rememoração não seria, no fundo, algo próximo de um processo de produção clínica de fantasias. Por que não seria a construção, de certa forma, a fantasia do analista? Pois não seria esse caráter reconstrutivo da rememoração a prova mais clara do poder sugestivo da cura analítica, tal como ela é pensada por Freud? Em seu texto sobre *Construções na análise*, Freud lembra que, de certa forma, delírios e alucinações são construções a partir de "verdades históricas" vividas pelo sujeito. E o que dizer das construções analíticas?

De fato, o papel geral da construção na articulação da história do desejo nos indica que a história individual já é um modo de participação em um universo simbólico-social produtor de experiências de sentido. Como se a história do indivíduo repetisse, à sua maneira, a história geral do símbolo. Nesse sentido, a especificidade freudiana consistiria em lembrar como tal história geral do símbolo só é legível como modulação do complexo de Édipo e das teorias da sexualidade infantil. O que poderia nos levar a compreender a clínica freudiana como um modo de reorganização disciplinar, a partir do complexo de Édipo, dos modos de relação do sujeito com o seu próprio corpo e com o seu desejo.

De sua parte, Freud afirma que as construções em análise não seriam simples sugestões; elas teriam verdade objetiva por ser capazes de levar o sujeito a produzir novos processos de rememoração que desenvolvem a construção. Essa estratégia argumentativa ligada à eficácia do processo de desenvolvimento de associações de ideias pode parecer frágil. Afinal, não é apenas uma construção analítica que se demonstra profícua no desenvolvimento de associações de ideias. Por outro lado, sua eficácia poderia estar ligada simplesmente ao reforço de esquemas de socialização do desejo que constituem sujeitos. A não ser que seja possível mostrar como, no interior da experiência intelectual freudiana, podemos encontrar a ideia de que a rememoração, ao atualizar fantasias e complexos, abre espaço para reinscrições singulares do que se inscreveu como traço mnésico. Reinscrições singulares porque confrontam o sujeito com o caráter radicalmente instável das significações presentes em fantasias e complexos. Uma instabilidade que não poderia dissolver fantasias e complexos, mas desestabilizar suas significações e efeitos. Nesse sentido, a rememoração não seria exatamente o desvelamento de estruturas causais que atuam previamente. Ela estaria muito mais próxima da possibilidade de dissolução de causalidades fechadas através de reinscrições contínuas. *Há uma performatividade própria a todo ato de rememorar.*

Dessa forma, podemos dizer que, ao rememorar, o homem dos lobos não faz algo como apenas descobrir o vínculo neurótico entre ato sexual, angústia de castração, identificação fantasmática com o pai devido a um processo associativo cuja peça central é o significante "lobo". Ele também poderia apreender o quanto sua maneira de aproximar a identificação fantasmática com o pai e o significante "lobo" é, no fundo, uma tentativa de inscrever o problema da relação familiar no interior de uma experiência transindividual que o significante "lobo", com sua polissemia historicamente carregada, poderia proporcionar, abrindo assim o tempo subjetivo para uma memória que não é individual, mas é, em larga medida, opaca à forma de experiência própria a um indivíduo. Deleuze e Guattari insistiram nesse aspecto ao falar da tentativa malsucedida do paciente de Freud em "devir-lobo"[160]. Como se a identificação do sujeito com lobos em matilha e em perpétua errância (já que, mesmo aceitando a leitura freudiana de que os lobos são representações do pai, teríamos que admitir que tal analogia não muda apenas os lobos, mas também a significação do pai) trouxesse, entre outras coisas, a tentativa de inscrever conflitos familiares próprios à formação da personalidade no interior de processos despersonalizados. Explorar o sentido de tal tentativa talvez tivesse sido uma estratégia mais produtiva para uma análise que acabou, infelizmente, se transformando no modelo dramático e malsucedido de uma análise infinita. Modelo de um infinito ruim.

Freud comparava o trabalho analítico de construção a um trabalho de arqueologia. No entanto, poderíamos lembrar de como

---

160 Ver DELEUZE, Gilles e GUATTARI, Félix, *Mil plateaux*, Paris: Minuit, 1998.

Hegel dizia que as ruínas não eram apenas marcas de um presente passado, de uma época anteriormente presente, da qual só restaram traços. As ruínas são a prova de que, desde o início, o tempo era habitado pela inquietude de algo que fragiliza toda presença plena. Talvez essa intuição hegeliana esteja próxima de alguns usos da rememoração autorizados pela experiência freudiana. Daí por que podemos dizer que encontramos, nesse caso, um uso bastante peculiar da noção de rememoração que coloca a reflexão freudiana fora dos limites de uma filosofia para a qual a memória seria o processo fundamental de unificação da experiência temporal da consciência individual. O que nos permite dizer que o uso freudiano da rememoração tende a levar a psicanálise a situar-se fora dos limites de uma filosofia da consciência.

A fantasia de Lênin e a difícil produção de um vestido

Aqui, podemos tentar responder à pergunta colocada no início, a saber: em que condições é possível dizer que problemas como os rituais compulsivos do obsessivo, sua maneira de defender-se destruindo seu próprio desejo, os sintomas histéricos de conversão, sua forma de deixar o desejo em posição eterna de insatisfação, entre outros, deixam evidente a incapacidade de certos sujeitos de rememorar processos constitutivos da subjetividade? Como deve estar claro, o problema não diz respeito à pressão de conteúdos mentais e disposições intencionais recalcados dispostos em uma "outra cena" fora do campo da consciência, conteúdos e disposições que constituiriam núcleos de ações não mais reconhecidas pelo Eu. Na verdade, tais sintomas, inibições e angústias são as marcas da impossibilidade de o paciente ver, na dimensão das fantasias, algo mais do que o sistema de defesa contra os impasses das estruturas de determinação de seu desejo e de constituição da individualidade.

A psicanálise define a fantasia como uma defesa contra a angústia. Dada a angústia da impossibilidade de determinação do objeto do desejo, a fantasia aparece como o processo de produção de tal determinação. Seu tempo seria o tempo da repetição do mesmo. No entanto, fantasias podem desvelar uma temporalidade que nos coloca diante do que ainda não tem forma para consciência. Pois produzir uma determinação do objeto do desejo só é possível à condição de saber reconhecer sua negatividade.

Donald Winnicott expõe um caso clínico que pode auxiliar a compreensão desse ponto. Trata-se de uma mulher, por volta dos 50 anos, que descobre ter construído uma vida na qual "nada do que se passava era realmente importante para ela"[161]. Winnicott fala de um sentimento de não "existir de fato". Pois ela vivia em um estado de dissociação no qual a parte "mais importante dela mesma" encontrava espaço em uma outra vida: uma vida fantasmática.

No entanto, nessa vida fantasmática em que ela pode conservar-se no interior dessa onipotência ilusória própria ao que não precisaria se confrontar com situações concretas para existir, ela descobre que fantasia como um Outro. Winnicott remete tal alienação a situações infantis nas quais a paciente, filha mais nova de um casal com várias crianças, relaciona-se com outros internalizando um mundo já organizado. Assim, por exemplo, ela joga com as crianças um "jogo dos outros", atividade que ela associa ao fantasiar. Dessa forma, podia "observar-se jogando o jogo das outras crianças como se observasse outro alguém no grupo do jardim de infância"[162]. Maneira de afirmar que a paciente se sentia, na dimensão da fantasia, presa ao olhar do Outro, jogando um jogo cujas regras não lhe pareciam expressar algo que, de fato, lhe concerne. A fantasia é, nesse caso, apenas um sistema de defesa contra aquilo que, no interior do seu desejo, teima em querer se colocar "fora do jogo".

No entanto, a paciente produz um sonho importante para a sequência da análise. Nesse sonho, ela se debatia furiosamente com um tecido que deveria ser cortado para fazer um vestido. Ela o cortava e recortava, fazia e desfazia, o que lhe deixava exasperada. A interpretação de Winnicott girará em torno da noção de "informidade" (*formlessness*). Tudo se passa como se o sonho mostrasse como "o meio ambiente tinha sido incapaz de lhe permitir, durante sua infância, ser informe 'recortando-lhe' a partir de um padrão cujas formas tinham sido concebidas por outros"[163]. A par-

---

[161] WINNICOTT, Donald, *Jeu et réalité: l'espace potentiel*, Paris: Gallimard, 1987, p. 44.
[162] Idem, p. 44.
[163] Idem, p. 50.

tir de tal interpretação, a paciente sente que, desde sua infância, ninguém havia compreendido que ela devia começar por ser informe. Essa mediação pelo informe e pelo indeterminado apareceu, durante as análises seguintes, como condição para romper com uma fantasia alienante que lhe parecia retirar-lhe da vida. Ela apareceu como condição para superar aquilo que Lacan nomeou, a respeito da angústia, como "falta da falta".

Ao final da última seção contada por Winnicott, a paciente apresentava um sentimento duplo. Por um lado, sentia que agora poderia "cuidar de si", sair da dissociação primária entre o vazio de sua vida e a onipotência de suas fantasias. No entanto, tal situação não deixava de produzir certa nostalgia da certeza outrora garantida pela doença (certeza de nada ter a esperar da vida, já que suas fantasias não apareciam como suas, não se referiam à sua vida, que assim se esvaziava; mas também certeza de poder suportar tal vazio graças à onipotência da produção fantasmática). Essa nova situação lhe colocava diante de uma angústia profunda, advinda da certeza de adentrar um ponto no qual não havia mais clareza a respeito das regras dos jogos a serem jogados a partir de então, angústia de quem precisa ser capaz de produzir vestidos que se moldem à sua informidade.

O que podemos entender desse caso em comparação com as elaborações de nosso capítulo referente à fantasia? Tentemos contextualizar tais elaborações dizendo que um dos princípios determinantes da metapsicologia freudiana consiste em lembrar que a vida psíquica é estruturada por repetições. Tais repetições não são apenas hábitos que sendimentam comportamentos. É na dimensão das fantasias que encontramos o núcleo fundamental das repetições que compõem a vida psíquica. Assim, há uma operação de síntese do tempo operada pela fantasia. Mas, exatamente por isso, através das fantasias, os atos individuais se desvelam como séries de atos passados que ultrapassam indivíduos para se transformar no modo de atualização de histórias sociais. O desejo de destruição do desejo que atormenta o obsessivo, por exemplo, é a atualização de conflitos que atravessam séries de individualidades. Jacques Lacan sabia disso ao falar que, para produzir um psicótico, são necessárias ao menos três gerações. Maneira mais dramática de lembrar que nada melhor que nossas fantasias para demonstrar como nossos atos são sempre transindividuais, como há sempre uma multiplicidade em cada ato de desejar.

No entanto, reduzir atos à pura repetição de fantasias pode significar submetê-los a um "jogo dos outros" repetível *ad infinitum*. Sabemos que a memória não é um arquivo, mas um processo incessante de reinscrição e reordenação de traços passados. Poderíamos dizer o mesmo das fantasias? Sujeitos teriam a força de fazer das fantasias a atualização de uma multiplicidade não mais submetida a uma repetição alienante? Talvez seja por isso que Lacan insistia que a fantasia era a única via de acesso ao real da pulsão, real dessa pulsão que parece desagregar toda organização de uma individualidade[164]. Esse acesso se dá através da modificação da natureza da fantasia, através da mutação de seu sentido. Uma mutação que nos faz passar da fantasia como defesa narcísica contra a angústia à fantasia como modo de abertura à experiência de desidentidade. Com isso, a economia narcísica suportada pela fantasia pode ser desativada devido à produção de uma posição *unheimliche*.

Podemos, pois, dizer que, nesse caso, através das fantasias, é como se conflitos passados ganhassem novamente a cena, criando assim uma densidade que assombra toda ação. Fantasias são nossa história. Mas e se essa história fosse, desde o seu início, uma dimensão instável de sentido, se os "jogos dos outros" estivessem, a todo momento, assombrados por uma dimensão onde não temos mais clareza de suas regras, em que nós mesmos precisamos construir regras? Pois seria o caso de levar a paciente de Winnicott a se perguntar sobre o que a vinculava tanto aos "jogos dos outros", o que havia no outro que parecia tão importante na sustentação de seu desejo. Por trás da alienação não haveria a espera de uma *separação* na qual eu encontraria, no outro, a mesma informidade que me constitui? E se fosse da natureza do "jogo dos outros" a abertura a um momento em que não sabemos mais (e sequer o outro) quais regras regulam os próximos lances? Pois e se fosse da natureza de toda fantasia estar prestes a se perder, a mudar de sinal, a perder seus traços narcísicos para deixar advir uma

---

164 Ver LACAN, Jacques, *Autres écrits*, Paris: Seuil, 2001, p. 326.

multiplicidade de vozes que compõem camadas indissociáveis de tempo[165]? A fantasia como um modo de repetir para ouvir a instabilidade da voz de outros no interior de minha própria voz. Como Lênin, que ouvia os jacobinos franceses quando brindava à Revolução Russa.

---

[165] Essa hipótese não foi levada em conta quando escrevi *A paixão do negativo: Lacan e a dialética*, São Paulo: Unesp, 2006. Por isso, o problema das fantasias é retomado aqui sob uma ótica distinta. Ela não invalida o que escrevi anos atrás, mas acrescenta uma complexidade interna às fantasias que, certamente, menosprezei.

Ação

Capítulo VII
HÁ UMA POTÊNCIA POLÍTICA NO INTERIOR DO INUMANO

> *O homem é aquele que tem relação com o seu fim,*
> *no sentido fundamentalmente equívoco dessa palavra.*
> JACQUES DERRIDA

> *Disse aos fundadores da União Humanista, que me convidaram*
> *a ser membro: "Se o clube se chamasse União inumana, talvez eu estivesse*
> *pronto a entrar, mas não posso me associar a um que*
> *se autoproclama 'humanista'."*
> THEODOR ADORNO

Como pensar a dimensão prática da razão se aceitarmos tanto as consequências gerais desse dispositivo de reflexão sobre o sujeito apresentado nas duas primeiras partes do livro quanto as exigências que uma teoria do reconhecimento deve, agora, conseguir realizar? Por exemplo, retirada a referência a uma normatividade racional assegurada por estratégias de determinação transcendental da vontade livre, como é possível pensar o ato moral? Aceita a articulação entre modos de síntese psíquica e transindividualidade histórica, ou seja, aceita a limitação da figura do indivíduo moderno, como compreender os móbiles da deliberação racional?

Essas questões continuam em aberto. Quando se trata de Lacan e de Adorno, responder a elas é uma operação de complexidade inegável, já que todos os dois partilham um diagnóstico de época que lhes impede de apelar a estratégias suplementares como, por exemplo, defender a existência de um solo de práticas racionais socialmente partilhadas guiando os processos de reprodução material da vida. A teoria que os dois partilham a respeito do caráter alienante de uma subjetividade centrada na figura do Eu, ou seja, na elevação do Eu a princípio fundamental de sínteses psíquicas, lhes impede, por outro lado, de apelar a alguma forma de teoria do desenvolvimento moral (como faz Habermas com Lawrence Kohlberg e Jean Piaget) ou de teoria da maturação individual em direção ao reconhecimento social (como faz Honneth com Donald Winnicott). Teorias que poderiam fornecer à moralidade um fundamento ontogenético.

No entanto, gostaria de mostrar como nem Lacan nem Adorno nos levam a alguma forma de niilismo moral ou de aporia irredutível na dimensão prática, como muitas vezes se falou. Ao contrário, eles nos fornecem modelos importantes para a construção de uma teoria da ação capaz de fornecer subsídios tanto à filosofia moral quanto à filosofia social. Teoria não mais dependente do que chamamos de "redução egológica do sujeito".

Trata-se, pois, de discutir tais questões nos próximos capítulos. No entanto, tais discussões seguirão uma estratégia relativamente diferente daquela utilizada nos capítulos precedentes. Pois se trata de acoplar tais questões a outras que, mesmo sendo autônomas, tecem relações profundas com os problemas derivados da reflexão até agora proposta. Neste capítulo, partiremos de considerações gerais sobre aspectos da crítica ao humanismo, isso a fim de criar condições gerais para compreendermos o que estava realmente em jogo na maneira lacaniana de pensar a ação moral servindo-se da figura de Antígona e do seu conflito com a lei da pólis. No capítulo VIII, partiremos da contextualização detalhada de uma crítica feita por Giorgio Agamben contra Adorno. Crítica que visava recuperar uma peculiar perspectiva materialista para o campo da ação política. A discussão referente a tal crítica nos fornecerá as condições para apreendermos o programa positivo que estava por trás da afirmação de Adorno segundo a qual "todo ato moral é falível". Comecemos, pois, com o caminho que vai da crítica do humanismo a Antígona.

Antes de dar início a este capítulo, gostaria de relembrar o que foi dito na Introdução, a fim de expor a estratégia principal que lhe anima. Como disse, um dos pontos fundamentais deste livro consiste em pressupor que problemas presentes na crítica do humanismo podem permitir uma ampliação do uso político do conceito de reconhecimento, liberando-o das amarras do paradigma comunicacional. Liberação necessária, já que tal paradigma, por ser muito dependente da entificação dos limites postos pela gramática do senso comum, é dependente, por sua vez, de um horizonte normativo presente no interior de nossas formas de vida e a respeito do qual temos razões suficientes para transformá-lo em objeto de crítica. Horizonte, por sua vez, excessivamente vinculado aos limites de uma antropologia que devemos chamar de "humanista" (e veremos, neste capítulo, o que afinal devemos compreender sob esse termo tão citado e utilizado).

Por essa razão, o problema do reconhecimento deve gradativamente passar do *reconhecimento da alteridade* ao *reconhecimento daquilo que suspende o regime de normatividade social que nos faz absolutamente dependentes da reprodução reiterada da figura atual do homem*. Essa passagem (que, no fundo, é a passagem da alteridade para a a-normatividade) permite ainda a reconstituição da noção de liberdade, retirando-a do paradigma jurídico-normativo que a concebe preferencialmente a partir da predicação de direitos positivos potencialmente enunciados pelo ordenamento jurídico. Antes, ela nos abre as portas para compreendê-la como vínculo à incondicionalidade de uma universalidade não substancial. *A liberdade é uma forma de reconciliação na qual meu pathos é a expressão de uma necessidade que pode ser reconhecida em seu valor universal.*

Claro que estamos distantes da noção autárquica de liberdade como livre-arbítrio individual. A liberdade é um impulso individual graças ao qual determino, através de uma ação social, o modo de aplicação de normatividades que se querem universais. Como se trata, acima de tudo, de uma *ação social*, seu sentido só pode ser dado *a posteriori*, através do desdobrar de suas consequências no interior da vida social. Só sei que o modo de aplicação do objeto de minha decisão foi "bem-sucedido" quando avalio o desdobrar de suas consequências no interior da vida social. Essa é uma maneira mais rebuscada de dizer que, de certo modo, só sei que agi livremente *a posteriori*, da mesma forma que só sei que agi moralmente *a posteriori*. Na verdade, só sei o que senti *a posteriori*. Minha intencionalidade consciente não basta como guia para definir o caráter livre de minha ação, embora a ausência de intencionalidade consciente já sirva para descartar a possível natureza moral e livre da ação. Veremos, a partir deste capítulo, o que tais considerações podem significar.

Uma humanidade liberada da figura do homem

É bem provável que a esta altura tenha ficado claro como este livro se desenvolveu procurando apoiar-se em Hegel, Lacan e Adorno a fim de traçar os contornos de uma figura do sujeito derivada de certa tradição dialética ainda pouco explorada. Uma das críticas possíveis a tal estratégia poderia consistir em dizer que, com sua insistência no indeterminado, na despersonalização, na crítica ao Eu e na crítica à redução egológica do sujeito, ela parece apenas referendar certo diagnóstico de época que determina o presente como era do esgotamento da *humanidade* do homem. Compreendemos que o projeto filosófico da modernidade forjou, como uma de suas peças-chave, a imagem da humanidade como qualidade do que é humano. Esse seria seu legado fundamental, já que as possibilidades de realização social da humanidade do homem se colocariam como horizonte estável de regulação do que entendemos por sociedade justa e livre. A sociedade justa e livre seria aquela capaz de fornecer as condições institucionais para a realização de um projeto que o homem impôs para si, um projeto que permite ao Si mesmo manifestar-se através de atributos fundamentais que viabilizariam a implementação daquilo que poderíamos designar como a essência plenamente determinada do humano. Nesse sentido, nos acostumamos a ver nossas lutas políticas, nossas exigências morais e nossas estratégias de crítica do existente fundamentadas na identificação de entraves para a transformação de tais atributos na forma jurídica de direitos gerais. Já nesse momento fundador da modernidade política, a saber, a Declaração dos Direitos do Homem e do Cidadão, de 1793, com seu primeiro artigo enunciando a felicidade geral como objetivo da vida social, o horizonte do político parece ser avaliado pela distância a ser percorrida a fim de implementar socialmente os atributos que definem a humanidade do homem.

No entanto, o presente parece querer realizar algo mais próximo destas palavras de Michel Foucault: "O homem é uma invenção cuja arqueologia do nosso pensamento mostra facilmente a data recente. E talvez o fim próximo (...) pode-se apostar que o homem se dissolverá, como um rosto de areia na borda do mar."¹ Uma dissolução oceânica que parece tragar, no mesmo movimento, a humanidade do homem e suas promessas de racionalização social. Ao fazer tal afirmação, quarenta anos atrás, Foucault pensava em certa libertação que só poderia ocorrer quando aceitássemos o desaparecimento inelutável do homem, da mesma forma que aceitamos passivamente os movimentos do oceano. No entanto, em vez de *libertação*, tendemos atualmente a pensar a morte do homem como *liquidação* das potencialidades do político em prol daquilo que o próprio Foucault chamou de entificação das "tecnologias de poder centradas na vida", ou seja, processos de controles baseados na gestão biopolítica dos corpos, na colonização dos desejos através de aparatos de gestão da sexualidade. Mas seria essa a razão para retomarmos formas de discursos edificantes sobre o humanismo como modo de realização prática das condições para a afirmação da humanidade do homem? Seria correto dizer que nosso destino só conhece duas vias: a defesa do humanismo ou a aceitação da gestão biopolítica que alcança dimensões decisivas graças ao desenvolvimento contemporâneo da técnica? E se mostrássemos que há uma solidariedade profunda entre essas duas posições, se mostrássemos que devemos, ao mesmo tempo, criticar ambas as posições?

Na verdade, é isso o que gostaria de propor através das discussões até agora apresentadas sobre a teoria do sujeito. Pois tudo se passa como se fôssemos atualmente obrigados a pensar uma teoria do sujeito *a partir* de aspectos fundamentais de certa crítica ao humanismo, tão presente no pensamento francês dos anos 1960, em especial, mas por razões diversas e com resultados distintos, em Derrida, Foucault e Deleuze. Trata-se de autores que assumiram para si o problema posto claramente por Derrida, ecoando aqui uma perspectiva que, de certa maneira, vinculava--lhe a Nietzsche e Heidegger: "(...) a história do conceito de homem nunca é interrogada. Tudo se passa como se o signo 'homem' não tivesse nenhuma origem, nenhum limite histórico, cultural, linguístico, nem mesmo nenhum limite metafísico."² Todos eles, no entanto, baseiam-se na suspensão de tal impossibilidade

---

1 FOUCAULT, Michel, *Les mots et les choses*, op. cit., p. 398.
2 DERRIDA, Jacques, "Os fins do homem". In: *Margens da filosofia*, op. cit., 1991, pp. 154-5. E, retomando discussões postas no capítulo V, haveria ainda muito a se dizer a respeito da dependência, em relação a certa antropologia, do encaminhamento transcendental referente à questão do sujeito.

de interrogação para anunciar, enfim, o colapso da categoria reguladora de sujeito.

Já autores fortemente vinculados à tradição dialética, como Lacan e Adorno, compreenderão tal problemática como *momento* necessário a ser superado (e aqui no sentido de uma negação que conserva o negado) através da renovação da teoria do sujeito. Tanto é assim que, em momento algum, nem Adorno nem Lacan abandonarão a figura do sujeito agente, embora também não admitam tentativas de regular tal agência a partir de conceitos que nos levariam a acreditar que a humanidade do homem já está realizada. No fundo, trata-se de liberar a agência das amarras de uma filosofia da consciência (o que talvez nos explique por que Lacan construirá essa categoria aparentemente contraditória de "sujeito do inconsciente").

Mas insistamos em um ponto central. Exatamente por não acreditar que a humanidade do homem já esteja realizada, podemos encontrar em todos eles, por razões distintas, uma extremamente relevante *defesa do inumano*. Isso significa defender que a capacidade de confrontação com o inumano, com o que, no sujeito, não porta a figura atual do homem, seria a condição maior para a regulação de toda e qualquer política que se queira ainda fiel a exigências gerais de emancipação. No entanto, é fato que aprendemos a associar o inumano à dimensão das catástrofes históricas, um pouco como se as portas da violência destruidora ou da desagregação normativa fossem sempre abertas quando esquecemos o que o homem deve ser, quais os atributos essenciais de sua humanidade, quais os predicados que lhe determinam. Sentimo-nos seguros ao reencontrar a imagem identitária do homem, isso a ponto de imaginar que a ausência de tal imagem só poderia gerar o caos e a deposição de todo projeto de racionalização social. O que não poderia ser diferente, já que a razão não é apenas um modo de se orientar no julgamento, mas normatividade que visa produzir uma *forma de vida* em que a determinação completa da humanidade do homem seria possível. No entanto, talvez seja o caso de mostrar que esse modo de pensar é limitado, pois é na capacidade de se reconhecer naquilo que não porta a imagem identitária do homem que reside o fundamento para uma determinação não normativa e renovada da razão. Realizar uma *humanidade liberada da imagem do homem* pode nos fornecer um novo horizonte para as lutas políticas e as estratégias de crítica do existente.

Autonomia, autenticidade e unidade

A fim de expor claramente a necessidade de retornar à crítica ao humanismo, devemos, a princípio, compreender que homem é esse que atualmente se dissolve e o que podemos esperar desse processo histórico com certeza irreversível.

Digamos que esse homem que hoje se dissolve é, sobretudo, o suporte de três atributos determinantes que tradicionalmente definem a humanidade do homem. A significação de tais atributos confunde-se com o próprio desenvolvimento do pensamento moderno. Primeiro, temos a *autonomia* individual da vontade e das condutas. Essa autonomia estaria vinculada à capacidade de os sujeitos porem para si mesmos a sua própria Lei moral, transformando-se assim em agentes morais capazes de se autogovernar. Por um lado, ao serem os legisladores de si próprios, os sujeitos poderiam se *autodeterminar*. Essa ideia de autodeterminação é central, pois traz para dentro do humano um movimento próprio àquilo que conhecemos por "substância primeira", a saber, o movimento de ser causa de si mesmo, *causa sui*. O sujeito autônomo pode se autodeterminar porque a causa da sua ação lhe é imanente, não lhe é externa, já que é fruto de sua própria liberdade.

Por outro lado, por serem autônomos, os sujeitos são aptos a deliberar racionalmente no solo seguro de sua *interioridade*, como quem cria uma espécie de "tribunal mental" no qual julgo meus próprios atos, realizados ou potenciais, em que tomo distância, transcendendo minhas inclinações e desejos ao apoiar-me na Lei que me faz sujeito. Por serem capazes de julgar a si mesmos, os sujeitos são *imputáveis*, são responsabilizados por aquilo que fazem e desejam, já que poderiam, através de deliberação racional, sempre fazer outra coisa do que fazem, impor uma norma a desejos que julgam irracionais e imorais. O que explica por que, até hoje, os não dotados de autonomia (por serem loucos ou por não terem desenvolvido aptidões psicológicas necessárias para tanto, como as crianças) não são juridicamente imputáveis.

Se o primeiro atributo da humanidade do homem é a autonomia, o segundo seria a *autenticidade* que permite aos sujeitos postular expectativas de expressão da *individualidade* autônoma nas dimensões sociais do trabalho e da linguagem. Tradicionalmente, a autenticidade permite aos sujeitos se reconhecerem na exterioridade como individualidades insubstituíveis capazes de produzir e se expressar a partir de *estilos* singulares. Estilo deve aqui ser compreendido como "modalidade de integração do individual em um processo concreto que é trabalho e que se apresenta necessariamente em todas as formas de prática"[3]. Tais individualidades, através da singularidade do estilo, conseguiriam dar forma ao que tinha sua realidade ligada, até então, apenas à intencionalidade alojada na irredutibilidade da pura interioridade. Nesse sentido, a autenticidade é um atributo que garante a existência, de direito, de um *princípio de expressibilidade* entre a potencialidade de minha individualidade singular e a exterioridade intersubjetiva das dimensões da linguagem e do trabalho.

Vemos como esses dois atributos até agora descritos fundam uma tensão a ser equacionada no interior da humanidade do homem. Tensão que, ao dissociar-se, cria dois modelos de liberdade: um pautado na autonomia moral e outro na autenticidade individual. No entanto, pensar a superação dessa cisão pode ser visto como tarefa maior a organizar o desenvolvimento da filosofia moral[4].

Talvez, por admitir a tarefa de tal superação, encontremos um terceiro atributo a determinar a humanidade do homem: a *unidade reflexiva* do que é consciente de si mesmo. Essa unidade assegura os sujeitos no solo estável da *autoidentidade* capaz não apenas de garantir que todas as minhas representações mentais sejam, de fato, reconhecidas como *minhas*, mas também de fundar a coerência da personalidade que faz do desenvolvimento psicológico um movimento em que cada momento singular é o desdobrar de uma mesma identidade. Essa unidade poderia ser rompida, por exemplo, por sintomas ou por automatismos maquínicos nos quais não me reconheço mais em mim mesmo, como uma espécie de autenticidade que não poderia mais se pôr. Lembremos como o inconsciente em Freud aparece, em larga medida, como o domínio do *Es*, ou seja, do *Isso* que aparece como um corpo estranho no interior do Si mesmo, como algo que teima em não se submeter à primeira pessoa do singular para alojar-se na terceira

---

3 GRANGER, Gilles-Gaston, *Filosofia do estilo*, São Paulo: Perspectiva, 1974, p. 17.
4 Vimos alguns resultados da hipóstase desses dois modelos de liberdade no capítulo II, através de uma leitura da filosofia hegeliana do direito.

pessoa indeterminada. No entanto, a princípio acreditamos que rupturas dessa unidade são situações patológicas que poderiam ser ultrapassadas através da reconstrução de unidades menos rígidas, mas nem por isso menos efetivas em seu poder de síntese.

Que autonomia, autenticidade, unidade e seus conceitos derivados como imputabilidade, autodeterminação, individualidade, estilo, interioridade, autoidentidade sejam os atributos cardeais da humanidade do homem, eis algo que nos explica por que encontramos tais termos na constituição dos horizontes de regulação dos múltiplos campos de reflexão da ação humana. Por exemplo, não é um mero acaso que "autonomia" (e seu oposto, a "alienação") seja um termo fundamental tanto para a filosofia moral quanto para a política, para a clínica dos fatos psicológicos[5] e para a estética (cuja fundação do seu campo se confunde exatamente com as discussões relativas à autonomia da obra de arte, ao advento da forma autônoma).

O mesmo vale para "autenticidade", valor-chave tanto para a estética quanto para a crítica à estereotipia do mundo do trabalho colocada em circulação, por exemplo, pela crítica social animada por maio de 1968 com suas exigências de repensar as práticas a partir da criatividade e do fim da uniformização, como nos demonstraram os sociólogos Luc Boltanski e Eve Chiapello[6]. A autenticidade ainda aparece no campo do político quando falamos da "espontaneidade" das massas e dos movimentos sociais como uma espécie de valor regulador. Da mesma forma, a clínica do sofrimento psíquico descreve o bloqueio da autenticidade através, por exemplo, da fala vazia (para usar um termo caro a Jacques

---

5   Uma das dimensões fundamentais do trabalho de Foucault consiste em mostrar como a psiquiatria moderna, essa que tem em Pinel e Tuke seus nomes fundadores, encontra o solo de orientação para suas práticas quando orienta sua análise diagnóstica através de ideias reguladoras como "vontade autônoma" e "vontade alienada". Ver, por exemplo, FOUCAULT, Michel, *O poder psiquiátrico*, op. cit.

6   Ver BOLTANSKI, Luc e CHIAPELLO, Eve, *Le nouvel esprit du capitalisme*, Paris: Gallimard, 1999. Entre outras coisas, encontramos aqui a exposição de como a desregulamentação do mundo do trabalho e a elevação de noções como "flexibilidade", "risco", "modificação contínua" a dispositivos de justificação do *éthos* capitalista estão intimamente ligadas à absorção, pelo próprio capitalismo, de uma crítica feita a partir de exigências de autenticidade que encontrou impulsão a partir dos movimentos de maio de 1968. Crítica ao capitalismo que os autores chamam de "crítica artista", pois vinculada às tentativas de efetivação de um modo de vida boêmio em que era questão de denunciar o desencantamento e a inautenticidade do mundo do trabalho.

Lacan[7]). Não creio ser necessário insistir na polissemia de "unidade". Até porque essa presença dos mesmos termos em campos autônomos de saberes e práticas indica apenas como, em todo lugar onde é questão do homem, deparamos com o mesmo horizonte de validação e julgamento.

No entanto, não deixa de ser bastante sintomático que autonomia, autenticidade e unidade sejam atributos fundamentais da humanidade do homem porque, à sua maneira, eles também são atributos do ser divino. Como se costuma dizer, o homem (esse mesmo homem resultante do projeto filosófico da modernidade desencantada) é a imagem e semelhança de Deus. E os traços dessa semelhança são, no fundo, a partilha de atributos que fornecem horizontes reguladores como: ser causa de si mesmo (autonomia), não conhecer nenhuma diferença irredutível entre potência e ato (autenticidade), ser sempre idêntico a si mesmo na multiplicidade de suas ações (unidade). Como dirá Deleuze: "Humanos ou divinos, são sempre os mesmos predicados, quer eles pertençam analiticamente ao ser divino, quer eles sejam sinteticamente ligados à forma humana."[8] Frase decisiva por insistir que o que garante a forma do humano não é distinto do que constitui o projeto teológico que marca a autoconsciência diferencial do Ocidente. O que nos leva a perguntar se as tentativas de conservar a humanidade do homem não seriam, no fundo, maneiras relativamente astutas de perpetuar o pensamento ocidental sob a sombra de certa teologia que não tem coragem de dizer seu nome. *Como se o homem fosse, no fundo, um astuto projeto teológico-político*, um projeto teológico que se impõe em suas consequências sociopolíticas. Nesse sentido, por mais contraintuitivo que isso possa parecer, a crítica ao humanismo é, no fundo, crítica à determinação do campo possível de experiências por modos de pensar herdados de construções teológicas. O que demonstra como *o humanismo sempre foi a continuação da teologia por outros meios*.

---

7 Sobre a função, na psicanálise lacaniana, de exigências de autenticidade na relação entre sujeito e linguagem, ver DEWS, Peter, "A verdade do sujeito: linguagem, validade e transcendência em Habermas e Lacan". In: SAFATLE, Vladimir, *Um limite tenso: Lacan entre a filosofia e a psicanálise*, op. cit., pp. 75-106.
8 DELEUZE, Gilles, *Logique du sens*, Paris: Seuil, 1969, p. 130.

Um projeto terapêutico

Mas dizer isso é ainda muito pouco. Pois, em última instância, falar que determinada forma de pensar tem parte com esquemas herdados de construções mítico-religiosas é trivial. Dificilmente encontraremos alguma forma de pensar que, de uma maneira ou outra, não tenha parte com esquemas herdados de construções mítico-religiosas. Até porque, como dizia Hegel, tais construções são elaborações sociais que visam permitir aos sujeitos pensar, ainda que de maneira não completamente elaborada, o que é incondicional e aspira ter validade universal. Nesse sentido, elas são momentos maiores, mesmo que ainda incompletos, de toda forma de pensar que reflete sobre universalidade e incondicionalidade.

No entanto, podemos nos perguntar: qual forma de vida esse projeto teológico-político ligado ao destino da categoria "homem" pressupõe? Quais experiências são possíveis e quais são impossíveis para o homem? "Impossível" não significa aqui "inexistente", mas simplesmente "não pensável", da mesma forma que costumamos dizer de um objeto contraditório que ele não é pensável, que não é pensável que Sócrates seja, ao mesmo tempo e sob o mesmo aspecto, homem e não homem. Nossa pergunta deve ser, pois: quais experiências estão impossibilitadas de ser pensadas e integradas à vida devido ao advento do homem? Todo projeto teológico impõe uma separação, o que nos leva a perguntar sobre o que está separado da experiência dos sujeitos devido ao advento do homem.

Essas são formas mais genéricas de desdobrar uma estratégia que se iniciou no capítulo V e, assim, questionar se os valores de autonomia, autenticidade, unidade e identidade não acabariam por produzir uma vida necessariamente mutilada, pois impossibilitada de integrar e pensar experiências que o homem necessariamente recalca, denega e expulsa para fora de si com todas as suas forças. Experiências que só poderiam ser pensadas lá onde a imagem do homem se dissolve, da mesma maneira que dissolvemos um rosto de areia na borda do mar. Pois gostaria de insistir neste ponto: o homem é fundamentalmente *uma forma de pensar*. Isso fica claro se lembrarmos que sua *unidade* pressupõe a elevação dos princípios de identidade e de não contradição à condição de postulados ontológicos (e não apenas de premissas lógicas).

Sua *autonomia* pressupõe a crença em estratégias de constituição transcendental de objetos da experiência. Sua *autenticidade* pressupõe a realidade de termos singulares. Esses três procedimentos articulados conjuntamente produzem aquilo que um dia Deleuze chamou de *imagem do pensamento*, maneira que o pensamento tem de constituir objetos e processos que apenas reiterarão as regras gramaticais que ele naturalmente aceita como pressuposto não questionável. Naturalização da gramática cujo resultado final é a necessária entificação de um *sensus communis*[9].

Nesse sentido, gostaria de colocar uma hipótese a ser avaliada: o homem como entificação de certo regime de pensar é, além de um projeto teológico-político, um projeto eminentemente *terapêutico*. Entendamos terapia aqui como conjunto de procedimentos que visam tanto impor certa normalidade como padrão de normatividade da vida quanto fortalecer a vida, assim normatizada, contra tudo o que possa adoecê-la, tirá-la da sua norma.

Quem diz terapia diz procurar livrar-se de um estado anterior de sofrimento. De fato, o homem como projeto regulador fundamental da modernidade aparece como mecanismo de defesa contra um estado de sofrimento que bem poderíamos chamar, seguindo Axel Honneth, de "sofrimento de indeterminação".

Vimos, no primeiro capítulo, como, a partir de Hegel, encontramos quadros de caracterização da modernidade como era própria a certo sentimento subjetivo de indeterminação e anomia resultante da perda de horizontes estáveis de socialização. A partir de então, o sujeito só poderia aparecer como

---

9 "Imagem" significa aqui o que determina o regime de visibilidade do pensamento, aquilo que o pensamento é capaz de ver, de dispor e determinar, um pouco como determinamos e diferenciamos coisas no espaço. Essa condição de visibilidade do pensar está ligada aos pressupostos implícitos que colocam o pensamento em uma boa direção "natural". *Isso significa elevar as relações entre linguagem filosófica e linguagem pré-filosófica à condição de problema filosófico maior.* Pois é a linguagem pré-filosófica, essa linguagem "ordinária" própria ao senso comum, que forneceria ao pensar filosófico seu conjunto tácito de pressuposições não problematizadas. Isso fica claro em afirmações como: "Os postulados em filosofia não são proposições a respeito das quais o filósofo nos pede que aceitemos, mas ao contrário temas de proposições que continuam implícitas e que são ouvidas de maneira pré-filosófica. Neste sentido, o pensamento conceitual filosófico tem por pressuposto implícito uma imagem do pensamento, pré-filosófica e natural, tomada do elemento puro do senso comum" (DELEUZE, Gilles, *Différence et répétition*, op. cit., p. 172).

essa noite, esse nada vazio que contém tudo na simplicidade dessa noite, uma riqueza de representações, de imagens infinitamente múltiplas, nenhuma das quais lhe vem precisamente ao espírito, ou que não existem como efetivamente presentes (...). É essa noite que descobrimos quando olhamos um homem nos olhos, uma noite que se torna terrível, é a noite do mundo que se avança diante de nós.[10]

Digamos que o homem como projeto terapêutico aparece exatamente como mecanismo de defesa contra tal noite do mundo que se avança diante de nós. Como vimos, Hegel, contrariamente a tal tendência, via essa noite como manifestação de uma *potência de indeterminação e de despersonalização* que habita todo sujeito. Uma potência de indeterminação que é outro nome possível para aquilo que Hegel compreende por infinitude, já que o infinito é exatamente o que demonstra a instabilidade de toda determinação finita, o colapso de toda analítica da finitude. Isso nos permitiu dizer que sujeito é, para Hegel, o nome de uma operação de inscrição da infinitude na dimensão do existente. O que nos explicaria por que os dois termos que Hegel mais utiliza para descrevê-lo são "fluidez" (*Flüssigkeit*) e "inquietude" (*Unruhe*). Fluidez e inquietude daquilo que expõe a instabilidade de toda determinação finita, até porque Hegel não se sente comprometido com a normatividade da figura antropológica do homem. Ao contrário, se o homem é a noite do mundo, é porque ele é esse animal que se constitui quando suporta a força de seu próprio desaparecimento, quando é capaz de constituir operações sintéticas com aquilo que lhe nega.

Essa afirmação faz-se necessária porque nós, ao contrário de Hegel, aprendemos a esconjurar tal indeterminação brandindo a crença de que a articulação entre autonomia, autenticidade e procedimentos de unidade sintética derivados do Eu nos permitiria criar normatividades que nos orientariam de maneira segura no agir e no julgar. Insistamos neste aspecto: a humanidade do homem e seus atributos aparecem como promessa de cura contra a indeterminação. Como se até hoje não parássemos de olhar o homem e dizer: "Fora desse Ser ou dessa Forma, vocês só terão o caos..."[11] Promessa de separação em relação a uma potência de

---

10 HEGEL, G. W. F., *Jenenser Realphilosophie II*, Hamburgo: Felix Meiner, 1967, pp. 180-1.
11 DELEUZE, Gilles, *Logique du sens*, op. cit., p. 129.

indeterminação que nos desacostuma da finitude e, por isso, parece nos levar à dissolução de si. Por isso, contra esse projeto terapêutico assentado na perpetuação do homem, talvez devamos dizer, com Deleuze:

> Se nos perguntarem por que a saúde não basta, por que a quebra é desejável, talvez seja porque sempre pensamos através dela e de suas bordas, e que tudo o que foi bom e grande na humanidade entra e sai por ela, em pessoas prontas a destruir a si mesmas, e que é preferível a morte à saúde que nos propõem.[12]

Talvez a morte seja preferível porque, como vimos no capítulo V, é bem provável que nosso sofrimento mais aterrador não esteja exatamente vinculado a alguma forma de sentimento de indeterminação resultante da perda de relações sociais substancialmente enraizadas, estáveis. *Nosso sofrimento mais aterrador é esse resultante do caráter repressivo da identidade.*

Tudo se passa como se o pensamento contemporâneo tomasse consciência de que as expectativas emancipatórias da razão, essas expectativas que prometiam retirar o homem de sua minoridade e, como dizia Descartes, ser "senhor da natureza", haviam produzido o inverso daquilo que era seu conceito. Uma inversão da emancipação em dominação de si que não deixava de estar ligada ao destino desse conceito que serve de fundamento à racionalidade moderna: o homem. Pois não foram poucos aqueles que insistiram na questão: quanto devemos pagar para que a unidade, a autonomia, a transparência e a identidade do homem possam se impor como realidade? O que deve acontecer com a experiência de nós mesmos para que ela possa ser vista como campo que se submete a tais categorias? E o que acontece com a experiência do mundo quando o fundamento da experiência é uma limitação do sujeito a partir desses atributos?

O que é o inumano?

Há uma maneira de responder a tais perguntas que passa por tentar definir o que seria um sujeito que não pudesse mais ser pen-

---
12 Idem, p. 188.

sado a partir dos atributos que fundam a humanidade do homem. Ou seja, um sujeito que seria a realização do inumano.

Primeiro, não devemos compreender o inumano como o conjunto heteróclito de tudo aquilo que não é conforme a imagem do homem. Pois isso significaria definir "humano" e "inumano" a partir de uma relação de exterioridade indiferente, quando, na verdade, os dois termos tecem uma profunda relação complementar de oposição. Quando dizemos, por exemplo, que "as condições de trabalho são inumanas", mostramos como "inumano" designa o que define "humano" por exclusão. Ele é o que o humano nega para se afirmar como tal. É o que o homem nega para poder se reconhecer na imagem do humano. Uma negação ainda mais forte porque, diga-se de passagem, o inumano é uma potencialidade para a qual o homem sempre pode retornar. *Ele é o limite interno do homem.* Mas, se definirmos a humanidade do homem através da articulação conjunta dos atributos de autonomia, autenticidade e unidade, então não será motivo de surpresa descobrir que as três figuras fundamentais do inumano são desarticulações desses três atributos.

Contra a autonomia, o inumano aparece como a esfera da animalidade sempre potencialmente presente no homem. Encontramos aqui a distinção clássica entre *humanitas* e *animalitas*. Pois a animalidade indicaria a submissão cega da conduta ao regime mecânico de causalidade da natureza. Como se a natureza fosse necessariamente o outro da liberdade, o espaço no qual a liberdade humana não pode encontrar-se. Temos o direito de perguntar se o que sabemos atualmente da natureza não nos exigiria rever tal dicotomia.

Mas afirmar a necessidade de a humanidade não passar na animalidade, diferenciar-se radicalmente da animalidade, significa principalmente negar com todas as forças tudo o que, em mim, guarda uma afinidade mimética com o que não é imediatamente humano. Negação que se inverte facilmente em dominação e violência contra o que, em mim, teima em se ver nos olhos opacos de um animal. Assim, a afirmação peremptória da humanidade do homem acaba por se transformar em selvageria contra tudo o que, em mim, ainda guarda os traços da animalidade (como os impulsos, as pulsões, os desejos "patológicos"). Dessa forma, a humanidade se realiza sob a forma invertida da animalidade distorcida, da brutalidade animalesca contra a animalidade. Uma brutalidade que só pode ser desativada recuperando a dimensão do inumano[13].

Por sua vez, contra a autenticidade, o inumano seria a dimensão do radicalmente impessoal e despersonalizado. Nesse contexto, devemos entender por "impessoal" o que não pode mais ser individualizado através da realidade institucionalmente reconhecida da pessoa ou da personalidade psicológica do Eu. "Não poder mais" são palavras que designam uma temporalidade precisa por indicar aquilo que, dentro de mim, resiste a continuar submetendo-se à forma de um Eu. Se aceitarmos que o Eu, como bem mostrou o psicanalista Jacques Lacan, é resultado de um processo de alienação fruto de socializações que operam fundamentalmente através de identificações nas quais internalizo modos de síntese e qualidades de um outro, e se lembrarmos que "pessoa", tal como a compreendemos hoje, é uma categoria derivada historicamente do direito romano de propriedade (*dominus*), uma categoria que, por ainda guardar os traços de sua origem, era vista por filósofos como Hegel, como "expressão de desprezo"[14] devido à sua natureza meramente abstrata e formal advinda da absolutização das relações de propriedade, podemos dizer que o impessoal é essa forma corrosiva que me permite pensar o Si mesmo para além dos modos de individuação próprios à pessoa jurídica de direitos e do Eu psicológico. Nesse sentido, lembremos como, para Hegel, a absolutização da pessoa só poderia levar a equívocos como os de pensar toda relação intersubjetiva a partir da forma do *contrato* entre proprietários. Vimos como um exemplo desse "barbarismo", segundo o filósofo alemão, seria a maneira com que Kant compreende o casamento como um *contrato* de duas pessoas de sexos diferentes tendo em vista a *possessão* recíproca das qualidades sexuais do outro.

Por outro lado, vincular o Si mesmo à dimensão do impessoal é certamente uma operação contraintuitiva. Quando dizemos, por exemplo, "Este texto é impessoal", queremos dizer que ele é desprovido de estilo por ter a linguagem de "ninguém", que é

---

13 Para a descrição desse processo de inversão da humanidade em animalidade distorcida, ver HORKHEIMER, Max, "The Revolt o f Nature". In: *Eclipse of Reason*, Londres: Continuum, 2004, pp. 63-86.
14 HEGEL, G.W. F., *Fenomenologia do espírito II*, op. cit., p. 33. Para uma exposição geral sobre o advento da noção de "pessoa", ver MAUSS, Marcel, "Uma categoria do espírito humano: a noção de pessoa, de 'Eu'". In: *Sociologia e antropologia*, São Paulo: Cosac Naify, 2003, pp. 367-98.

inexpressivo. No entanto, não é mero acaso que momentos decisivos da arte contemporânea tenham sido animados pela luta contra a expressão e o estilo, temática modernista por excelência[15]. Tratava-se de denunciar o estilo como depositário de uma gramática reificada de formas, assim como ver, na expressão subjetiva, a tentativa de fetichizar uma "segunda natureza". Que um dos maiores escritores do século XX (Franz Kafka) tenha escrito em uma linguagem desafetada, que mimetiza a impessoalidade seca dessa "fala de ninguém" que é a linguagem burocrática, isso demonstra claramente como "a arte conhece a expressão do inexpressivo, o choro que faltam lágrimas"[16]. Como nos mostrou Samuel Beckett, a arte fiel ao seu conteúdo de verdade desconfia do pronome pessoal da primeira pessoa.

Por fim, contra a unidade, o inumano seria a esfera do monstruoso, mas entendamos por "monstruoso" aquilo que é da unitária de um grau elevado de anomalia. Podemos seguir Georges Canguilhem e afirmar que

> anomalia vem do grego *anomalia*, que significa desigualdade, aspereza; *omalos* designa, em grego, o que é uniforme, regular, liso, de modo que anomalia é, etimologicamente, *an-omalos*, o que é desigual, rugoso, irregular, no sentido que se dá a essas palavras, ao falar de um terreno.[17]

Nesse sentido, a monstruosidade do inumano significa uma irregularidade tal que já não pode ser pensada sob a forma unitária do humano, sem com isso alcançar outra forma plenamente realizada. Por isso, há sempre algo de amorfo e informe em toda monstruosidade.

Mas podemos aqui colocar uma questão central que Canguilhem enuncia a respeito da monstruosidade: "Na medida em que seres vivos se afastam do tipo específico, serão eles anormais que estão colocando em perigo a forma específica, ou serão inventores a caminho de novas formas?"[18] Nesse sentido, não seria o

---

15 Ver, a esse respeito, ALMEIDA, Jorge, "Estilo". In: *Crítica dialética em Theodor Adorno: música e verdade nos anos vinte*, São Paulo: Ateliê Editorial, 2007, pp. 79-100.
16 ADORNO, Theodor, *Ästhetische Theorie*, Frankfurt: Suhrkamp, 1973, p. 179.
17 CANGUILHEM, Georges, *O normal e o patológico*, 5ª ed., Rio de Janeiro: Forense, 2002, p. 101.
18 Idem, p. 110. Um traço emancipador no interior da *queer theory* de Judith Butler está vinculado exatamente a essa compreensão de que o monstruoso ("*queer*", cuja tradu-

inumano, como potência que corrói a forma determinada do humano, a condição para que os sujeitos deixem de ser escravos de uma forma normativa do homem? Forma necessariamente ligada a uma *figura atualmente realizada* do homem? Se levarmos em conta que toda verdadeira experiência histórica como ruptura da repetição morta do passado foi ação que trouxe no seu bojo a problematização da figura atual do homem, então podemos nos perguntar se nossa incapacidade de pensar e de integrar o inumano a nossas formas de vida não seria o sintoma mais claro do *medo da história* e, mais profundamente, do medo da política, já que podemos dizer que ela não é, como dizia Aristóteles, o atributo principal desse animal que é o homem, *zoon politikon*. Ao contrário, ela é esse espaço no qual o homem procura incessantemente criar modos de reconhecimento no inumano, dessa noite do mundo que nos exige ir lá até onde a imagem de si não alcança.

A verdadeira catástrofe

Vale a pena terminar este capítulo explicando tal ponto. Para tanto, podemos nos servir do comentário de uma tragédia grega, *Antígona*. Pois aprendemos a definir tanto as catástrofes sócio-históricas quanto os impasses subjetivos resultantes do esquecimento dos atributos essenciais da humanidade do homem. Mas talvez devamos dizer o contrário, ou seja, que tais catástrofes são resultantes da incapacidade de se reconhecer naquilo que não tem mais a forma do homem. Isso nós sabemos desde Antígona.

Muito haveria a se dizer a respeito dessa tragédia que parece acompanhar, ao menos desde o idealismo alemão, a reflexão sobre a tensão entre as exigências de reconhecimento da subjetividade e as estruturas da normatividade social. Muito haveria a se dizer principalmente no que se refere às mutações que a interpretação dessa tragédia sofreu ao longo do tempo. Da mesma forma, seria necessária uma discussão demorada sobre a maneira com que textos como *Antígona* e *Édipo rei* constituem, tal como Adorno e Horkheimer disseram de *Odisseia*, uma pré-história da

ção aproximada seria "estranho", "esquisito") no campo da sexualidade é muitas vezes a primeira figuração de novas formas de vida. Ver, por exemplo, BUTLER, Judith, *Gender Trouble*, op. cit.

subjetividade com consequências decisivas para a compreensão das tensões depositadas na categoria moderna de sujeito. Essa discussão deveria ainda levar em conta, como bem nos mostrou George Steiner, como a recuperação do interesse por Antígona está profundamente vinculada ao advento da Revolução Francesa e de sua consciência da possibilidade do que tem validade universal desertar a esfera do ordenamento jurídico para alojar-se no princípio de subjetividade[19].

No entanto, gostaria apenas de insistir em um aspecto fundamental salientado por uma das interpretações mais influentes apresentada na segunda metade de século XX: aquela fornecida por Jacques Lacan. Aqui, não se trata de procurar fornecer a análise exaustiva da leitura lacaniana da tragédia, mas apenas de lembrar como Lacan coloca o problema da confrontação com o inumano no cerne da história. O que o leva a dizer que o enigma apresentado por Antígona seria "esse de um ser inumano", de alguém que "sai dos limites do humano"[20]. Assim como Sófocles seria aquele convocado quando se trata de mostrar como, "para nós, o homem está se decompondo"[21].

Por outro lado, não é desprovido de interesse lembrar que *Antígona* é o primeiro texto grego em que encontramos a palavra αὐτόνομος (línea 821). Ela se refere à sua decisão de, por vontade própria, ser a primeira a entrar viva no interior do Hades. Vemos assim como a autonomia aparece aqui como vontade que está disposta a não levar em conta a integridade física do agente para poder se realizar. Pois aqui se abre a dimensão própria a algo que poderíamos chamar de "integridade moral", ou seja, o cálculo *subjetivo* referente à necessidade de ações que podem, em certas circunstâncias, relativizar as exigências próprias à hipóstase do princípio de autoconservação.

Mas voltemos à leitura de Lacan. Inicialmente, ele insiste que a figura de Antígona é inumana por agir para além de todo cálculo utilitarista do prazer e desprazer, por recusar tudo aquilo que poderia individualizá-la como pessoa provida de interesses particulares. Ao falar isso, Lacan pensa principalmente no fato de Antígona saber que, ao enterrar Polinices, nunca poderá realizar

---

19 Ver, sobretudo, o primeiro capítulo de STEINER, George, *Antigones*, Yale University Press, 1996.
20 LACAN, Jacques, *Séminaire VII*, op. cit., p. 306.
21 Idem, p. 319.

os papéis sociais que determinam sua identidade socialmente reconhecida, a saber, ser mãe e mulher. Ela será assim expulsa do universo simbólico que sustenta a pólis e, por isso, morta duas vezes, física e simbolicamente. No entanto, sua ação não apenas é feita, mas repetida.

Levar em conta essa *ação que não calcula* é importante para Lacan por lhe permitir defender que Antígona teria trazido algo como uma ética para além do princípio do prazer. Mas notemos a particularidade dessa estratégia. A afirmação de ações que são feitas sem levar em conta o cálculo utilitarista de maximização do prazer e afastamento do desprazer não nos leva, necessariamente, a uma distinção entre desejos particularistas ligados de maneira privilegiada a objetos "patológicos" e vontade pura autônoma capaz de preencher exigências de universalidade. Nesse sentido, não podemos dizer que a deliberação siga aqui o modelo que consiste em dar a si mesmo uma Lei moral enunciada em condições de autonomia. Tudo se passa como se Lacan procurasse, através de Antígona, pensar um modelo de deliberação racional em que a "heteronomia" de um vínculo patológico de objeto fosse capaz de *expressar* uma exigência universal de validade.

Esse ponto se perde quando lemos, em chave particularista, os motivos que levam Antígona a enterrar seu irmão e desobedecer à lei da pólis. Lacan insiste que não devemos esquecer como, para Antígona, sua ação de render homenagens funerárias ao irmão criminoso demonstrava, ao contrário, o particularismo da lei da pólis enunciada pela contingência de um homem, Creonte. Daí sua fala central:

> Mas Zeus não foi o arauto delas [as leis enunciadas por Creonte] para mim, nem essas leis são as ditadas entre os homens pela justiça, companheira de morada dos deuses infernais; e não me pareceu que tuas determinações tivessem força para impor aos mortais até a obrigação de transgredir normas divinas, não escritas, inevitáveis; não é de hoje, não é de ontem, é desde os tempos mais remotos que elas vigem, sem que ninguém possa dizer quando surgiram.[22]

O fundamental, nessa afirmação, é que a ação não é legitimada simplesmente em nome do vínculo natural ao sangue e do

---

22 SÓFOCLES, "Antígona". In: *A trilogia tebana*, Rio de Janeiro: Jorge Zahar, 2006, p. 219.

caráter insubstituível do irmão, mas principalmente é legítima porque a lei divina entrega, aos membros da família, a obrigação de realizar *o reconhecimento da incondicionalidade da posição dos sujeitos*, para além das determinações contextuais de ações. Incondicionalidade expressa na obrigação do rito funerário. Como dirá Lacan: "Antígona representa, por sua posição, esse limite radical que, para-além de todo conteúdo, para-além de tudo o que Polinices pôde fazer de bem e de mal, de tudo o que pôde lhe ser infligido, mantém o valor único de seu ser."[23]

Nesse ponto, Lacan acaba por ser fiel a um aspecto essencial da leitura hegeliana de *Antígona*. Hegel descarta que o relacionamento dos membros da família seja o relacionamento da sensibilidade ou o exclusivismo da relação de amor. Antes, ele consiste em "pôr o Singular para a família, em subjugar (*unterjochen*) sua naturalidade e singularidade e em educá-lo para a virtude, para viver no universal e para o universal". No entanto, não deixa de ser sintomático que Hegel diga que essa formação do Singular para viver no universal se realize de maneira mais bem-acabada no rito fúnebre, no cuidado em relação ao morto. Pois o morto é "aquele que, da longa série de seu *Dasein* disperso, se recolheu em uma figuração acabada [a figura venerada pela memória] e se elevou da inquietação da vida contingente à quietude da universalidade". Esse permanecer de um agir que vale incondicionalmente e que deve ser conservado incondicionalmente é a essência da lei divina que Antígona expressa. Lei que, por sua vez, é a "potência do puro Universal abstrato que, como é fundamento (*Grund*) da individualidade, reconduz a individualidade à pura abstração"[24]. Isso significa que a lei divina é a primeira posição da individualidade como incondicionalidade ou, por enquanto, abstração. No entanto, Hegel não deixa de lembrar que esse é o fundamento da própria individualidade e algo desse fundamento deve necessariamente passar no fundado.

Nesse sentido, podemos dizer que a impossibilidade de o fundamento ser posto no interior da pólis demonstra, já para Hegel, o caráter irrealizado da noção de eticidade no mundo grego. Lembremos, nesse sentido, como Hegel insiste que a pólis deve seguir uma dupla lei (a lei divina que encontra seu seio na

---

23 Idem, p. 325.
24 HEGEL, G. W. F., *Fenomenologia do espírito II*, op. cit., pp. 12-3.

família e a lei da comunidade). Por seguir essa dupla lei, a pólis deve sustentar-se na tênue linha do que não agrava nenhuma das duas. No entanto, trata-se de uma tarefa impossível, pois a posição de uma implica a redução da outra ao nível da particularidade. A não ser que a pólis seja capaz de se organizar a partir de exigências de reconhecimento de uma universalidade geral que é a base universal da consciência singular e essência da lei da família, o que não é o caso da pólis grega, já que ela ainda desconhece a concepção de que o sujeito se realiza em um Estado desprovido de traços comunitaristas e identitários. Ou seja, não se trata de anular o que se aferra no interior do mundo subterrâneo da família, mas de mostrar como ele põe, mesmo que de maneira imperfeita, exigências de incondicionalidade que a pólis ainda não é capaz de dar conta. Fato que a feminilidade, essa "eterna ironia da comunidade", faz questão de lembrar.

Assim, a comunidade produz o princípio de sua ruína através da ação repressora contra uma força que ela não reconhece. Ao final, o que foi posto, pelo governo, como interesse particular demonstrará a particularidade do interesse do governo, rompendo a imediaticidade do vínculo à Lei. A partir de então, a substância ética será apenas uma universalidade formal, ou seja, a comunidade desprovida de espírito do estado de direito romano. Por isso, contrariamente ao que diz Lacan, não há promessa de conciliação ao final da leitura hegeliana de Antígona.

A humanidade de quem reconhece o inumano

Levando isso em conta, podemos voltar à leitura de Lacan a fim de compreender algumas de suas características maiores. Várias foram as leituras que insistiram no conflito insolúvel entre a lei da família e a lei da pólis, entre Antígona e Creonte. No entanto, ao menos nesse ponto, Lacan tende a romper essa tradição que encontra seu esteio maior em Hegel e afirmar a importância ética de Antígona a despeito da perspectiva de Creonte. Talvez a interpretação que sugiro nos explique por que Lacan não vê em Creonte um princípio de Lei que se confronta com outro princípio, mas, principalmente, o desejo em infligir, a seu inimigo Polinices, uma segunda morte. Segundo Lacan, esse desejo de infligir uma segunda morte se expressa através de uma "linguagem da razão prática", ou seja, a partir da tentativa de transformar o bem de todos em "Lei sem limites" que visa aniquilar todo ponto de excesso que não se submeta à enunciação da Lei.

De fato, essa leitura lacaniana é própria de um tempo que não acredita mais na possibilidade de a figura atual da Lei que sustenta as interações sociais dar conta do que é da ordem das exigências de reconhecimento de sujeitos. Poderíamos mesmo dizer que, em situações de ruína da eticidade, parece não haver outra coisa a fazer senão apelar para a irredutibilidade da subjetividade. Por isso Lacan precisa insistir que a Lei seguida por Creonte há muito perdeu substancialidade. Mas a astúcia aqui consiste em afirmar que a prova dessa perda é o fato de a Lei da pólis não dar mais conta de imperativos de universalidade. *Imperativos de universalidade enunciados de uma posição que, do ponto de vista da pólis, aparece como particular.*

Nesse sentido, podemos compreender melhor esse imperativo ético que Lacan propõe: "não ceder em seu desejo". Certamente, não se trata de alguma forma de profissão de fé particularista. Ao contrário, essa é, no fundo, uma maneira de dizer que, nos momentos em que o desejo eleva um vínculo singular à condição de universal, quando ele deseja um universal a partir de uma situação singular, não é eticamente admissível ceder. Pois ceder nessa situação singular equivale a colocar em xeque a possibilidade mesma de realização do universal. A proposição de Lacan equivale a algo como: *há situações em que o vínculo patológico a objetos singulares é a maneira de o universal se realizar.* Nessas situações, é impensável ceder.

Tentemos compreender melhor esse ponto. Uma maneira possível de ler o seminário VII é dizendo que, através de reflexões sobre a natureza da ação moral, Lacan procurava principalmente criticar um modelo de deliberação racional baseado na autonomia da vontade. Maneira de insistir que a psicanálise não poderia ser pensada como processo clínico de reconstrução das condições subjetivas de autonomia, ou mesmo de autenticidade e unidade perdidas. Daí por que Lacan insiste, durante todo o seminário, em vincular a ação moral à capacidade de o sujeito se reconhecer em algo que desarticula sua unidade e sua identidade. Reconhecer-se em algo que se impõe à ação não como um projeto longamente maturado que enuncio para mim mesmo como fruto do meu livre-

-arbítrio, mas como um gozo "heterônomo" do ponto de vista do sistema de interesses e de autoconservação do *Homo psychologicus*. Não o livre-arbítrio de um projeto, mas o *páthos* de um gozo que mostra como "é a força dos grandes caráteres não escolherem, mas simplesmente *serem* o que querem e realizam"[25].

Devemos, no entanto, lembrar como, em Lacan, esse gozo está profundamente vinculado à recuperação de algo do qual o sujeito precisou separar-se a fim de se constituir como Eu autônomo e autoidêntico. Algo que, por isso, é radicalmente estranho à imagem unificada de si, "um Outro absoluto do sujeito"[26], para falar com Lacan. Nesse ponto, é interessante lembrar como a experiência psicanalítica acaba por produzir uma ruptura com perspectivas evolucionistas lineares. No interior do processo de desenvolvimento e de maturação, o sujeito não deve apenas ultrapassar fases, mas também saber recuperar as aspirações do que ficou para trás em tais processos, internalizar o que permanece sob as marcas de um passado arruinado. Essa capacidade de ouvir a voz do que foi arruinado pelo progresso em direção à individuação é o que permitirá ao sujeito constituir relações não narcísicas a si e ao outro.

Essa capacidade de reconhecer afinidades miméticas com o que foi recusado e arruinado no processo de formação da autoidentidade do Eu tem, para Lacan, natureza moral. Pois ela fornece um modelo de ação social que consiste em colocar no horizonte exigências amplas de reconhecimento social. Modelo que julga a ação não através da possibilidade de reconhecer outro sistema de desejos e aspirações individuais, mas através da capacidade de reconhecer um nível de alteridade que não se deixa pensar a partir da figura de um outro indivíduo, de uma outra identidade individual com seu sistema de interesses. Daí por que Lacan deve indicá-lo com uma palavra como *das Ding* – maneira de lembrar que se trata de algo que não se submete imediatamente à figura do indivíduo. Uma alteridade que não é exatamente *presença do outro*, mas a-normatividade, resistência de submissão à gramática da norma.

Nesse sentido, a ação de Antígona é, para Lacan, exemplar por ela mostrar como a insistência no vínculo com aquele que foi

---

25 HEGEL, G. W. F., *Vorlesungen über die Ästhetik III*, Frankfurt: Suhrkamp, 1986, p. 546.
26 LACAN, Jacques, *Séminaire VII*, op. cit., p. 65.

expulso do campo de nomeação dos homens reacende a dinâmica pulsional de um desejo que não se satisfaz com o prazer produzido pelo consumo de objetos que são polos imaginários de projeções narcísicas do Eu. Dinâmica pulsional que só se realiza através da constituição de um objeto estranho ao campo das representações sociais, campo ligado às limitações da figura atual do humano. Se quisermos, podemos dizer que o reconhecimento dessa dinâmica pulsional permitiria constituir laços sociais próprios a um conceito substantivo de democracia em sua dinâmica permanente de indeterminação.

Pode-se criticar minha leitura por ela supostamente evitar o caráter polêmico de afirmações como:

> Mas Antígona leva até o limite a realização do que podemos chamar de desejo puro, o puro e simples desejo de morte como tal. Esse desejo, ela o encarna (...). Mediação alguma é aqui possível, a não ser a presença desse desejo, de seu caráter radicalmente destrutivo.[27]

Como se Antígona fosse a figura daquela que se deixou fascinar pela pureza de um desejo caracterizado como pura negatividade que só poderia se realizar como impulso bruto de destruição.

Muito haveria a ser dito sobre esse ponto. No entanto, gostaria de insistir apenas que uma afirmação dessa natureza deve ser lida no interior do esforço lacaniano de integrar a pulsão de morte como motor do progresso analítico, já que, como lembra Richard Boothby: "Para Lacan, a força desintegradora da pulsão de morte é direcionada não para a integridade do organismo biológico, como Freud tinha concluído, mas para a coerência imaginária do ego."[28] Como vimos, Freud falava de uma autodestruição da pessoa própria à satisfação da pulsão de morte. Digamos que, para Lacan, a morte procurada pela pulsão é realmente a "autodestruição da pessoa", mas à condição de entendermos por *pessoa* a identidade do sujeito no interior de ordenamentos jurídicos determinados. Nesse sentido, poderíamos mesmo dizer que a pulsão de morte não aparece no interior do laço social necessariamente como violência destruidora. Ela também pode apare-

---

27 LACAN, Jacques, *Séminaire VII*, op. cit., pp. 328-9.
28 BOOTHBY, Richard, *Freud as Philosopher*, op. cit., p. 151.

cer como potência que nos leva a agir para além do sistema de interesses da pessoa individualizada.

Alguns tendem a dizer que o caráter destrutivo do desejo de Antígona deve ser compreendido como uma suspensão completa da ordem simbólica que leva, necessariamente, à destruição da pólis, à recusa do pacto simbólico. No entanto, podemos fornecer outra leitura desse problema. Na verdade, não é Antígona quem destrói a pólis, mas, de certa forma, é Creonte quem o faz a partir do momento em que decidiu não se submeter à Lei dos deuses, essa mesma Lei que exige a incondicionalidade do rito funerário como condição para a instauração de uma sociedade minimamente reconciliada. Lembremos como a obrigação do rito funerário, mesmo contra os inimigos do Estado, é um problema central em Sófocles e aparece também em *Ájax*. Nesse sentido, podemos dizer que Antígona apenas expõe, como seu ato, o fato de a pólis ter se tornado um Estado ilegal, de ela ter sido destruída em sua substância fundamental pelo próprio poder que deveria conservá-la[29]. Dessa forma, podemos rever a afirmação de que a ação de Antígona é desprovida de cálculo e dizer que, no fundo, isso só vale para o cálculo utilitarista de maximização do prazer e afastamento do desprazer. Pois há um cálculo fundamental na ação de Antígona. Ele consiste em entender que não há vida possível em uma sociedade incapaz de garantir as condições para processos mínimos de reconciliação e de reconhecimento do caráter inalienável da condição de sujeito. O cálculo consiste em dizer que, em situações dessa natureza, a única ação possível é a exposição do caráter insustentável da situação.

Por fim, gostaria de lembrar como alguns comentadores criticam, de maneira bastante precisa e astuta, a leitura lacaniana por ela não perceber que talvez o personagem fundamental para uma perspectiva psicanalítica seja Creonte, já que ele é o único que muda, é o único que ao final aprende com seus erros e modifica sua posição subjetiva: "Creonte reconhece sua culpa e adapta sua história. Ele é, ninguém mais, responsável pelo que aconteceu. Com a aceitação de sua própria responsabilidade pelo que ocorreu, Creonte recebe uma *dimensão humana* que faltava a An-

---

[29] Sobre o conceito de "Estado ilegal", remeto a SAFATLE, Vladimir, "Do uso da violência contra o Estado ilegal". In: SAFATLE, Vladimir e TELES, Edson, *O que resta da ditadura*, São Paulo: Boitempo, 2010.

tígona."³⁰ Essa é uma perspectiva adotada também por Patrick Guyomard. Lembremos, por exemplo, da afirmação de seu livro clássico *O gozo do trágico*:

> Com Antígona, o apelo do absoluto a conduz ao suicídio. Desligado de Antígona, em face da questão daquilo que ele chama de sua "loucura", Creonte, para-além de sua infelicidade, pode abrir uma outra via: essa que, não vendo mais na "loucura" um absoluto nem na solidão o último bastião de seu orgulho [de Antígona], poderá dizer *como* ele chegou a esse ponto [ou seja, Creonte, pode apreender reflexivamente, em um movimento de autocrítica, seu destino].³¹

No entanto, podemos procurar uma leitura alternativa e dizer que se Lacan insiste na centralidade da ação de Antígona é talvez para lembrar que Creonte é aquele que um dia se vincula a uma falsa lei, marcada pela tripla interdição de reconhecimento do que aparece como inumano. Primeiro, a pólis expulsa Édipo pela *monstruosidade* de ele ser um "sem lugar", um inominável por desarticular as estruturas elementares de parentesco. Segundo, ela relega Polinices à dimensão da *animalidade*, à dimensão do que não tem a dignidade de ser enterrado e que deve perecer "como um cão", isso por ele questionar o processo sucessório, querer tomar o poder de Estado aliando-se à potência estrangeira. Por fim, a pólis mura Antígona viva, realizando seu destino como *despersonalizada*, como incapaz de se realizar como pessoa, por ela mostrar o caráter particularista da lei da pólis. *E aquele que um dia se vincula a uma lei que se sustenta através da expulsão reiterada do inumano só pode se tornar humano tarde demais.* Aquele que faz da monstruosidade, da animalidade e da despersonalização o lugar vazio do inominável, do radicalmente separado do contato dos homens, só pode se tornar humano tarde demais.

Por outro lado, a inumanidade de Antígona já é humanidade, pois é a liberalidade dos que acolhem o que não lhes é semelhante. Um não semelhante que não é apenas a alteridade da outra consciência, mas a a–normatividade daquilo que coloca em questão

---

30 VAN HAUTE, Phillipe, "Antígona: heroína da psicanálise". *Revista Discurso*, n. 36, 2006, p. 308.
31 GUYOMARD, Patrick, *La jouissance du tragique – Antigone, Lacan et le désir de l'analyste*, Paris: Flammarion, 1992, p. 115.

o ordenamento que sustenta minha forma de vida. Por isso, Antígona é a figura de uma *humanidade que não apela mais à imagem do homem*. Se quisermos, ela é promessa de uma *humanidade por vir* que, para nós, só pode aparecer como "inumanidade". Antígona é a única capaz de enunciar que o Estado ruma para sua própria ruína por ele estar absolutamente apegado à figura atual do homem. Se quiséssemos usar algumas palavras mais atuais, diríamos que esse Estado não é outra coisa que o Estado do medo e da exceção. Medo que o transforma em "uma assustadora reunião de homens assustados"[32]. Medo de quem não pode mais dizer as palavras de Teseu ao *inumano* Édipo:

> De fato, a tua sina deve ser terrível, e não lhe ficarei indiferente, eu que cresci no exílio, um desterrado como tu, e que arrisquei como ninguém a minha vida lutando muitas vezes em terras estranhas. Por isso, a nenhum forasteiro igual a ti eu hoje poderia recusar ajuda.[33]

Esse Estado é o nosso.

Patologias do humanismo

A fim de deixar claras as pressuposições presentes neste capítulo e rebater críticas que foram enunciadas por ocasião da apresentação de algumas ideias aqui expostas, valeria a pena apresentar alguns esclarecimentos necessários a respeito de certas tentativas contemporâneas de recuperar o humanismo. Pois trata-se de defender que podemos sofrer não por perdermos a referência de nossa humanidade, mas por estarmos muito aferrados à figura atual do homem e, por isso, não sabermos o que fazer com experiências que não se submetem a tal figura. Nesse sentido, discursos que procuram, a todo custo, nos impedir de desconstruir a figura atual do homem e do indivíduo, discursos que podemos colocar sob a rubrica do "humanismo", podem ser responsáveis por uma espécie bastante importante de sofrimento social que aparece tanto no campo da clínica quanto no da política, isso se enten-

---

32 ZIZEK, Slavoj, *Robespierre: virtude e terror*, op. cit., p. 30.
33 SÓFOCLES, "Édipo em Colono". In: *Trilogia tebana*, op. cit., p. 136.

dermos por "política" a dimensão de ações que visam criar condições institucionais para o reconhecimento dos sujeitos.

Nesse sentido, seria o caso de começar dizendo que não deveria ser para nós indiferente a existência de palavras que só podem ser escutadas quando gritadas. Só que para gritar é necessário força e, quando algumas dessas palavras não têm mais força para ser gritadas, a única coisa que resta é esperar que elas sejam ouvidas quando reduzirmos tudo o que a elas se contrapõe ao silêncio, ao vazio próprio do que é radicalmente expulso da pólis. Por isso, não deve ser para nós indiferente que todas as vezes que atualmente ouvimos a palavra "humanismo" a vemos acompanhada de um bizarro cortejo composto por aquilo que poderíamos chamar de "designações impronunciáveis". Tais designações são termos que, no fundo, visam apenas afastar o outro em um isolamento sem retorno, colocá-lo na vala do inominável. Termos que nada significam, mas, se repetidos desesperadamente, parecem ter o poder de esconjurar e reduzir qualquer alteridade a pó.

Percebamos, com os olhos de quem descobre um sintoma revelador, que aqueles que gostam de se ancorar no porto do humanismo são os mesmos que não cansam de olhar para outros mares e chamar os que lá navegam de "niilistas", "irracionalistas" e, se for necessário, até mesmo de "terroristas". A estratégia é clara. Assim que a designação for imposta, nada mais falaremos do designado, pois simplesmente não seria possível falar com ele, porque ele, no fundo, nada falaria, haveria muito "fanatismo" nesses simulacros de sons e argumentos que ele chama de "fala", haveria muito "ressentimento" em suas intenções, haveria muito "niilismo" em suas ações. Ou seja, haveria muito "nada".

Bento Prado Júnior, que sabia muito bem o que esse tipo de esconjuração esconde, costumava lembrar, nessas situações, que: "Sempre se é o irracionalista de alguém." Tudo indica que, infelizmente, caminhamos para um tempo onde será necessário acrescentar: "Sempre se é o niilista de alguém" e, pior, "Sempre se é o terrorista de alguém". Ou seja, sempre há alguém querendo nos expulsar da razão, da criação, da política. Contra isso, talvez devamos lembrar que, em filosofia, ninguém nunca foi irracionalista, niilista e muito menos terrorista. Acusações dessa natureza são apenas a última arma desesperada daqueles que têm medo de a crítica ir "longe demais", colocar em questão o que, para alguns, não deveria ser questionado, transformar a crítica, de mera comparação entre valores e caso, ao questionamento de nossos próprios valores fundamentais. Spinoza, Schelling, Rousseau, Heidegger, Nietzsche, Derrida, Adorno, Foucault, Bataille, Benjamin, até mesmo Hegel (se nos fiarmos em gente como Karl Popper), todos eles tiveram que, um dia, ouvir esconjurações dessa natureza.

Isso apenas mostra que, se de fato, em filosofia, ninguém nunca foi niilista ou irracionalista, por outro lado, infelizmente, não foram poucos aqueles que trafegaram de bom grado nas largas vias da simplificação, da leitura redutora, incapaz de procurar se contrapor ao outro respeitando seus melhores argumentos (e não apenas seus equívocos – pois, afinal, qual grande filósofo não cometeu um grande equívoco?). No entanto, como nos ensina o Evangelho, sábios são aqueles que, em vez do caminho largo, preferem a via estreita. Pois estes aprenderão a pensar sem medo.

Nesse sentido, que o humanismo só possa atualmente ser pronunciado através dessas suas designações impronunciáveis, que ele só possa ser enunciado abrindo esse lugar vazio para o qual todos aqueles que não se reconhecem mais na figura atual do homem devam ser enviados, isso apenas demonstra sua natureza profundamente segregadora e totalitária. Pois daqui para a frente o humanismo sempre virá para nos pregar o Evangelho da tolerância de condomínio fechado, o racionalismo daqueles que acreditam que a maior realização da justiça é a guerra preventiva contra qualquer coisa que estiver geograficamente a leste da Turquia, daqueles que estão dispostos a falar com todos, desde que todos falem a língua dos seus valores e princípios.

Acima de tudo, "humanismo" será a palavra preferida daqueles que querem nos exilar no presente. Pois uma das maiores características do século XX foi a luta pela abertura do que ainda não tem figura, luta pelo advento daquilo que não se esgota na repetição compulsiva do homem atual e de seus modos. Essas lutas podem ser encontradas nas discussões próprias aos campos da estética, da política, das clínicas da subjetividade, da filosofia. Em vários momentos de nossa história recente, elas mostraram grande capacidade de mover a história, engajar sujeitos na capacidade de viver para além do presente. No entanto, vemos atualmente o esforço em apagar tal história, isso quando não se trata de simplesmente criminalizá-la, como se as tentativas do passado em escapar das limitações da figura atual do homem devessem ser compreendidas, em sua integralidade, como a simples descrição de processos que necessariamente se realizariam como catástrofe. Como se não fosse mais possível olhar para trás e pensar em maneiras novas de recuperar tais momentos nos quais o tempo para as possibilidades de metamorfose do humano são múltiplas. Pois o humanismo parece querer nos ensinar a cartilha do passado que cheira a enxofre da catástrofe e o futuro que não pode ser muito diferente daquilo que já existe. Talvez seja o caso, então, de dizer que tudo o que seus defensores, brandos ou não, conseguirão é bloquear nossa capacidade de agir a partir de uma humanidade por vir, nos acostumar com um presente no qual, no fundo, ninguém acredita e a respeito do qual muitos já se cansaram. Ou seja, elevar o medo a afeto central da política.

Precisamos de um nome que não normatize, mas para isso teremos de utilizar esse expediente, várias vezes empregado na história da filosofia, de voltar-se ao que foi excluído, expulso, recalcado e encontrar seu conteúdo de verdade. Para tanto, precisamos de algo mais amplo do que o humanismo e seu cortejo macabro de designações impronunciáveis. Pois só isso faria atualmente justiça ao único humanismo que deve ser preservado, ou seja, esse humanismo infinito que Lévi-Strauss enunciou ao afirmar que "nada de humano deve ser estranho ao homem". Completemos essa afirmação dizendo: "mesmo o que foi expulso para a vala do inumano nos ensina muito sobre o homem".

Capítulo VIII
O FUNDAMENTO NEGATIVO DA PRÁXIS E SEUS DESCONTENTES

> *A verdadeira paixão existe tão somente nos domínios do ambíguo e sob o prisma da ironia.*
> "Ele", em *Doutor Fausto*, THOMAS MANN

> *Nós vivemos hoje naquela extrema fímbria da metafísica em que esta retorna — como niilismo — ao próprio fundamento negativo (ao próprio* Abgrund, *à própria não fundamentação).*
> GIORGIO AGAMBEN

Vimos como se dá a estrutura geral da noção de julgamento moral tal como aparece em Lacan. O recurso ao comentário de Antígona permitiu compreender como o vínculo às exigências de reconhecimento do que se coloca como inumano abriria o caminho para a reconstituição de certa experiência de universalidade fundamental para o direcionamento da ação moral. Essa experiência não parte da distinção entre vontade pura e desejo patológico, pois reconhece que as ações que se deixam afetar pelos impulsos, pela afinidade mimética vinda do vínculo privilegiado a certos objetos singulares (mesmo que "inqualificáveis", como é o caso do criminoso de Estado Polinices) podem ser portadoras de incondicionalidade. Ao menos nesse sentido, os debates vinculados a certa dimensão da crítica ao humanismo devem ser vistos como peça importante no desenvolvimento de uma filosofia moral que reconhece a necessidade de pensar o problema da liberdade a partir da sua articulação à universalidade e para além da forma normativa do direito. Mesmo que haja problemas a serem resolvidos no interior do esquema lacaniano (até porque o modelo foi pensado basicamente para guiar processos analíticos), creio que deve ter ficado claro como não se trata, em nenhuma hipótese, de alguma forma de niilismo moral ou de aporia particularista cujas portas teriam sido abertas depois da crítica à moralidade kantiana (através do dispositivo *Kant com Sade*), como muitas vezes se procurou defender. Ao contrário, Lacan tenta, inclusive, pensar modelos gerais de deliberação a partir de questões sobre o destino e a natureza do que problematiza os vínculos entre nossos critérios normativos e certa antropologia.

Trata-se agora de constituir um outro modelo de julgamento moral que deve ser derivado do mesmo problema (os limites da moralidade kantiana), a saber, o modelo que podemos encontrar em Adorno. Mas, para tanto, gostaria de partir da crítica feita por Giorgio Agamben, não apenas a Adorno, mas a certa "metafísica da negatividade" da qual o filósofo de Frankfurt, à sua maneira, faria parte. Discussão fundamental por explorar certas implicações políticas e abrir as portas para compreendermos melhor aquilo que, ao final, será chamado de "modelo do duplo fundamento insuficiente do ato moral". Espero que, através dele, algumas questões importantes sobre a noção de "deliberação racional" possam ser postas de maneira conveniente.

Em busca do materialismo perdido

> Materialista é somente aquele ponto de vista que suprime radicalmente a separação de estrutura e superestrutura porque toma como objeto único a práxis na sua coesão original, ou seja, como "mônada" (mônada, na definição de Leibniz é uma substância simples, "isto é, sem partes").[34]

Essa frase Giorgio Agamben a afirma em um pequeno texto dedicado às diferenças metodológicas entre Adorno e Benjamin. Nele, o filósofo italiano parte de uma troca de cartas entre os dois autores na qual Adorno acusa o trabalho "micrológico" benjaminiano em "A Paris do segundo império" de "pôr imediatamente em relação causal traços isolados da superestrutura com traços correspondentes da estrutura"[35]. Maneira adorniana de insistir nos problemas de uma análise que perde as mediações entre processo sócio-histórico global e conteúdos determinados da ex-

---

34 AGAMBEN, Giorgio, *Infância e história*, Belo Horizonte: Autêntica, 2006, p. 146.
35 Um exemplo privilegiado da crítica de Adorno é a discussão benjaminiana sobre o poema de Baudelaire, "O vinho dos trapeiros" (BENJAMIN, Walter, "A Paris do Segundo Império". In: *Obras escolhidas III*, São Paulo: Brasiliense, 2000, pp. 15-7).

periência ao tender anular toda resistência de tais conteúdos aos quadros explicativos fornecidos por reflexões estruturais. Tomando partido de Benjamin, Agamben lembra que apenas essa micrologia seria fiel a uma intuição materialista claramente presente em Marx, ao menos se aceitarmos que

> Marx abole a distinção metafísica entre *animal* e *ratio*, entre natureza e cultura, entre matéria e forma para afirmar que, na práxis, a animalidade é humanidade, a natureza é cultura, a matéria é forma. Sendo assim, a relação entre estrutura e superestrutura não pode ser nem de determinação causal nem de mediação dialética, mas de *identidade imediata*.[36]

Nota-se que, de certa forma, Agamben coloca as mesmas questões de capítulos anteriores, a saber, como desativar a distinção entre animalidade e humanidade, matéria e forma etc. Mas suas respostas são substancialmente distintas das que foram até agora apresentadas. Não se trata aqui de entrar diretamente no mérito de sua interpretação de Marx, até porque ela nos parece imprecisa na medida em que tende a deixar de lado o fato de que, em Marx, a posição da identidade em afirmações como "a matéria é forma", "a animalidade é humanidade" não pode ser compreendida como figura de uma identidade imediata. O caráter especulativo das proposições dialéticas são sempre marcas de *passagens* entre sujeito e predicado, passagens nas quais o primeiro termo se perde, aliena-se no segundo para retornar a si portando as marcas dessa alienação. Não parece correto, nesse sentido, dizer que teríamos nessas proposições uma identidade imediata (como se a cópula dessas proposições fosse mero sinal de igualdade), mas uma identidade especulativa, uma identidade que traz em si mesma sua própria negação. Fato que Agamben conscientemente nega ao dizer que tais identidades devem ser compreendidas como figuras de uma dialética imóvel e "imanente" marcadamente benjaminiana.

No entanto, como já foi dito, não se trata aqui de entrar diretamente no mérito dessa interpretação de Marx. Melhor seria seguir a experiência intelectual de Agamben a fim de compreender

---

36 Idem, p. 145.

como opera, em seu interior, tal perspectiva materialista, como ela serve de orientação para a configuração dos campos da práxis e, em especial, da ação política tal como ela pode ser deduzida de seus últimos livros: *Homo sacer*, *Estado de exceção* e, principalmente, *Profanações*. Essa indagação sobre a configuração do campo da práxis tem sua antecâmara em uma reflexão a respeito das relações entre ser e linguagem articulada a partir das tradições hegelianas e heideggerianas. Articulações heterodoxas por tentarem demonstrar os limites de certo heideggero-hegelianismo marcado pelo uso da noção de negatividade. Mas ainda mais heterodoxas por acoplarem-se depois a uma temática tipicamente foucauldiana marcada pela atualização do problema da biopolítica. Trata-se, pois, de seguir esse movimento que vai da ontologia à política, a fim de dar conta da natureza do materialismo proposto por Agamben.

A voz do negativo

Em um seminário publicado com o título de *A linguagem e a morte*, Agamben apresenta uma leitura particular do problema concernente ao estatuto da linguagem em Hegel e Heidegger. Leitura toda ela baseada na defesa de certa proximidade entre a teoria da linguagem dos dois filósofos graças aos usos da noção de negatividade. Tanto em Hegel quanto em Heidegger, a linguagem seria pensada principalmente como modo de manifestação da negatividade daquilo que não se deixa determinar através de representações e do trabalho categorial do entendimento. Este uso da negatividade seria a expressão maior de uma transcendência que toda perspectiva materialista deveria ser capaz de quebrar.

Em sua leitura, Agambem visa insistir na conexão, presente desde Aristóteles, entre o problema do ser e o problema da indicação. Isso o permite compreender o *Dasein* heideggeriano como setor do problema referente aos modos de indicação do ser. Daí por que Agamben privilegia a compreensão do *Dasein* como "ser-o-aí", ser que vem à manifestação lá onde a indicação, lá onde a designação alcança, lá onde a designação é capaz de mostrar um nada que é modo de presença, e não simplesmente modo de privação. Como dirá Agamben: "Existe algo, na pequena palavra *Da*, que nulifica, que introduz a negação naquele ente – o homem – que deve ser o seu *Da*."[37]

Insistir na conexão entre as estruturas da indicação e o problema da relação entre linguagem e ser é uma maneira de seguir a ideia derridiana de que, no interior da metafísica ocidental, a voz impôs-se como *medium* fundamental da presença do ser. Pois a indicação através de dêiticos é, fundamentalmente, operação linguística que remete a significação sempre à enunciação e a seus contextos: "a dimensão de significado do ser coincide com aquela experiência da voz como pura indicação e puro querer dizer"[38]. Tudo se passa como se Agamben partisse desse diagnóstico da voz, da *phoné* como suporte da metafísica da presença, diagnóstico que encontramos aplicado a Husserl em *A voz e o fenômeno*, de Derrida (além de, entre outros, Heidegger e Hegel, em *Margens da filosofia*), mas para revisá-lo tendo em vista a compreensão da Voz como fundamento ontológico negativo[39]. Por isso tal revisão exige mostrar como as filosofias que dão um lugar privilegiado à noção de negatividade são, à sua maneira, dependentes dos móbiles da metafísica: "a negatividade é inseparável da metafísica"[40], dirá Agamben. Mas trata-se aí de uma espécie de metafísica da presença de sinais trocados, já que se trata de mostrar como a Voz (com maiúscula para diferenciá-la da voz fenomênica) é "articulação negativa originária"[41], intenção pura de significação que ainda não instaura um significado, "experiência *não mais* de um mero som e *não ainda* de um significado"[42]. Entre este *não mais* e este *não ainda* abre-se o espaço da pura negatividade, pura expressão sem objeto, pura vontade sem determinação, que poderíamos encontrar tanto em Hegel quanto em Heidegger (mesmo que Heidegger procure pensar a linguagem para além de toda *phoné*, operação que não será efetivamente realizada, ao menos segun-

---

37 AGAMBEN, Giorgio, *A linguagem e a morte*, Belo Horizonte: Ed. da UFMG, 2006, p. 18.
38 AGAMBEN, Giorgio, *A linguagem e a morte*, op. cit., p. 56. Basta lembrarmos das considerações de Jakobson sobre os dêiticos (ou *shifters*) como unidades linguísticas que enviam sua significação ao ato mesmo de indicação e de atualização de contextos de enunciação.
39 Como Agamben deixa claro nas pp. 60-1 de *A linguagem e a morte*, op. cit.
40 Idem, p. 116.
41 Idem, p. 58.
42 Idem, p. 55.

do Agamben). Espaço a respeito do qual Agamben dirá: "Ter experiência da Voz significa tornarmo-nos capazes de uma outra morte, que não é mais simplesmente o decesso e que constitui a possibilidade mais própria e insuperável da existência humana, a sua *liberdade*."[43] Mas uma liberdade negativa que cinde toda experiência da linguagem, que estrutura originalmente a diferença entre mostrar e dizer, ser e ente. Por isso: "O *éthos* do homem, a sua morada habitual, encontra-se, para a filosofia, já sempre cindido e ameaçado por um negativo."[44]

Atravessar tais cisões e constituir a identidade imediata exige, como tarefa filosófica maior,"encontrar uma experiência da linguagem que não suponha mais nenhum fundamento negativo"[45]. Uma experiência da linguagem que não suponha mais nenhum fundamento negativo, como uma linguagem sem Voz, uma palavra que não se funda em querer-dizer algum, instauraria o horizonte regulador de um *éthos* capaz de implicar ruptura com certa tradição metafísica, levando-nos assim em direção a esse materialismo que toma como objeto único a práxis em sua coesão original. Materialismo a respeito do qual Agamben falou em seu pequeno ensaio sobre Adorno e Benjamin.

O fundamento negativo da práxis social e os impasses da soberania

No entanto, poderíamos ainda insistir nessa via descartada por Agamben e perguntar: o que haveria de errado com essa posição de um fundamento negativo da experiência da linguagem a ponto de precisarmos abandoná-la a todo custo? A originalidade de Agamben, nesse sentido, consiste em procurar descrever consequências políticas de tal posição. Consequências que serão desdobradas de maneira mais demorada na série *Homo sacer*.

Esse encaminhamento próprio a Agamben é possível se assumirmos a perspectiva pragmática de que os usos da fala são necessariamente um setor privilegiado da práxis social, isso a ponto de podermos dizer que toda teoria da linguagem é uma figura

---

43 Idem, p. 118.
44 Idem, p. 128.
45 Idem, p. 74.

determinada de uma teoria da ação social. Isso permite ao filósofo italiano agir como quem diz que, da mesma forma que nos usos da linguagem a indicação exporia apenas a inadequação da determinação ao ser, inadequação que é figura da transcendência negativa de sua significação, a práxis social acabaria por realizar-se como sacrifício de toda determinidade. Assim, a própria não fundamentação do fazer humano realizar-se-ia como violência e sacrifício, ou seja, violência contra toda determinidade ou, ainda, transgressão[46]. É para não entrar no círculo infinito da transgressão como motor da ação social que Agamben deve afirmar:

> O *éthos*, o próprio do homem, não é um indizível, um *sacer* que deve permanecer não dito em toda práxis e em toda palavra humana. Ele não é nem mesmo um nada, cuja nulidade funda a arbitrariedade e a violência do fazer social. Ele é, antes, a própria práxis social e a própria palavra humana tornadas transparentes a si mesmas.[47]

Novamente, deparamos com o apelo a uma identidade imediata, a uma imanência que fundaria aquilo que é da ordem de uma perspectiva realmente materialista, ao menos segundo Agamben. Mas, antes de passar à tematização da configuração de tal materialismo, faz-se necessário demorar um pouco mais diante dessas reflexões de Agamben a respeito dos impasses de uma teoria da ação que põe a negatividade como fundamento. Pois ele nos leva à importância dada por Agamben às noções de soberania e exceção como conceitos maiores para a compreensão da racionalidade da estrutura jurídico-normativa da modernidade. Como se os problemas contemporâneos do poder soberano e da generalização dos dispositivos governamentais de exceção encontrassem seu campo de desenvolvimento em certa maneira de a modernidade pensar a relação entre linguagem e ser. Operação aparentemente

---

46 Agamben dirá que a não fundamentação do homem faz dele o animal que possui linguagem, o infundado, o que tem seu fundamento apenas no próprio fazer. Daí a afirmação: "A violência não é algo como um dado biológico originário, que o homem não pode deixar de assumir e regular na própria práxis por meio da instituição sacrificial; é, antes, a própria não fundamentação do fazer humano (que o mitologema sacrificial deseja remediar) a constituir o caráter violento (isto é, *contra naturam*, segundo o significado latino da palavra) do sacrifício" (idem, p. 142). Daí a necessidade de a filosofia, de certa forma, ver-se obrigada a "justificar" a violência própria à não fundamentação.
47 Idem, p. 143.

arbitrária e pouco crível, já que implica dizer que problemas do campo do político encontram sua iluminação quando reportados a uma dimensão em que metafísica e teologia se imbricam. Mas operação que ganha credibilidade se aceitarmos, com Benjamin, Carl Schmitt e Bataille, que o campo da práxis social na modernidade, longe de ser um campo marcado pelo desencantamento, é espaço próprio para construções teológico-políticas. À sua maneira, Agamben parece querer nos levar a crer que a teologia política que sustenta os impasses da práxis social na modernidade seria solidária de "teologias negativas" como essas encontradas em Hegel e Heidegger[48]. Pois a Voz de soberano é a Voz da negatividade transgressora.

"Soberano é aquele que decide sobre o estado de exceção." Essa afirmação hoje clássica serve de guia para a reflexão de Agamben sobre os impasses contemporâneos do político. Para compreender sua real extensão, devemos expor claramente o que está por trás desses dois conceitos.

Primeiro, "estado de exceção". Criada, em 1791, pela tradição democrático-revolucionária da Assembleia Constituinte francesa sob o nome de "estado de sítio", a figura de um quadro legal para a suspensão da ordem jurídica em "casos extremos" aplicava-se inicialmente apenas às praças-fortes e aos portos militares. Mas, já em 1811, com Napoleão, o estado de sítio podia ser declarado pelo imperador a despeito da situação efetiva de uma cidade estar sitiada ou ameaçada militarmente. A partir de então, vemos um progressivo desenvolvimento de dispositivos jurídicos semelhantes na Alemanha, na Suíça, na Itália, no Reino Unido e nos EUA, que serão aplicados, durante os séculos XIX e XX, em situações variadas de emergência política ou econômica.

Giorgio Agamben compreende tal desenvolvimento como a manifestação de um processo de generalização dos dispositivos governamentais de exceção. O que nos explicaria por que "a de-

---

[48] Isso o leva, ao falar sobre soberania e exceção, a assumir paralelismos prenhes de consequência como: "O direito parece não poder existir senão através de uma captura da anomia, assim como a linguagem só pode existir através do aprisionamento do não linguístico [o ser] (...). A relação entre norma e realidade implica a suspensão da norma, assim como na ontologia a relação entre linguagem e mundo implica a suspensão da denotação sob a forma de uma *langue*" (AGAMBEN, Giorgio, *Estado de exceção*, São Paulo: Boitempo, 2006, p. 91).

claração do estado de exceção é progressivamente substituída por uma generalização sem precedentes do paradigma da segurança como técnica normal de governo"[49].

No entanto, se é fato que estaríamos aí diante de um paradigma constitutivo da ordem jurídica, então devemos ver, no problema colocado pela exceção, a exposição de uma estrutura "sintomática" própria a modos privilegiados de racionalização das esferas sociais de valores na modernidade. Pois a compreensão de que a ordem jurídica pode incluir sua própria exceção sem, no entanto, deixar de estar em vigor nos remete, necessariamente, a modos de racionalização através da posição de estruturas normativas capazes de indexar casos que suspendem o próprio funcionamento de tais estruturas, sem que isso seja uma contradição. Assim, "um dos paradoxos do estado de exceção quer que, nele, seja impossível distinguir a transgressão da lei e a sua execução"[50]. Por outro lado, a exceção indica que o fundamento da Lei é aquilo que só pode manifestar-se de maneira negativa, transgredindo a própria Lei. Pois, se a norma pode ser suspensa sem, no entanto, deixar de estar em vigor, é porque seu regime de aplicabilidade pode englobar sua própria suspensão, sua significação não reconhece um campo seguro de indicações. Não há nenhum caso que seja imediatamente a significação da Lei. Como se a dinâmica entre violência instituinte e violência instituída fosse interna ao próprio funcionamento normal da Lei. Nesse sentido, Agamben poderia concordar com Habermas, para quem:

> É a estética da violência que fascina Schmitt [nas suas reflexões sobre o estado de exceção]. Interpretada segundo o modelo de uma criação *ex nihilo* [de novo, o nada], a soberania adquire um halo de sentido surrealista devido à sua relação com a destruição violenta do normativo.[51]

De fato, é essa violência vinculada à posição do nada que caracterizaria o lugar da soberania. O que interessa a Agamben é o fato de o poder soberano ser o fundamento jurídico ao mesmo

---

49 Idem, pp. 27-8.
50 AGAMBEN, Giorgio, *Homo sacer*, Belo Horizonte: Ed. da UFMG, 2002, p. 65.
51 HABERMAS, Jürgen, "The Horror of Autonomy". In: *The New Conservatism: Cultural Criticism and the Historians' Debate*, Cambridge: MIT Press, 1991, p. 137.

tempo dentro e fora do ordenamento, como se houvesse certa transcendência negativa própria à soberania. Ou seja, ela é o lugar a partir do qual a negatividade pode manifestar-se no campo do político como uma transgressão da Lei que toca o seu ponto mais sensível. Pois não é a troca de uma norma por outra, mas simplesmente a exposição da fragilidade de toda norma em relação à negatividade soberana.

No fundo, uma das referências silenciosas maiores para tal reflexão de Agamben é Georges Bataille. *Grosso modo*, Bataille procurava pensar certa solidariedade entre transgressão e interdito enunciado pela Lei que encontramos em estruturas sociais marcadas por uma experiência do sagrado e do erotismo estranha ao mundo "desencantado" da modernidade. Tais estruturas sociais fundam-se em uma normatividade que aceita e regula sua própria suspensão temporária: "Não há interdito que não possa ser transgredido. Muitas vezes a transgressão é admitida, muitas vezes ela chega mesmo a ser prescrita."[52] Ou seja, a transgressão é modo de funcionamento do vínculo social, isso na medida em que ela não é um retorno à natureza, mas uma forma de a norma internalizar momentos de anomia sem com isso destruir-se. Daí por que Bataille pode afirmar que "a transgressão suspende o interdito sem suprimi-lo", isso sem deixar de lembrar (e aqui encontramos uma chave preciosa para a gênese dessa ideia de Agamben em aproximar metafísica da negatividade e lógica jurídica da exceção): "Desnecessário insistir sobre o caráter hegeliano dessa operação que responde ao momento da dialética expressa pelo verbo alemão intraduzível *aufheben*."[53] Ou seja, para Bataille, essa transgressão à Lei interna ao próprio funcionamento da Lei não é outra coisa que uma figura social da *Aufhebung* hegeliana. Pois, no fundo, ela seria mais um caso próprio de um modo de superar um limite exterior que foi posto pelo próprio conceito. Como se essa dinâmica de relação entre transgressão e Lei fosse uma figura da dialética hegeliana entre o limite (*Grenze*) e a borda (*Schranke*)[54].

52 BATAILLE, Georges, *L'érotisme*, Paris: Minuit, 1957, p. 71.
53 Idem, p. 42.
54 Mesmo que Bataille procure sair daquilo que ele compreende como o caráter sistêmico da dialética hegeliana, isso através da temática da "negatividade sem emprego" própria à ação soberana, é certo que a referência hegeliana permanece decisiva, como podemos ver no exemplo acima. De toda forma, nessa discussão sobre a solidariedade

Por outro lado, todo o esforço de Agamben consiste em mostrar como a centralidade da "suspensão legal da lei" na compreensão da estrutura jurídico-política da modernidade não é apenas um fenômeno localizado. Se, por um lado, ela é peça essencial de uma crítica à metafísica da negatividade e seus desdobramentos, por outro, é também crítica a uma tendência hegemônica na modernidade em vincular razão e norma, racionalidade e normatização da vida. Ou seja, trata-se fundamentalmente de criticar uma noção de razão vinculada à crença de que racionalizar é assegurar a vida por meio da posição de critérios normativos de justificação intersubjetivamente partilhados[55]. Nesse ponto, o trabalho de Agamben aparece como um desdobramento das reflexões de Michel Foucault sobre os modos de coincidência entre a norma racional e o seu outro. Com isso, abre-se um amplo quadro de questões vinculadas à reorientação das expectativas da razão moderna e de seus modos de racionalização da vida.

A estética da existência como prolegômeno a todo materialismo futuro

Que o verdadeiro alvo de Agamben seja a crítica à tendência moderna em vincular razão e norma, isso ficou claro por ocasião de uma entrevista à *Folha de S. Paulo*:

> entre Lei e transgressão, deve ser pesada aqui a natureza teológica da força do *direito de agraciar* (*Begnadigungsrecht*) própria ao príncipe soberano hegeliano, força de "desfazer o acontecimento" (*das Geschehene ungeschehen zu machen*), anulando (*vernihten*) o crime ou, como gostava de lembrar Lebrun, mostrando como o Espírito cura suas feridas sem deixar cicatrizes. É verdade que Hegel dirá que a remissão da punição não é a suspensão do direito (HEGEL, G. W. F., *Grundlinien der Philosophie des Rechts*, op. cit., § 282), já que o favor (*Gnade*) não enuncia que o crime não ocorreu. Além do que, o direito de agraciar está, por sua vez, submetido a condições (como o próprio direito de convocar o estado de exceção, diga-se de passagem). Mas Hegel parece tão consciente desse problema estreitamente ligado ao lugar do soberano que chega a definir o poder de desfazer o acontecido como uma *grundlosen Entscheidung*. [decisão sem fundamento].

55 Costumamos aceitar que a meta da razão consistiria em fornecer condições para a racionalização das esferas de valores através do estabelecimento de estruturas normativas capazes de determinar condições ideais reguladoras e, no horizonte, realizar a promessa de um ordenamento jurídico justo. A compreensão de que o estado de exceção é cada vez mais a regra do funcionamento do poder legal é apenas uma das figuras da falência desse modo de compreender racionalização idealmente como constituição de normatividades. Ver SAFATLE, Vladimir, *Cinismo e falência da crítica*, op. cit.

O que está realmente em questão é, na verdade, a possibilidade de uma ação humana que se situe fora de toda relação com o direito, ação que não ponha, que não execute ou que não transgrida simplesmente o direito. Trata-se do que os franciscanos tinham em mente quando, em sua luta contra a hierarquia eclesiástica, reivindicavam a possibilidade de um uso de coisas que nunca advém direito, que nunca advém propriedade. E talvez "política" seja o nome desta dimensão que se abre a partir de tal perspectiva, o nome do livre uso do mundo. Mas tal uso não é algo como uma condição natural originária que se trata de restaurar. Ele está mais perto de algo novo, algo que é resultado de um corpo a corpo com os dispositivos do poder que procuram subjetivar, no direito, as ações humanas. Por isto, tenho trabalhado recentemente sobre o conceito de "profanação" que, no direito romano, indicava o ato por meio do qual o que havia sido separado na esfera da religião e do sagrado voltava a ser restituído ao livre uso do homem.[56]

Uma afirmação dessa natureza mostra como Agamben procura colocar em circulação uma estratégia peculiar que consiste em recorrer a esquemas fornecidos pela tradição da ação religiosa a fim de pensar novas categorias para o político. Novas categorias não mais dependentes, por exemplo, da noção de transgressão da Lei ou de posição de novas normas, mas simplesmente da anulação do potencial normativo da norma, anulação da referência à norma. Um ato de anulação que Agamben chama de *desativar* a norma e que nos abriria espaço para essa imanência materialista que ele parece procurar.

Aqui, vale a pena lembrar quão perto e quão longe estamos de Michel Foucault, a referência maior de Agamben nessa relação entre biopolítica e exceção.

Quão longe porque Agamben não está disposto a continuar com as distinções foucaultianas estritas entre poder soberano e poder disciplinar. Foucault tende a pensar esses dois regimes de poder através de um esquema de obsolescência gradativa do primeiro em relação ao segundo. Contra um poder centralizado, vertical, subjetivado em seu polo central e impessoal em sua base, a modernidade teria desenvolvido a hegemonia de um poder desprovido de cen-

---

56 Entrevista concedida a Vladimir Safatle, *Folha de S. Paulo*, 18/10/2005.

tro e disseminado, horizontal, impessoal, por ser vinculado a dispositivos disciplinares capazes de produzir subjetividades, e não à vontade declarada do soberano. Esse esquema visa, principalmente, reorientar a crítica do poder insistindo na centralidade de uma reflexão sobre a dinâmica dos processos de subjetivação.

Agamben, no entanto, quer mostrar essa implicação orgânica entre poder soberano, modos de subjetivação e gestão calculista da vida que nos leva diretamente às estruturas fundamentais do biopoder moderno. Ele quer insistir no vínculo entre exceção, ou seja, entre modo de funcionamento do ordenamento jurídico na modernidade e uma vida que é, cada vez mais, vida nua submetida a uma estranha "lógica disciplinar da anomia". Lógica que produz sujeitos que não se referem a quadros estáveis de práticas e papéis sociais, mas que são sujeitos produzidos para agir e julgar em estruturas que não podem mais estabelecer partilhas claras entre anomia e situação normatizada.

Quão perto porque vem de Foucault essa procura pela "possibilidade de uma ação humana que se situe fora de toda relação com o direito", ação capaz de nos abrir a um uso renovado do mundo. Uso que é "práxis social enfim transparente a si mesma", contrária à redução das ações humanas a atributos da pessoa jurídica.

A esse respeito, basta lembrarmos do caráter maior de uma temática simétrica a essa no segundo volume da *História da sexualidade*, este intitulado, exatamente, "O uso dos prazeres". Nesse volume, ao recorrer à descrição das tecnologias que marcam os modos de relação a si na Grécia Antiga, Foucault insiste, a todo momento, na possibilidade de pensar uma estilização da existência que não regule suas expectativas de legitimidade através da conformação da conduta a uma norma geral que funcione como sistema de regras e proibições fundado na codificação exaustiva de práticas. Daí essa noção de estética da existência como

> uma maneira de viver cujo valor moral não está vinculado à sua conformidade a um código de comportamento, nem a um trabalho de purificação, mas a certas formas, ou melhor, a certos princípios formais gerais no uso dos prazeres, na distribuição que deles fazemos, nos limites que observamos, na hierarquia que respeitamos.[57]

---

57 FOUCAULT, Michel, *Histoire de la sexualité II*, op. cit., p. 120.

O que há de estético aqui é o tratar a vida como uma obra que se submete não apenas a valores estéticos, como "harmonia", "equilíbrio" e "simetria", mas também e principalmente a critérios estéticos de produção, como a ideia de que a ação não é expressão imediata de si, mas relação agonística e singular com materiais (impulsos, inclinações) que devem ser dominados, devem ser conformados sem ser totalmente negados. Essa ideia da *singularidade* dos modos de relação a impulsos e inclinações é o que aproxima tais práticas de uma estilística individualizadora ligada ao cálculo do momento, da situação, do contexto e as afasta da normatividade do direito.

Não deixa de ser irônico que Foucault nos remeta ao mesmo ensaio de Walter Benjamin sobre Baudelaire a fim de demonstrar um caso recente de estudo sobre essa estética da existência que constitui uma práxis reconciliada consigo mesma[58]. Pois, ao menos para Foucault, algo da estética da existência dos gregos não estaria distante das experiências disruptivas do modernismo. No fundo, podemos mesmo dizer que esse retorno aos gregos é apenas uma astúcia.

Por um lado, o recurso à estética em contraposição ao jurídico fora uma constante da trajetória intelectual de Foucault. Pensemos, por exemplo, nessa proximidade entre "consciência trágica da loucura" e literatura moderna à época de *História da loucura*, isso em contraposição ao regime jurídico-psiquiátrico da loucura. Mas faltava a Foucault um paradigma capaz de expor como absorver as experiências disruptivas do modernismo em um quadro mais amplo de reorientação de processos de racionalização social. Por mais inusitado que isso possa parecer, tal paradigma será sintetizado através desse retorno aos gregos. Assim, quando Foucault recorre novamente a Baudelaire em *O que é o esclarecimento?* –, a fim de demonstrar como a saída da minoridade própria ao projeto moderno era indissociável de uma reconstrução de si, crítica permanente de nosso ser histórico que nos permitiria afirmar: "Ser moderno não é aceitar a si mesmo tal como se é no fluxo de momentos que passam, é tomar si mesmo como objeto de uma elaboração complexa e dura"[59] –, vemos o último laço

---

58 Idem, p. 19.
59 FOUCAULT, Michel, *Dits et écrits II*, Paris: Gallimard, 2001, p. 1389.

de uma alta-costura entre estética da existência dos gregos e vanguarda modernista.

No entanto, devemos nos perguntar sobre o que vincula, ao menos para Foucault, duas experiências tão dissimétricas quanto algumas elaborações vanguardistas do modernismo e essa estética da existência própria às práticas sexuais dos gregos. Tal problema irá nos remeter, novamente, a certas críticas à noção de negatividade em sua matriz hegeliana. Pois, desde o prefácio de *História da loucura*, Foucault parece ver, no caráter agonístico desse "*lógos* desprovido de contrários" dos gregos, uma "raiz calcinada do sentido", própria a uma linguagem em que a contradição não é submetida a uma dialética, em que a multiplicidade não se deixa submeter às astúcias de um código unitário. Foucault fala, às vezes, de uma linguagem capaz de interrogar "uma abertura que ignora as paciências do conceito"[60]. Esse anti-hegelianismo de Foucault fica sintetizado em afirmações como:

> O que não demorará a morrer, o que já morre em nós (e cuja morte justamente leva nossa linguagem atual) é o *Homo dialecticus* – o ser da partida, do retorno e do tempo, o animal que perde sua verdade e a reencontra iluminada, o estranho a si que advém familiar.[61]

Ou seja, o que deve morrer é o ser que determina sua identidade através de oposições e contrariedades que podem ser internalizadas, mas à condição de se submeterem a uma razão que perpetua o que deveria ser ultrapassado, até porque a contrariedade já seria maneira de regular a diferença, já seria maneira de reduzir a diferença a simples oposição. Uma oposição que seria uma forma astuta de conservar a referência ao código e à lei. Essa maneira "peculiar" de ler a dialética hegeliana fará escola no interior do pensamento francês contemporâneo e parece também alcançar Agamben.

Algo desse *lógos* pretensamente antidialético dos gregos Foucault encontra na literatura de vanguarda quando afirma, por exemplo, que uma de suas características maiores (Foucault pensa principalmente, ironia do destino, no "hegeliano" Mallarmé) consiste em desenvolver uma linguagem capaz de desarticular as expectativas

---

60 Idem, *Dits et écrits I*, Paris: Gallimard, 2001, p. 267.
61 Idem, p. 442.

ordenadoras da razão moderna, de "suspender o reino da língua em um gesto atual de escritura", isso por ser linguagem que, ao mesmo tempo, submete e não submete a palavra ao código. Como se o mesmo termo fizesse parte de um código partilhado publicamente e de uma espécie de código privado que faria com que a palavra trouxesse em si mesma sua própria medida. Uma palavra "não coercitiva, que não comanda e não proíbe nada, mas diz apenas ela mesma"[62]. Trata-se de desativar a potência ordenadora do código no momento mesmo em que tal ordenação parece ser aplicada[63].

Aqui, fica claro um ponto importante que talvez nos sirva para compreender algumas estratégias de Agamben. Foucault parece também às voltas com a possibilidade de uma práxis imanente e tornada transparente a si mesma. Mas, nesse contexto, "transparência" não pode ser simplesmente tomada como identidade imediata entre intencionalidade e ato, ou entre ação e consciência de contextos sócio-históricos. Em vez de algum recurso à autenticidade da expressão imediata de si como critério de identidade reinstaurada, Foucault compreenderia tal transparência como aquilo que se abre a partir do momento em que somos capazes de produzir uma desativação da potência ordenadora do código e da norma. Como se o gesto de *violência pura* que produz tal desativação já fosse condição suficiente (e não apenas condição necessária) para nos instaurarmos no solo de uma práxis renovada capaz de recuperar para si o nome "política"[64]. Um solo no qual poderíamos dizer, por exemplo: "Ética é a vida que não se contenta em submeter-se à lei moral, mas que aceita encenar-se em seus gestos de maneira irrevogável e sem a mínima reserva."[65]

62 AGAMBEN, Giorgio, *Estado de exceção*, op. cit., p. 133.
63 "Antes de Mallarmé, escrever consistia em estabelecer sua palavra no interior de uma língua dada, de maneira que a obra de linguagem seria da mesma natureza que qualquer outra linguagem, que os signos aproximados da Retórica, do Sujeito ou das Imagens. No final do século XIX (na época do descobrimento da psicanálise ou quase), a literatura se transformou em uma palavra que inscrevia nela seu próprio princípio de decifração ou, em todo caso, ela supunha, sob cada uma de suas frases, sob cada uma de suas palavras, o poder de modificar *soberanamente* [itálico meu – note-se como não é simples escapar do poder soberano] os valores e as significações da língua à qual, apesar de tudo, ela pertencia; ela suspendia o reino da língua em um gesto atual de escritura" (FOUCAULT, Michel, *Dits et écrits I*, op. cit., p. 447).
64 Seguimos aqui a ideia de que "a violência pura se revela somente como exposição e deposição da relação entre violência e direito" (AGAMBEN, Giorgi, idem, p. 96).
65 AGAMBEN, Giorgio, *Profanations*, Paris: Payot et Rivages, 2005, p. 86.

Mas, se voltarmos a Agamben e atentarmos para os dispositivos que ele nos oferece a fim de pensar os regimes de desativação da norma, não deixa de ser interessante como ele parece trazer, à sua maneira, estratégias muito semelhantes a essas que encontramos em Foucault. Pois Agamben recorre, entre outras coisas, a um regime de crítica em operação, de forma cada vez mais hegemônica, na estética contemporânea. Regime que guarda semelhanças "táticas" com aquilo que Foucault encontra na literatura de vanguarda. Ele consiste em não tentar mais transgredir ou fornecer novas normas, mas simplesmente mimetizar a norma de maneira tal, agir "normalmente" de forma tal que ela perca sua capacidade organizadora. Nesse sentido, um pequeno ensaio de *Profanações* intitulado "Paródia" é extremamente significativo.

Agamben lembra que há dois traços canônicos na paródia: a dependência em relação a um modelo existente e a conservação de elementos formais de tal modelo em meio a conteúdos ou contextos incongruentes. Ou seja, trata-se de um modo de seguir um modelo, assumir uma norma, mas de forma tal que a força ordenadora do modelo e da norma são "desativadas" devido ao fato de eles serem repetidos de maneira irônica. Agamben lembra como o termo "paródia" era usado inicialmente para designar uma separação entre canto e palavra, entre *mélos* e *lógos*, que produzia situações nas quais se cantava *para ten oden*, a contracanto ou fora do canto. Maneira de desativar o *lógos* devido à inadequação do *mélos* que o acompanhava. Daí esta definição da paródia como

> separação entre canto e palavra, entre *mélos* e *lógos*. Originalmente, na música grega, a melodia devia corresponder ao ritmo e à palavra. Quando, na recitação do poema homérico, este nó tradicional era rompido e os rapsodos introduziam melodias percebidas como discordantes, dizia-se que eles cantavam *para ten oden*, a contracanto ou ao lado do canto.[66]

Ou seja, a paródia como estetização da inadequação. Esse esquema da paródia é o que Agamben procura implementar através da sua noção de profanação. Por meio da paródia, o filósofo procura construir um conceito de profanação capaz de nos colocar diante de uma ação que não executa ou transgride a nor-

---

66 AGAMBEN, Giorgio, *Profanations*, op. cit., p. 42.

ma, mas que a desativa. Usando a ideia de que profanar é restituir as coisas (outrora separadas na dimensão do sagrado) ao livre uso dos homens, trata-se de pensar uma ação que instaure esse livre uso através da ironização do que antes estava separado, sacralizado, perdido em sua identidade imediata. Um uso irônico que, ao mimetizar o sacralizado, anula o vínculo seguro entre coisas, regras e sentido que toda noção de sagrado visa garantir. Como dirá Agamben:

> O comportamento assim liberado reproduz e mimetiza as formas de atividade das quais ele se emancipou, mas, ao esvaziar seu sentido e sua relação necessária a um fim, ele permite que elas se disponham a um novo uso.[67]

Um uso próprio àquilo que Agamben, seguindo as pegadas de Benjamin, chama de "meios sem fim". Uso mais próximo da gratuidade do jogo que da instrumentalidade daquilo que só é devido ao seu vínculo a uma função[68]. Em outro livro (*Cinismo e falência da crítica*), procurei expor os limites e impasses da crença na potência profanadora da desativação paródica da norma, tal como Agamben nos apresenta. Não se trata de retomá-los aqui.

Materialismo e experiência metafísica

Por outro lado, não deixa de ser irônico que um pensamento que procura certo materialismo capaz de permitir a re-

---

67 Idem, p. 108.
68 Irônico perceber como essa noção de "meios sem fim" não está muito distante da posição kojèviana do sábio na pós-história. Segundo Kojève, como o discurso pós-histórico pode enunciar a última palavra e revelar o Ser, não há mais necessidade da ação negadora do homem. O Sábio poderia, então, dedicar-se ao cultivo do esnobismo através da arte, do jogo, do amor etc. Aqui, para além dos enganos da satisfação animal do desejo ilustrada na destruição *infinita ruim* do consumo dos objetos, a verdadeira ação encontraria satisfação nas representações formalizadas e teatralizadas do sujeito. Ela deleita-se na artificialidade leve das ações gratuitas e sem finalidade. Se a História não fala mais, então o Sábio fabrica, ele mesmo, a negatividade gratuita. Se essa aproximação entre Agamben e Kojève realmente tiver relevância, então teremos um movimento peculiar de afastamento de Hegel para recuperar um "outro Hegel", um "Hegel errado, mas vivo", para usar a expressão feliz de Paulo Eduardo Arantes.

cuperação da imanência encontre em seu caminho a noção de paródia como dispositivo de configuração da ação. Como se só pudéssemos alcançar a imanência *sub specie ironiae*. Como se a identidade imediata fosse uma questão de reconhecimento de uma potência que só passa ao ato quando desativa a solidariedade entre Lei e transgressão. No entanto, é possível que haja várias formas de desativar tal solidariedade, o que complexifica a tarefa de Agamben ou, na pior das hipóteses, coloca tal tarefa no limite da aporia.

De qualquer forma, podemos tentar organizar esse movimento próprio à experiência intelectual de Agamben dizendo que ela parte da procura em expor as consequências políticas de uma metafísica da negatividade que aproximaria Hegel e Heidegger. Consequências claramente expostas através dos problemas próprios à noção de poder soberano como uma espécie de fundamento negativo e "ex-timo" do ordenamento jurídico. No entanto, contra tal metafísica, Agamben procura recorrer a um materialismo fundado em uma noção de imanência que parece, sintomaticamente, precisar apelar àquilo que o próprio Agamben nega. Basta lembrarmos como, à sua maneira, a paródia também é dependente de um pensamento da negação. Para ser mais preciso, é dependente de uma estética da inadequação e de posição da aparência como mera aparência desprovida de finalidade. O que talvez nos demonstre a impossibilidade de defender alguma forma de materialismo desprovido de motivos de transcendência e de negatividade.

Por outro lado, talvez possamos defender outra maneira de compor a "metafísica da negatividade" (ou uma "ontologia negativa", se quisermos usar um conceito que tem norteado este livro) proposta por Agamben em *A linguagem e a morte*, principalmente no que concerne a Hegel. Isso talvez nos levasse a pensar um outro regime de articulação entre ontologia e práxis política, assim como uma outra definição do que possa vir a ser uma perspectiva materialista.

Vimos como Agamben procurava afirmar uma simetria fundamental a respeito dos modos de reflexão do problema da relação entre linguagem e ser em Hegel e Heidegger. A peça maior dessa simetria seria a proximidade entre o *Dasein* heideggeriano e o *Diese* hegeliano. Nos dois casos teríamos certa inversão da impossibilidade de designação própria à negatividade de um ser marcado por operações de transcendência. Mas há certa parcialidade nessa leitura. É claro que podemos hipostasiar afirmações hegelianas como

> o mais verdadeiro é a linguagem: nela refutamos imediatamente nosso visar, e porque o universal é o verdadeiro da certeza sensível, e a linguagem só exprime esse verdadeiro, está pois totalmente excluído que possamos dizer o ser sensível que visamos.[69]

Um pouco como se a dialética anulasse tudo o que é da ordem do vínculo entre sensível e sentido. No entanto, para Hegel, o fracasso da apresentação imediata do acontecimento singular (ou da referência como ser sensível) não significa anulação simples de sua dignidade ontológica. Ao afirmar que está excluído que possamos dizer o ser sensível, Hegel parece defender que a linguagem não pode dar conta de maneira satisfatória do problema da referência, a não ser que admitamos que a referência é sem sentido, fora de um sistema diferencial de coordenadas. Poderíamos deduzir assim que há uma arbitrariedade fundamental da linguagem, vinculada à abstração necessária da linguagem em relação ao sensível, o que nos impediria de estabelecer relações com a Coisa.

No entanto, a tentativa de recuperar o que inicialmente aparece como exterioridade do sensível em relação ao sistema linguístico de diferenças e oposições será o motor mesmo da dialética. O problema levantado pela tentativa de designação da singularidade ancorada no sensível não se esgota na compreensão da impossibilidade da realização das expectativas que guiavam a certeza sensível. Na verdade, essa é apenas a figura inicial de um problema que aparecerá de maneira reiterada no interior da filosofia hegeliana e que diz respeito aos modos de encaminhamento da dialética entre, de um lado, regras, sistemas e formas de estruturação de relações que aspiravam à validade universal e, de outro, casos empíricos particulares capazes de determinar conteúdos. No entanto, não podemos esquecer que, no caso de Hegel, essa dialética não implica anulação simples da

---

69 HEGEL, G. W. F., *Fenomenologia do espírito I*, op. cit., p. 72.

particularidade do caso pela linguagem. Ao contrário, implica *reconstituição da estrutura de produção de sentido própria à linguagem*, reconstituição que implica a passagem de um regime representativo a um regime especulativo da linguagem, isso através do reconhecimento da resistência da experiência sensível à conceitualização. Um reconhecimento que obriga a reconstrução do que significa, para Hegel, conceitualizar. Ou seja, há uma dimensão fundamental do movimento do conceito no qual a resistência do sensível nega a universalidade da linguagem, já que tal resistência é a realização material de uma negatividade provida de dignidade ontológica.

O reconhecimento de tal resistência traz também consequências políticas precisas que talvez fiquem mais claras quando passamos de Hegel a Adorno. Pois algo dessa problemática pode servir para iluminar certo aspecto da querela entre Adorno e Benjamin a propósito de *A Paris no Segundo Império*. Se levarmos em conta qual é o modo de confrontação com as obras de arte desenvolvido por Adorno, podemos vislumbrar uma dimensão importante do seu desconforto em relação à maneira com que Benjamin articula os processos de negociação entre produção estética e situação socioeconômica.

O que realmente incomoda Adorno é certa interpretação que parece guiar-se a partir da crença da visibilidade integral dos mecanismos de produção de sentido através da sobreposição entre traços da produção estética de Baudelaire e dinâmicas sociais do capitalismo. Agamben insiste que Adorno critica em Benjamin essa "representação estupefata da realidade", esse "materialismo vulgar" resultante da falta de mediação entre processo social global e características da obra. Como se Adorno não pudesse suportar uma leitura que não atualizasse a relação de causa e efeito, relação ainda viva na noção de mediação entre o todo e as partes. E, nesse momento, Agamben não deixa de aproximar a posição de Adorno do "todo como verdadeiro" de Hegel. É interessante notar que esse tipo de crítica fora feita por Lyotard em *Adorno come diavolo*[70].

No entanto, essa leitura desconsidera que o verdadeiro foco da análise adorniana é exatamente aquilo que ele tentará apreender de maneira mais clara ao falar de "resistência dos materiais" em toda produção estética. Resistência que também pode

---

70 LYOTARD, Jean-François, *Des dispositifs pulsionnels*, Paris: Galilée, 1994, pp. 99-114.

ser compreendida como certa opacidade do sensível que impede toda verdadeira obra de arte de ser uma construção integral funcionalmente articulada. É tal resistência que a leitura benjaminiana de Baudelaire parece perder. Pois, quando Adorno fala em mediação pela universalidade do processo social global, não devemos esquecer que tal mediação só é possível quando o próprio processo tiver sua inteligibilidade reconfigurada a partir da sua mediação pelo material, por aquilo que, como dirá a *Dialética negativa*, é irredutivelmente ôntico. Ou seja, a relação entre os dois polos não é uma negação abstrata do primeiro pelo segundo, mas um processo no qual a opacidade do sensível nega, de maneira dialética, as aspirações totalizantes do processo social global. O que não poderia ser diferente para alguém que nunca deixou de insistir que "o todo é o não verdadeiro".

Muito haveria a ser dito a esse respeito. Por enquanto, faz-se necessário esboçar algumas considerações referentes ao problema do fundamento negativo da práxis social em Adorno. Pois podemos dizer que Adorno também compartilha com Agamben essa crítica ao vínculo estrito entre político e jurídico (mesmo que esse jurídico inclua a norma e sua transgressão). Ele também acredita, como afirma Agamben, que ética é a vida que não se contenta em submeter-se à Lei moral, mas aceita encenar-se em seus gestos de maneira irrevogável e sem a mínima reserva. No entanto, esse para além da Lei não traz uma práxis social tornada transparente a si mesma. Isso talvez faça uma grande diferença. Pois, tal como Agamben, Adorno procura fundar a práxis social em uma perspectiva materialista, mas trata-se de um materialismo que procura indicar as situações materiais que se relacionam a uma experiência metafísica vinculada a certa noção dialética de negatividade que não se deixa ler simplesmente como transgressão. Maneira inusitada de reconstruir um "materialismo dialético". Mas, para tanto, talvez devamos adentrar em algumas questões relativas à ação moral em Adorno.[71]

---

71 Na primeira edição, o livro continha ainda um capítulo no qual procurava discutir aspectos da filosofia moral adorniana a fim de defender a tese de que ela procurava fundamentar deliberações a partir de um processo marcado por dois fundamentos insuficientes. Sentira que a formulação era precária desde a publicação do livro. Depois, tal sentimento mostrou-se correto. Por isto, retomei anos depois, de forma mais adequada, o que procurava elaborar através da filosofia moral de Adorno. Tal elaboração se encontra no capítulo "Identidade: a psicanálise da desintegração" de *Dar corpo ao impossível: o sentido da dialética a partir de Adorno* (Autêntica, 2019). Assim, o melhor a fazer foi cortar tal capítulo dessa edição e remeter o leitor interessado ao texto acima referido.

Excurso
GRANDE HOTEL ABGRUND

> *A intenção última é a de introduzir um mínimo de negatividade no debate acadêmico, revelando o que há de frágil na segurança moral-ideológica que está em sua base mais funda.*
>
> Bento Prado Júnior

Há um certo ponto de chegada que gostaria de propor para essa discussão relativa às condições para a reconstituição de uma teoria do sujeito a partir de problemas referentes à individualidade no interior da filosofia hegeliana e da psicanálise. Trata-se da avaliação de uma experiência intelectual também profundamente marcada pela articulação entre filosofia e psicanálise, isso a ponto de ser responsável pela criação, entre nós, do acrônimo "filosofia da psicanálise". Experiência que, embora tenha sempre guardado uma distância prudente da filosofia hegeliana e da dialética, talvez involuntariamente sirva de exemplo notável para a justeza deste diagnóstico de época fornecido por Michel Foucault:

> Toda nossa época, quer seja pela lógica ou pela epistemologia, quer seja através de Marx ou através de Nietzsche, tenta escapar de Hegel (...). Mas realmente escapar de Hegel supõe apreciar de maneira exata quanto custa se desvincular dele; isso supõe saber até onde Hegel, talvez de maneira insidiosa, aproximou-se de nós; supõe saber o que é ainda hegeliano naquilo que nos permite pensar contra Hegel, supõe medir em que nosso recurso contra ele ainda é uma astúcia que ele mesmo nos opõe e ao final da qual ele mesmo nos espera, imóvel.[1]

Gostaria então de mostrar como a teoria do sujeito de Bento Prado Júnior nos fornece um quadro compreensivo elaborado do que este livro procura apresentar. De qualquer forma, vinculá-lo

---

1 FOUCAULT, Michel, *L'ordre du discours*, Paris: Gallimard, 1971, pp. 74-5.

a um quadro de família no interior do qual ele só se reconheceria em um dos dois genitores é, na verdade, aplicar a Bento Prado um procedimento de leitura que ele mesmo nos ensinou, ao mostrar como a distância entre Sartre e Bergson era menor do que o primeiro gostaria de supor.

Se foi com surpresa que descobri apenas *a posteriori* como boa parte das questões que procurava trabalhar estava presente em Bento Prado, foi porque esqueci como a verdadeira influência é algo que trabalha em silêncio. Este excurso é, assim, uma maneira de reconhecer uma dívida.

Um corpo estranho dentro do Si mesmo

Gilles Deleuze costumava dizer que, no campo da filosofia, era possível reduzir experiências intelectuais complexas a uma única questão, como se toda verdadeira produção filosófica fosse a modulação infindável e necessária de uma problemática levada às suas últimas consequências. É possível que Bento Prado Júnior aceitasse de bom grado tal estratégia para a avaliação de sua própria obra. Pois sua extensa produção, marcada pela desconsideração soberana de fronteiras e tradições, porta a marca obsessiva daqueles que cedo compreendem quais são suas questões fundamentais. Uma leitura retrospectiva capaz de partir de seus textos de juventude (como a tese, de 1964, "Presença e campo transcendental: consciência e negatividade na filosofia de Bergson") e chegar até a produção recente revela a permanência de uma problemática geral que foi, aos poucos, complexificando-se. Problemática original por construir-se na interface de tradições filosóficas aparentemente antagônicas, como a tríade Bergson-Sartre-Deleuze, por um lado, e a filosofia de Wittgenstein, por outro; isso sem deixar de recorrer, quando necessário, a um quadro de família que abarca ainda Rousseau, Pascal, Ryle, Merleau-Ponty, entre outros. Problemática ainda mais original por ser conjugada no interior de um campo de confrontação em que se encontram filosofia, psicanálise, psicologia e estética.

No entanto, não precisamos de grandes interpretações para encontrar aquela que seria a questão fundamental e produtora da obra de Bento Prado Júnior. Ele mesmo a forneceu, ao afirmar que um dos eixos maiores de seu pensamento era a reflexão sobre "o lugar do sujeito, ou melhor, o problema da ipseidade e de suas formas de expressão"[2]. Contrariamente a uma tendência hegemônica na filosofia da segunda metade do século XX, não se trata aqui de compreender a categoria de sujeito como mero entulho metafísico ou como um resquício de aspirações fundacionistas. Nem discurso sobre a morte do sujeito de matizes pós-estruturalistas, nem redução materialista da consciência própria às correntes majoritárias da filosofia da mente, nem filosofia neopragmática da intersubjetividade para a qual a irredutibilidade ontológica do lugar do sujeito é algo próximo de um *páthos* romântico. Em várias ocasiões, Bento Prado criticou cada uma dessas correntes que atualmente organizam o debate das três grandes tradições da filosofia ocidental: a francesa, a anglo-saxã e a alemã.

No entanto, nas mãos de Bento Prado, o lugar do sujeito transformou-se em um lugar que não responde mais às coordenadas habituais. Longe de ser o solo da transparência e da autoidentidade, tal lugar aparece como des-idêntico, clivado. Pois, desde sua tese sobre Bergson, ficava claro que a verdadeira preocupação de Bento Prado consistia em perguntar-se sobre o que pode ser uma subjetividade capaz de descobrir o impessoal e o irredutivelmente Outro como seu solo gerador. Ou seja, contrariando uma longa tradição moderna, tratava-se de desvincular sujeito e *locus* da identidade, isso através de uma reflexão sobre a alteridade anônima que precede toda constituição da individualidade, mas com a qual ela deve sempre se defrontar. Era tendo tal estratégia em mente que Bento Prado aproximou-se depois de maneira tão produtiva de temáticas maiores da psicanálise e da estética contemporânea, duas experiências intelectuais marcadas pela consciência da irrupção do heterogêneo no próprio cerne das relações a si mesmo. Aproximações que renderam a inauguração, entre nós, de gêneros de reflexão como a filosofia da literatura e a filosofia da psicanálise.

Só por essa maneira astuta de atualizar a reflexão sobre o conceito de sujeito, Bento Prado já merecia ser, entre nós, objeto de leitura atenta e sistemática. Pois essa sua estratégia lhe permitia construir operações intelectuais surpreendentes como, por exem-

[2] PRADO JR., Bento, *Erro, ilusão, loucura*, São Paulo: Editora 34, 2004, p. 11.

plo, recorrer a um filósofo para quem "sujeito" é um conceito claramente supérfluo (Deleuze) a fim de reconstruir uma teoria complexa da subjetividade. A referência a Deleuze aqui se explica, no entanto, se lembrarmos da maneira como *Empirismo e subjetividade* acaba por fornecer as condições para o desenvolvimento de um conceito de sujeito não marcado pelas temáticas transcendentais da subjetividade constitutiva, mas pela compreensão da forma com que princípios de síntese do tempo (como o hábito) estruturam fluxos impessoais de imagens e impressões que se dão na imaginação.

Isso permitia a Deleuze afirmar que a subjetividade não era a qualidade de autoidentidade e coerência da conduta do que se estrutura como unidade sintética de percepções. Ela era o espaço no interior do qual o pré-individual é confrontado constantemente com modos de síntese, o que implica reconhecer "a franja de indeterminação da qual goza o indivíduo"[3]. É a partir de considerações dessa natureza que Bento Prado queria dar conta do lugar do sujeito, ou melhor, do problema da ipseidade.

Fundamentos indeterminados

Mas Bento Prado queria mais. A partir daí, tratava-se principalmente de introduzir "um mínimo de negatividade"[4] na segurança moral-ideológica de vários setores do discurso filosófico contemporâneo. Pois ele sabia que modificações nas estruturas elementares de determinação da subjetividade implicam reorientações gerais das expectativas da razão. Ao menos nesse ponto, Bento Prado está bastante próximo a uma tendência própria do pensamento da segunda metade do século XX (que encontra defensores tanto em solo francês quanto alemão) de levantar as armas contra o que poderíamos chamar de "metafísica da identidade" alojada no coração de uma subjetividade constitutiva.

No entanto, no caso de Bento Prado, não era questão de procurar suspender os vínculos fundamentais entre sujeito e razão, no que seu pensamento se encontra necessariamente com estratégias maiores da filosofia adorniana. Ao contrário, tratava-se

---

3 DELEUZE, Gilles, *Différence et répétition*, op. cit., p. 331.
4 PRADO JR., Bento, *Erro, ilusão, loucura*, op. cit., p. 14.

de insistir no fato de um conceito renovado de sujeito nos levar necessariamente a recompreender o que significa agir e julgar racionalmente, já que ele nos obriga a abandonar ideias reguladoras fundamentais para a constituição da noção de "reflexão" como transparência, sínteses baseadas em processos de unificação que se valem de julgamentos de semelhança e de subsunção. Dissolvido o vínculo entre identidade e sujeito, ou seja, salientado o fato de a autorreflexão sobre si mesmo não fornecer mais nenhuma certeza de autoidentidade imediata, mais nenhum princípio de unidade, não seria doravante possível pensar o julgamento racional através de um pensar identificador que hipostasia aplicações categoriais e determinações de critérios normativos constituídos *a priori* (ou seja, a partir da imagem do Eu penso). Nem seria possível procurar fundar a razão no pretenso solo não problemático do senso comum, solo acessível apenas àqueles não acometidos pelas "patologias" de um pensar incapaz de encontrar algo *dado* (ou seja, para Bento Prado, de reconhecer imediatamente a validade das coordenadas lógicas que estruturam o dado).

Daí por que uma das estratégias críticas maiores de Bento Prado consistia em se perguntar sobre a estrutura da subjetividade pressuposta por posições filosóficas que procuravam salvar alguma forma de normatividade racional imediatamente acessível ao sujeito. Por meio desse questionamento, tratava-se de "desconstruir" (o termo aqui não é gratuito) a "normalidade" historicamente determinada do homem do senso comum[5], a "normalidade" do indivíduo habermasiano, toda ela construída através do esvaziamento da opacidade do sujeito à autorreflexão[6], isso devido à anulação da irredutibilidade do inconsciente freudiano a toda e qualquer operação de natureza hermenêutica. Por fim, criticar a "normalidade" do *vernüftig Mensch* com sua *humanitas minima de facto*.

Tais desconstruções da normalidade, que chegavam à afirmação de que o homem comum não passava de um "projeto pedagógico", eram, na verdade, operações iniciais de um redimensionamento do campo da experiência, já que o abandono do

---

5 Ver PRADO JR., Bento, "Por que rir da filosofia?" In: *Alguns ensaios*, op. cit., pp. 109-50.
6 Ver SAFATLE, Vladimir, "Autorreflexão ou repetição: Bento Prado e a crítica ao recurso frankfurtiano à psicanálise". *Revista Ágora*, UFRJ, 2004, vol. VII, n. 2, pp. 279-92.

horizonte normativo nos leva ao reconhecimento da "incontornável ambiguidade da experiência e à anarquia discursiva que ela abre"[7]. Consequência necessária de uma filosofia do sujeito, como no fundo é o caso de Bento Prado, em que o "sujeito" não é mais do que *o nome do caráter negativo do fundamento*.

Nesse contexto, afirmar que há um caráter negativo do fundamento significa simplesmente que toda determinação será corroída por um fundo de indeterminação que fragiliza sua identidade e sua fixidez, algo que vimos pela primeira vez com Hegel. Significa que a relação ao existente não é a repetição do que está potencialmente posto no fundamento, mas que a própria determinação do existente não pode mais ser pensada a partir do paradigma da subsunção simples do caso à norma. Ela exige compreender que *não há determinação completa*, isso no sentido de determinações que anulariam "a incontornável ambiguidade da experiência", ou, se quisermos voltar à metáfora que abre este livro, que clarificariam uma imagem essencialmente difusa.

Assim, através dessa reconstrução profunda da categoria de sujeito, Bento Prado procurava nos oferecer um fundamento que é opaco e ambíguo. Dessa forma, abriam-se as portas para uma experiência de universalidade, já que se trata de um pensamento para o qual a noção de fundamento ainda desempenha um papel. Mas essa universalidade não é nem normativa nem positiva. Nesse sentido, a experiência intelectual de Bento Prado demonstra a originalidade de alguém que procura abrir um caminho que permite o abandono conjugado tanto do universalismo normativo quanto do relativismo. Eram provavelmente considerações dessa natureza que levavam Bento Prado a insistir na cegueira da tradição filosófica para a irredutibilidade do sensível ao lógico ou ao conceitual. Cegueira que o levava a insistir no caráter bem-vindo de tentativas de "remodelação da estética transcendental, que liberem o sensível de sua domesticação ou unificação conceitual ou intuitivo-formal, desligando-a da analítica transcendental, para ligá-la diretamente à crítica da faculdade de julgar e à analítica do sublime"[8]. Essa liberação da opacidade do sensível é via para a recuperação de um conceito renovado de universalidade.

---

7 PRADO JR., Bento, *Alguns ensaios*, op. cit., p. 96.
8 Idem, p. 247.

On est toujours l'irrationaliste de quelqu'un

Devemos insistir nesse ponto. Pois tal defesa da ambiguidade da experiência, da procura da heterogeneidade irredutível com sua anarquia discursiva e resistente à unificação conceitual poderia parecer uma simples profissão de fé irracionalista ou, no mínimo, relativista. A princípio, a acusação parece ganhar força se levarmos em conta a maneira com que Bento Prado afirmava a impossibilidade de fundamentação positiva de critérios universalizantes de julgamento. Apoiando-se em uma leitura da noção wittgensteiniana de "jogos de linguagem", Bento Prado insistia não ser a universalização de critérios e sistemas de regras exatamente o objeto de um "entendimento comunicacional mais ou menos transparente"[9]. Ao contrário, ela era objeto de *persuasão*, e quem diz "persuasão" não diz apenas reconhecimento do melhor argumento, nem está pensando em alguma forma de entificação de concepções "conversacionais" da filosofia, objeto de críticas de Bento Prado ao que animava tanto a filosofia de Habermas, de Apel quanto de Rorty. Como se houvesse uma arena neutra no teste da pretensão de verdade das interpretações metafísicas.

Ao contrário, quem diz "persuasão" diz necessariamente constituição de um campo conflitual no qual entram em cena processos de identificação, projeção, retórica de interesses, investimento libidinal, constituição de critérios de autoridade etc. O campo da persuasão é antes o da guerra que o do entendimento comunicacional, insistirá várias vezes Bento Prado. Isso o leva a fazer colocações como: "A base de um jogo de linguagem não é constituída por proposições suscetíveis de verdade e de falsidade, mas corresponde apenas a algo como uma escolha sem qualquer fundamento racional."[10] Corresponde a uma decisão "patológica", não no sentido de distorcida, mas de afetada por um *páthos* que nos remete novamente à ordem do sensível.

De fato, vemos como essa é uma operação arriscada por várias razões. Primeiro, definir a argumentação racional como campo conflitual de persuasão implica, ao menos nesse caso, a desmontagem de dicotomias estritas entre o psicológico e o transcendental, já que significa trazer categorias aparentemente psicológicas

9 PRADO JR., Bento, *Erro, ilusão, loucura,* op. cit., p. 48.
10 Idem, p. 105.

para a compreensão dos processos de argumentação racional. No limite, como a garantia transcendental é colocada em risco, parece que seremos simplesmente levados a dissociar problemas de justificação e problemas de verdade, abrindo assim as portas para certo relativismo que se acomoda à descrição de práticas sociais de justificação. Pois, se a base de um jogo de linguagem é constituída por escolhas sem fundamento racional, então nada mais pode justificá-la a não ser a entificação de práticas sociais que tomo por necessárias.

Contra tais suspeitas de irracionalismo, Bento Prado não cansava de afirmar:

> Irracionalismo é um pseudoconceito. Pertence mais à linguagem da injúria do que da análise. Que conteúdo poderia ter, sem uma prévia definição de Razão? Como há tantos conceitos de Razão quantas filosofias há, dir-se-ia que irracionalismo é a filosofia do Outro. Ou pastichando uma frase de Émile Bréhier que, na ocasião, ponderava as acusações de libertinagem, poderíamos dizer: "on est toujours l'irrationaliste de quelqu'un".[11]

Mas isso nos deixa com a obrigação de perguntar qual conceito positivo de razão Bento Prado tinha em vista e que lhe permitia desconsiderar monarquicamente tais acusações de irracionalismo.

A fim de encaminhar a questão, notemos como é construída essa afirmação central de Bento Prado: "Persuadir alguém é levá-lo a admitir, justamente, o que não tem base, uma 'mitologia', algo que está muito além, ou aquém, da alternativa entre o verdadeiro e o falso, o racional e o irracional ou, melhor dizendo, entre a *sensatez* e a *loucura*, entre o *Cosmos* e o *Caos*."[12] Há uma maneira "nietzschiana" de compreender tal colocação. Se persuadir é levar alguém a admitir o que está aquém da alternativa entre o verdadeiro e o falso, é porque, talvez, "verdade" e "falsidade" não sejam os critérios adequados para a avaliação do que tem a força de produzir nosso assentimento. Talvez existam determinações de valor que digam respeito não à descrição de estados de coisas, mas a modos de estruturação de formas de vida. O que nos persuade

---

11 PRADO JR., Bento, *Alguns ensaios*, op. cit., p. 256.
12 Idem, *Erro, ilusão, loucura*, op. cit., p. 48.

não é exatamente a verdade de uma proposição, mas a correção de uma forma de vida que ganha corpo quando ajo a partir de certos critérios e admito o valor de certos modos de conduta e julgamento. Nesse sentido, o critério do que me persuade está ligado a um julgamento valorativo a respeito de formas de vida que têm peso normativo.

No entanto, o problema, longe de ser resolvido, só se complexificou. Pois, para não incorrer em uma nova versão de relativismo, preciso afinal fornecer um critério que permitiria avaliar formas de vida, dizendo, por exemplo, que algumas são mutiladas, patológicas (já que a verdadeira inversão de Bento Prado consiste, no fundo, em mostrar quão patológica é a ideia reguladora de normalidade que habita o coração de certos conceitos de sujeito), e outras são, na ausência de um termo melhor, "bem-sucedidas".

É nesse contexto que o seu diálogo com a obra de Gilles Deleuze ganha importância decisiva. Pois, animado por certa chave interpretativa advinda de suas leituras precoces de Bergson, Bento Prado recorre ao conceito deleuziano de "plano de imanência" a fim de insistir na existência de um campo pré-subjetivo e pré-conceitual anterior até mesmo à distinção entre sujeito e objeto. Terreno caótico que se abre para uma experiência não amparada por um sistema de regras e que seria o nome correto desse irredutivelmente Outro, desse heterogêneo com o qual o sujeito deve se confrontar no interior de toda verdadeira experiência que não seja simples projeção narcísica do Eu.

Aproximar o pensamento desse plano de imanência, encontrar modos de formalização desse ponto de excesso em relação à determinação conceitual seria a função positiva de toda filosofia. Seria nessa possibilidade de aproximação que se fundariam formas de vida capazes de se organizar a partir da crítica da metafísica da identidade, formas capazes de absorver a experiência da alteridade e da diferença. Ou seja, seria a proximidade em relação ao plano de imanência que forneceria o critério para estabelecer processos de valoração de formas de vida.

Lembremos a esse respeito como a noção deleuziana de plano de imanência nasce da constituição do conceito de "multiplicidade", noção que será paulatinamente desenvolvida por Deleuze até *Diferença e repetição*. Lá, ela aparecerá como estrutura na qual os elementos não têm função subordinada, mas são determinados por relações recíprocas que não podem ser compreendidas como relações de oposição. Mas já em *O bergsonismo* a multiplicidade aparece como o que conhece dois tipos: a *multiplicidade discreta ou numérica* e a *multiplicidade contínua*.

Grosso modo, podemos dizer que, para Deleuze (inspirado aqui no matemático alemão Bernhard Riemann), multiplicidade discreta é aquela cujo princípio métrico está em si mesma, já que a medida de suas partes é dada pelo número de elementos que ela possui. Por isso, multiplicidades discretas são quantitativas e numeráveis. Já multiplicidades contínuas são aquelas cujo princípio métrico está fora delas, por exemplo, nas forças que agiriam sobre tais multiplicidades de fora. Por isso, elas não são numeráveis. Deleuze baseia-se nessa distinção a fim de afirmar que multiplicidades discretas não modificam sua natureza ao se dividir, enquanto multiplicidades contínuas mudariam de natureza ao se dividir e se deixariam medir apenas ao modificar seu princípio métrico em cada estágio da divisão.

A duração bergsoniana forneceria o exemplo mais bem-acabado de uma multiplicidade contínua por mudar continuamente de natureza ao se dividir (o espaço, por sua vez, seria uma multiplicidade discreta)[13]. Pensar a duração como multiplicidade discreta nos levaria a paradoxos como aqueles de Zenão, para quem a seta nunca alcançará o alvo porque para chegar até lá ela deve passar por cada ponto de uma multiplicidade discreta inumerável. O que apenas demonstra que o movimento temporal não pode ser constituído a partir da distinção discreta dos instantes.

Essa ideia de um processo que muda continuamente de natureza leva Deleuze a afirmar que "Bergson substitui o conceito platônico de alteridade por um conceito aristotélico, este de alteração, isso para transformá-lo na própria substância. O Ser é alteração, a alteração é substância"[14]. É dessa noção do ser como alteração que nasce o conceito de "multiplicidade". E é uma forma de vida

---

13 Sobre a duração bergsoniana, Deleuze dirá: "trata-se de uma 'passagem', de uma 'mudança', de um devir, mas de um devir que dura, de uma mudança que é a própria substância" (DELEUZE, Gilles, *Le bergsonisme*, op. cit., p. 29).
14 DELEUZE, Gilles, *L'île déserte*, Paris: Minuit, 2002, p. 34. Devemos ler tal afirmação tendo em vista a seguinte colocação, feita em referência ao plano de imanência: "O problema da filosofia é de adquirir uma consistência, sem perder o infinito no qual o pensamento mergulha" (DELEUZE e GUATTARI, *O que é a filosofia?* São Paulo: Editora 34, 2004, p. 59).

que se organiza a partir do reconhecimento de certa diferença interna como princípio de estruturação das individualidades, da alteração contínua como definição da substância, que poderá servir de fundamento para um critério positivo de racionalidade.

Pensar no limite

Esse recurso à noção deleuziana de plano de imanência permitia a Bento Prado fundamentar certo deslizamento sempre presente em seus textos. Deslizamento que consiste em aproximar deliberadamente "alteridade" (que a princípio poderia ser reconhecida no interior do meu sistema de regras, do meu jogo de linguagem) e "a-normatividade" (que indica processos cuja apreensão não se submete a sistemas de regras). Pois a alteridade que realmente interessa é aquela que me obriga a deparar continuamente com o limite, a pensar *no* limite, ou seja, nesse espaço onde as garantias de controle e individuação estável vacilam. Um pensar capaz de se deixar tocar por

> algo como o Outro absoluto – o homem que eu não posso mais reconhecer como um homem – este que fala uma outra linguagem, que joga um jogo diferente. Ou, ainda, o que não é muito diferente, o i-mundo, um mundo que não é submetido a regras, a respeito do qual não podemos falar.[15]

Se quisermos, maneira de recuperar a noção de *inumano* como fundamento para processos renovados de reconhecimento. Um Outro absoluto (mas, notemos, "absoluto" porque estruturalmente dissociado da figura atual do homem) que, no entanto, me é constitutivo, Outro que encontro todas as vezes que volto os olhos para mim mesmo.

Isso permite a Bento Prado afirmar que "pensar é jogar-se contra os limites da representação e subvertê-la"[16]. Mas, como os limites da representação parecem querer colonizar os limites da minha linguagem, essa forma de pensar implica operar reconfigura-

---

15 PRADO JR., Bento, "Le dépistage de l'erreur de catégorie". In: ÉVORA, Fátima et alii, *Lógica e ontologia*, São Paulo: Discurso Editorial, 2004, pp. 347-8.
16 Idem, *Erro, ilusão, loucura*, op. cit., p. 170.

ções profundas em dicotomias como identidade/diferença, conceito/pré-conceitual e, principalmente, a razão e o seu exterior (a loucura), mesmo que para isso seja necessária, entre outras coisas, uma reconstrução dos modos de articulação entre filosofia e estética como condição para a articulação de um conceito positivo de razão. Isso permite a Bento Prado afirmar que a atividade crítica da filosofia consiste na abertura à não identidade, à capacidade em compreender um outro regime de sistema, regime capaz de colocar em questão a racionalidade de minhas operações mais elementares.

Mas, se esse for o caso, parece que não teremos como escapar de algumas críticas que foram levantadas contra Bento Prado. Pois pode parecer, à primeira vista, que entramos aqui em alguma hipóstase da diferença absoluta, isso na mais clara aproximação com o pós-estruturalismo de um Derrida. E não era com a *différence* radical que Bento Prado flertava já nos anos 1960, ao falar sobre a prosa de Guimarães Rosa? Prosa em que a "linguagem aparece menos como um sistema de signos que permite a comunicação entre os sujeitos do que como um 'elemento', como um horizonte, solo universal de toda existência e todo destino"[17]? Bento Prado não teme sequer afirmar que, com Guimarães Rosa, estaríamos diante de uma escritura anterior a toda escrita (em uma fórmula tipicamente derridiana), texto grafado na própria *phýsis*, uma escritura que exige a descontinuidade entre a experiência vivida e o conhecimento estruturado. Teríamos então chegado à conclusão de que um dos capítulos mais originais de nossa experiência intelectual das últimas décadas era, na verdade, uma versão sofisticada do pós-estruturalismo francês?

Por outras razões, esse é o movimento que Paulo Arantes colocou em marcha em um dos textos mais justamente célebres acerca do nosso autor: "A musa do departamento."[18] Nele, Paulo Arantes mostra como essa "tentação ontológica" de grafar textos na própria *phýsis* presente na experiência intelectual de Bento Prado era animada, em larga escala, pela defesa da autonomia autorreferencial do discurso literário presente na filosofia francesa a partir do estruturalismo e que teria sua versão mais bem-acabada em livros como *As palavras e as coisas*, de Michel Foucault. De-

---

17 PRADO JR., Bento, *Alguns ensaios*, op. cit., p. 196.
18 ARANTES, Paulo, *Um departamento francês de Ultramar*, Rio de Janeiro: Paz e Terra, 1996, pp. 170-236.

fesa essa que está no núcleo central da "ideologia francesa" contemporânea, com sua tendência congênita em estetizar, preferencialmente via filosofia, processos socioeconômicos do capitalismo contemporâneo, esse sim portador real de uma dinâmica irreflexiva e automática capaz de descentrar todo e qualquer sujeito e fazê-lo confrontar com o impessoal. Daí uma constatação como:

> Quis a evolução desigual da cultura contemporânea que o ser bruto da linguagem entronizado pelo neomodernismo francês fosse redescoberto em estado natural no fundo arcaico da alma rústica brasileira. Assim como Foucault pedia estranhamente à pureza da literatura autorreferida consolo para a marcha desencantada do mundo, Bento procura na sociedade tradicional do sertão o derradeiro refúgio para a transcendência literária (aqui enfim o "nicho do bicho alado").[19]

Nessas constituições de espaço de consolo e refúgio, teríamos a imagem invertida e sublimada de um processo social não tematizado. Como o próprio Paulo Arantes sintetiza, "um lugar comum da ruptura modernista, privado do conflito histórico que lhe dá sentido, reaparece na forma de um teorema ontológico"[20].

Descontado o contexto de publicação de seu texto, Paulo Arantes poderia continuar essa via e lembrar que, tal como a defesa pelo jovem Bento Prado da incomensurabilidade entre prosa literária de viés ontológico e representação de forças sociais historicamente em atuação era apenas a estetização de uma "realidade cuja fachada não se lia mais como um livro aberto"[21], essa defesa recente do "mundo não submetido a regras, a respeito do qual não podemos falar", patrocinada pelo plano deleuziano de imanência, seria novamente uma estetização. Dessa vez, a estetização dos fluxos desterritorializados de um processo de circulação do capital que, para funcionar, precisa negar todo enraizamento substancial, toda determinação restritiva, assim como tratar identidades subjetivas como matéria plástica a desdobrar-se em contínua alteração e flexibilização. Maneira de insistir que o fluxo contínuo de trocas e metamorfoses que tudo abarca tenderia a se

---

19 Idem, p. 211.
20 Idem, p. 201.
21 Idem, p. 202.

constituir como característica maior de um sistema que "impõe a predominância do ponto de vista da circulação sobre o da produção"[22], sistema que tem no seu próprio interior a força de desarticulação de seus limites e de subversão de seus modelos.

De fato, só para ficar com Deleuze e seus planos, não foram poucos os que insistiram na estranha semelhança involuntária de família entre sua noção de multiplicidade e o caráter desterritorializado de um capitalismo que, em sua fase terminal, tende cada vez mais a operar através da constituição de zonas de anomia em que sistemas de regras são constantemente invertidos[23]. Ou seja, como se a forma de vida que mais se aproximasse do que Deleuze procura tematizar através de seu conceito de plano de imanência fosse aquela que melhor suportasse a anomia do capitalismo contemporâneo. Seria essa a forma de vida que sorrateiramente orientaria Bento Prado em sua "crítica à metafísica da identidade em suas formas inumeráveis"? Teríamos que expandir para Bento Prado a afirmação de Paulo Arantes a respeito dos "ideólogos franceses" como "excelentes sismógrafos"[24] das mutações estruturais do capitalismo?

Muito longe, muito perto

Como não poderia deixar de ser, a perspectiva de Paulo Arantes, com seus desdobramentos possíveis, é de fato precisa e provida de alto grau de problematização. Ela expõe esse movimento recalcado no qual vida mental e processo social, ou seja, especulação conceitual e condições sociomateriais da vida, estabelecem laços profundos de interferência. Operação que não é apenas exposição de simetrias, mas fundamentação de uma crítica, ao mesmo tempo, social e filosófica.

No entanto, críticas exigem normalmente alguma forma de princípio regulador, e Paulo Arantes não está disposto a fundamentá-las a partir da simples denúncia da perda de horizontes substancialmente enraizados e estáveis, o que poderia soar como

---

22 LYOTARD, Jean-François, *Des dispositifs pulsionnels*, op. cit., p. 20.
23 Ver, por exemplo, ZIZEK, Slavoj, *Organs Without Bodies: on Deleuze and Consequences*, Nova York: Routledge, 2004, pp. 183-213.
24 ARANTES, Paulo, *Zero à esquerda*, São Paulo: Conrad, 2005, p. 293.

recurso não tematizado a uma normatividade dependente de categorias fortemente carregadas de comprometimento ideológico, como identidade e unidade. Paulo Arantes sabe, no entanto, que não é a inadequação a algum princípio regulador posto que fornece à crítica seus móbiles. Antes, a crítica é animada pela experiência material do sofrimento social em relação às imposições produzidas pelas condições socioeconômicas de nossas formas de vida. E talvez um dos motores do "abandono da filosofia" proposto por Paulo Arantes seja, na verdade, a compreensão de que a legitimidade de tal sofrimento social não precisa de fundamentação filosófica, isso no sentido de não precisar da posição de conceitos reguladores de justiça, de vida "não mutilada" para operar. Pois vincular, por exemplo, o sofrimento ao bloqueio na realização de princípios reguladores de justiça impediria a crítica de operar como crítica não dos casos empíricos, mas do próprio conceito de justiça que circula socialmente, do conceito de justiça como ideologia. Significaria anular a potência de negatividade que a crítica exige para operar e para "organizar o niilismo".

Por outro lado, a condição para que essa experiência social de sofrimento possa regular a crítica é desmontar sua aparência meramente "psicológica". Nesse sentido, as análises do *ressentimento* dos intelectuais como modo de manifestação do descompasso entre expectativas de modernização e efetividade social são exemplares[25]. Trata-se de mostrar como a experiência de sofrimento perde sua força quando se transforma em categoria psicológica, através do ressentimento. Ela é anulada quando funda uma psicologia e uma interioridade[26], ou seja, quando entifica certa categoria de sujeito que é exatamente o cerne da crítica da filosofia de Bento Prado.

A partir desse ponto, poderíamos nos perguntar se, a despeito das diferenças de projeto, não haveria similaridades profundas entre o "para além da filosofia" de Paulo Arantes e as reincidências ontológicas do "para aquém do conceito" de Bento Prado. Todos os dois vinculam a reflexão a uma atividade crítica totalizante, pois

---

[25] Ver, por exemplo, ARANTES, Paulo, *Ressentimento da dialética*, op. cit.
[26] Encontramos em Nietzsche a afirmação de que o ressentimento é disposição subjetiva que funda o *Homo psychologicus*. Ver, a respeito da relação entre ressentimento e psicologia, KEHL, Maria Rita, *Ressentimento*, São Paulo: Casa do Psicólogo, 2005.

é crítica das formas hegemônicas de vida na modernidade capitalista e dos processos que as suportam. Ou seja, elas vinculam crítica social e crítica da razão, crítica das formas do pensar e crítica das condições de reprodução material da vida. Essa crítica não faz apelo a forma alguma de solo não problemático de fundamentação, apelo aos "tempos prenhes de sentido"[27] (*sinnerfüllten Zeiten*) perdidos pela reificação. Daí o uso central que tanto Bento Prado quanto Paulo Arantes fazem da categoria de "negatividade" (no caso de Bento Prado, na contramão de toda aproximação possível com temáticas próprias ao pós-estruturalismo). Mesmo que o segundo esteja mais interessado em uma "história social da negação", enquanto o primeiro parece estar às espreitas de uma "ontologia negativa" similar àquela que tentei desenhar neste livro, poderíamos perguntar se Bento Prado não procurava, à sua maneira, dar um *fundamentum in re* àquilo que aparece em Paulo Arantes como "uma dialética puramente negativa, que não dissolve o mundo à maneira romântica, mas que se institui como *cultura e política de oposição e resistência*"[28].

Isso talvez nos explique por que Bento Prado, mesmo deixando-se marcar pelas construções conceituais de Deleuze e companhia, nunca abandonará sua ideia inicial, ideia muito mais próxima de um "antípoda" de Deleuze, a saber, Hegel, de que o que é da ordem da subjetividade se manifesta como negatividade. Maneira de nos curarmos da "principal ilusão da filosofia", ou seja, dessa crença na possibilidade de fundarmos nossa forma de vida em uma linguagem capaz de se pôr como uma teoria positiva, ancoragem definitiva no ser. Se Guimarães Rosa pôde grafar o texto na própria *phýsis*, como disse Bento Prado, ele só o fez transformando a linguagem não em um fundamento positivo, *Grund*, mas em um abismo, *Abgrund*. Como ele mesmo dirá:

> Deve-se parar exatamente neste limite onde nenhum fundamento é mais possível, pois quando se imagina alcançar a segurança da rocha e da argila, do *Grund*, nos encontramos nos limites do abismo sem fundo, *Abgrund*. Não é através da clareza de um mapa categorial (estrutura *a priori* da Razão ou *verdade de fato*

---

27 ADORNO, Theodor, *Negative Dialektik*, op. cit., p. 191.
28 PRADO JR., Bento, "O pressentimento de Kojève". In: ARANTES, Paulo, *Ressentimento da dialética*, op. cit.

do Senso Comum) que os falsos problemas podem ser dissipados, dando lugar à *ataraxia*.[29]

É provável que ainda não sejamos capazes de compreender o que se enuncia no interior dessa experiência. É provável que precisemos de tempo e paciência para constituir os conceitos que nos permitirão pensá-la. Talvez precisemos, ainda por um tempo, agir como esses "selvagens" que Claude Lévi-Strauss um dia chamou de *bricoleurs*, por operarem com uma linguagem que sempre se apoia em outras linguagens "que estão à mão", que devem ser desviadas e, muitas vezes, torcidas para dar conta dos problemas que se apresentam. Mas, ao menos, sabemos agora onde estão os problemas que gostaríamos de pensar.

---

29   Idem, "Le dépistage de l'erreur de catégorie", op. cit., p. 345.

Conclusão

> *Não são os homens que pensam nos mitos,*
> *mas os mitos que se pensam nos homens,*
> *e à sua revelia.*
> CLAUDE LÉVI-STRAUSS

Poder-se-ia dizer que o conceito de "jogo" é um conceito de contornos pouco nítidos (*verschwommenen Rändern*). Mas um conceito pouco nítido é ainda um conceito? É um retrato difuso (*unscharfe*) ainda a imagem de um homem? Pode-se sempre substituir com vantagem uma imagem difusa por uma imagem nítida? Não é muitas vezes a difusa aquela de que nós precisamos?[1]

Foi com tais perguntas que este livro começou. Através da tentativa de constituir um sistema de interpenetrações próprio a certa tradição dialética cujos nomes maiores seriam Hegel, Lacan e Adorno, sistema de interpenetrações que privilegiou as questões mobilizadas por conceitos como desejo, pulsão, fantasia e ação, foi questão de mostrar como, muitas vezes, é da imagem difusa que precisamos. Muitas vezes, trocar uma imagem difusa por uma imagem nítida nos leva a perder aquilo que procuramos determinar. No caso do sujeito, talvez seja correto dizer, um retrato difuso é a única imagem que podemos fornecer do que é o sujeito, do que é este fundamento que parece querer se colocar como força produtiva de um *Abgrund*, como experiência produtiva de indeterminação.

Tal experiência produtiva só pode ser corretamente pensada quando somos capazes de abandonar a ilusão de que a linguagem pré-filosófica do senso comum já não traz no seu bojo uma figura antropológica do homem à qual deveríamos nos conformar. Figura essa que, no fundo, é *uma gramática*, uma forma de pensar e de se

---

1 WITTGENSTEIN, Ludwig, *Philosophische Untersuchungen*, Frankfurt: Suhrkamp, 2008, § 71.

orientar no pensamento, mas é também *uma terapêutica*, uma forma de se afastar daquilo que nos provoca angústia e sofrimento por nos obrigar a "fazer coisas que não sabemos que sabemos".

Por isso, em vários momentos do livro, foi também questão de mostrar que um sistema de reflexão para o qual a clareza fornecida pela redução egológica do sujeito é ponto inquestionável e intransponível deve ser compreendido como patológico. Como se a terapia acabasse por produzir efeitos colaterais piores que a doença, já que tal terapia nos impede de pensar o que poderia ser uma individualidade liberada das amarras daquilo que um dia Michel Foucault chamou de analítica da finitude. Na verdade, todo o livro se estrutura como um movimento crítico a isso que devemos chamar de redução egológica do sujeito (mesmo que esse ego tenha a forma de um Eu transcendental) com suas consequências na dimensão da práxis. Movimento que se apoiou na necessidade de constituir um regime de articulação entre subjetividade e ontologia negativa que pode ser primeiramente encontrado na filosofia hegeliana e que seria algo como o motor silencioso de experiências intelectuais como as que encontramos sob o nome de Jacques Lacan e Theodor Adorno. Maneira de insistir que a crítica simples do sujeito como ilusão metafísica não está à altura do desenvolvimento da categoria de sujeito no interior de experiências filosóficas decisivas da modernidade. Ela cria uma categoria, "o sujeito moderno", que simplesmente não existe enquanto tal. Pois não há nada que responda à unidade de um mesmo conceito de sujeito que se desdobraria em vários momentos da filosofia moderna.

Insistir em Hegel era apenas uma maneira de levar em conta uma espécie de ponto extremo no qual a categoria moderna de sujeito demonstra, mais claramente, sua independência em relação a toda metafísica da identidade. Essa é uma maneira de dizer que não se trata de procurar reinventar radicalmente o que somos, mas de se perguntar se realmente compreendemos o movimento do qual somos legatários, se realmente compreendemos o que passou às nossas costas e ainda se faz sentir em nossas demandas de mudança. Somos legatários de conflitos que animam a própria constituição da categoria moderna de sujeito.

Pode-se explicar a ideia fundamental deste livro ainda de outra forma. Ela parte da existência de um sofrimento de determinação, ou seja, da posição na natureza restritiva das determinações que fundam a figura atual do homem em suas expectativas de autonomia, autenticidade e unidade. O vínculo compulsivo a tal figura atual é exatamente aquilo denominado "redução egológica do sujeito": impossibilidade de pensar aquilo que, no interior da experiência, não se submete à forma do Eu.

No entanto, se tal sofrimento de determinação é real, então ele deve ser levado em conta por toda teoria que queira pensar a verdadeira extensão das demandas de reconhecimento que estruturam nossas formas hegemônicas de vida. Levá-lo em conta implica mais cuidado com experiências de negatividade e com os desafios de reconhecimento por elas exigidas.

A insistência no problema da negatividade tem, por sua vez, sua razão de ser. Não seria difícil acreditar que tal sofrimento de determinação devesse ser compreendido como apenas mais uma figura da crítica ao individualismo moderno e da defesa da necessidade de reconstituição de fortes relações de tom comunitário. Dessa forma, ele poderia ser curado através de uma recuperação normativa do conceito hegeliano de eticidade com sua insistência em um Espírito que fragiliza toda individualidade. No entanto, este livro procurou defender outra via.

Primeiro, foi questão de evidenciar como essa potência de indeterminação que parece habitar todo sujeito é a primeira manifestação de uma experiência da infinitude. Tal experiência ganha a forma positiva da reconciliação da individualidade com a multiplicidade de desejos que se desdobram no tempo. Essa foi a maneira de levar a sério a intuição kojèviana do desejo humano como "história dos desejos desejados". A abertura a tal mutiplicidade era o motor de passagem hegeliana do desejo à vontade livre, assim como da liberação de sua teoria do sujeito das amarras de toda antropologia normativa. Os três primeiros capítulos do livro tentaram dar conta dessa passagem partindo de uma reflexão sobre a negatividade do desejo como indeterminação, passando à discussão sobre os regimes de inscrição simbólica de tal indeterminação através da articulação entre Estado e liberdade, isto para, ao final, expor a desarticulação da noção de individualidade e a constituição de uma subjetividade desidêntica em Hegel, ao menos se nos fiarmos em uma articulação entre ontologia e história patrocinada pelo conceito de infinito.

Feito isso, foi questão de utilizar a psicanálise como campo de reflexão empírica sobre a gênese de experiências descritas na primeira parte do livro. Assim, através de sua teoria das pulsões e de sua teoria da fantasia a psicanálise poderia nos fornecer coordenadas importantes para ultrapassarmos a figura atual do homem, criticar as ilusões do Eu autônomo e abrir uma modalidade renovada de tematização das estruturas da ação. A ideia central consistiu na crença de que a psicanálise se organiza a partir da centralidade do reconhecimento do caráter restritivo das determinações identitárias. Ela reconhece que podemos sofrer não apenas por sermos incapazes de nos constituirmos como indivíduos, isto no sentido de não alcançarmos a realização bem-sucedida de processos de socialização e individuação. Podemos sofrer por sermos apenas um indivíduo. Nos capítulos finais, tais questões serviram de base para a reflexão sobre problemas ligados à filosofia moral e à teoria da deliberação racional.

De fato, agora que o trabalho está prestes a ser concluído, fica claro para mim como este livro aparece como o fim de um ciclo. Desde minha dissertação de mestrado, defendida em 1997, foi questão de pensar os delineamentos de uma teoria do sujeito que estivesse claramente liberada das amarras do pensamento da identidade e de uma antropologia fundada nas normatividades definidoras da humanidade do homem. Tal liberação teria consequências maiores para o redimensionamento de uma teoria do reconhecimento capaz de pensar, de maneira mais estruturada, fenômenos como: a natureza dos conflitos psíquicos, a insegurança ontológica das normatividades sociais, as exigências em pensar um conceito não especular de alteridade, entre outros.

Neste ponto, vendo tudo de maneira retroativa, fica claro como os livros que escrevi eram todos momentos dessa mesma reflexão. Eles foram o movimento lento de tomada de consciência de tal problema. Agora, ao menos o problema está posto. Assim, mesmo que faltem certos desenvolvimentos, que certamente serão feitos no futuro, o projeto parece hoje mais ou menos terminado. Há uma hora em que se deve dizer isso. O que demonstra quão pouco se consegue quando um projeto termina. No máximo, conseguimos nos livrar de uma hipótese que nos atormenta, que se impõe como algo que deve ser demoradamente pensado. No meu caso, foram-se aí quase quinze anos. Há algo de aterrador nisso. Trata-se do terror de compreender que uma vida pode ser apenas a ocasião para uma ideia pensar a si mesma.

Bibliografia

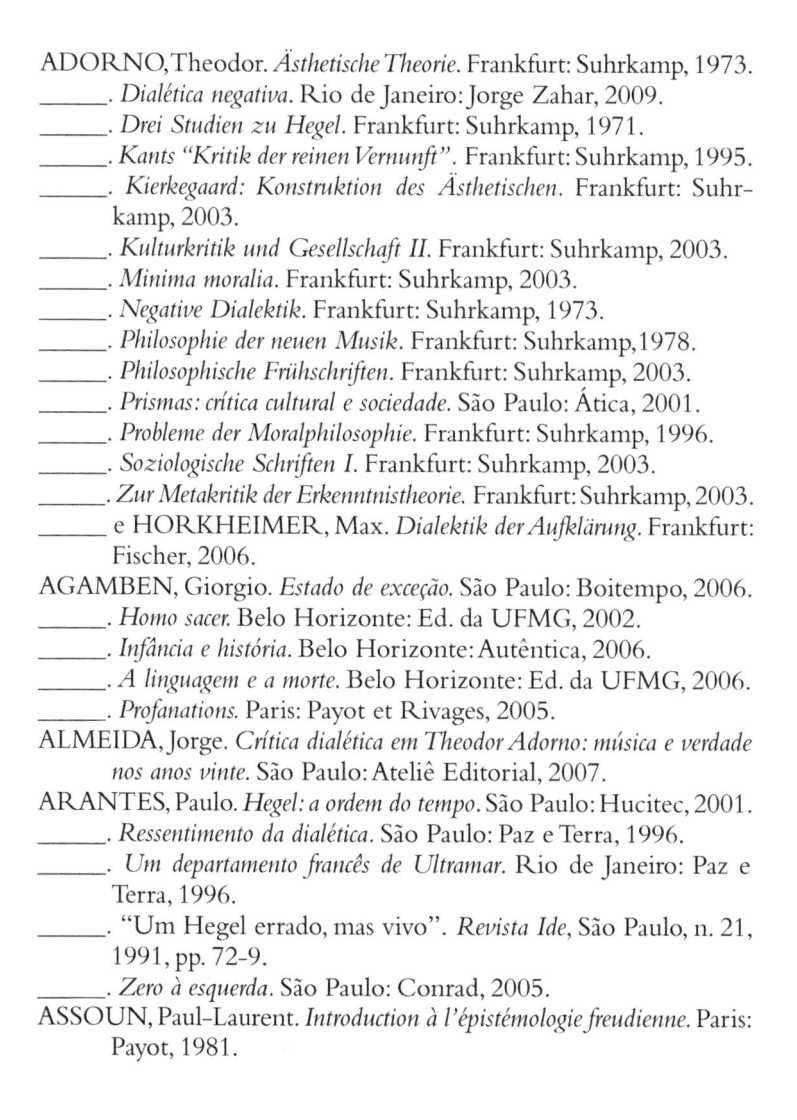

ADORNO, Theodor. *Ästhetische Theorie*. Frankfurt: Suhrkamp, 1973.
_____. *Dialética negativa*. Rio de Janeiro: Jorge Zahar, 2009.
_____. *Drei Studien zu Hegel*. Frankfurt: Suhrkamp, 1971.
_____. *Kants "Kritik der reinen Vernunft"*. Frankfurt: Suhrkamp, 1995.
_____. *Kierkegaard: Konstruktion des Ästhetischen*. Frankfurt: Suhrkamp, 2003.
_____. *Kulturkritik und Gesellschaft II*. Frankfurt: Suhrkamp, 2003.
_____. *Minima moralia*. Frankfurt: Suhrkamp, 2003.
_____. *Negative Dialektik*. Frankfurt: Suhrkamp, 1973.
_____. *Philosophie der neuen Musik*. Frankfurt: Suhrkamp, 1978.
_____. *Philosophische Frühschriften*. Frankfurt: Suhrkamp, 2003.
_____. *Prismas: crítica cultural e sociedade*. São Paulo: Ática, 2001.
_____. *Probleme der Moralphilosophie*. Frankfurt: Suhrkamp, 1996.
_____. *Soziologische Schriften I*. Frankfurt: Suhrkamp, 2003.
_____. *Zur Metakritik der Erkenntnistheorie*. Frankfurt: Suhrkamp, 2003.
_____ e HORKHEIMER, Max. *Dialektik der Aufklärung*. Frankfurt: Fischer, 2006.
AGAMBEN, Giorgio. *Estado de exceção*. São Paulo: Boitempo, 2006.
_____. *Homo sacer*. Belo Horizonte: Ed. da UFMG, 2002.
_____. *Infância e história*. Belo Horizonte: Autêntica, 2006.
_____. *A linguagem e a morte*. Belo Horizonte: Ed. da UFMG, 2006.
_____. *Profanations*. Paris: Payot et Rivages, 2005.
ALMEIDA, Jorge. *Crítica dialética em Theodor Adorno: música e verdade nos anos vinte*. São Paulo: Ateliê Editorial, 2007.
ARANTES, Paulo. *Hegel: a ordem do tempo*. São Paulo: Hucitec, 2001.
_____. *Ressentimento da dialética*. São Paulo: Paz e Terra, 1996.
_____. *Um departamento francês de Ultramar*. Rio de Janeiro: Paz e Terra, 1996.
_____. "Um Hegel errado, mas vivo". *Revista Ide*, São Paulo, n. 21, 1991, pp. 72-9.
_____. *Zero à esquerda*. São Paulo: Conrad, 2005.
ASSOUN, Paul-Laurent. *Introduction à l'épistémologie freudienne*. Paris: Payot, 1981.

AVINERI, Shlomo. *Hegel's Theory of Modern State.* Cambridge University Press, 1973.
BADIOU, Alain. *Deleuze: o clamor do ser.* Rio de Janeiro: Jorge Zahar, 1997.
_____. *L'être et l'événement.* Paris: Seuil, 1988.
BATAILLE, George. *L'érotisme.* Paris: Minuit, 1957.
_____. *L'expérience intérieur.* Paris: Gallimard, 1998.
BENJAMIN, Jessica. "The End of Internalisation: Adorno's Social Psychology". *Telos,* n. 32, 1977, pp. 42-64.
BENJAMIN, Walter. "A Paris do Segundo Império". In: *Obras escolhidas III.* São Paulo: Brasiliense, 2000.
_____. *Sobre o conceito de história.* Teses.
BENVENISTE, E. *Problèmes de linguistique générale.* Paris: Gallimard, 1966.
BERNAYS, J. *Zwei Abhandlungen uber die aristotelische "Theorie des Drama".* Darmstadt: Wissenschaftliche Buchgesellschaft, 1968.
BERNSTEIN, Jay. *Adorno: Disenchantment and Ethics.* Cambridge University Press, 2001.
BOLTANSKI, Luc e CHIAPELLO, Eve. *Le nouvel esprit du capitalisme.* Paris: Gallimard, 1998. [Trad. bras. *O novo espírito do capitalismo.* São Paulo: WMF Martins Fontes, 2009.]
BOOTHBY, Richard. *Freud as Philosopher.* Nova York: Routledge, 2001.
BOURGEOIS, B. "La spéculation hégélienne". In: *Etudes hégéliennes.* Paris: PUF, 1992.
BRANDOM, Robert. *Tales of the Mighty Dead: Historical Essays in the Metaphysics of Intentionality.* Harvard University Press, 2002.
BUTLER, Judith. *Giving an Account of Oneself.* Nova York: Fordham University Press, 2005.
CANGUILHEM, Georges. *Escritos sobre a medicina.* Rio de Janeiro: Forense, 2005.
_____. *Etudes d'histoire et de philosophie de la science.* Paris: Vrin, 2002.
_____. *O normal e o patológico.* 5ª ed. Rio de Janeiro: Forense, 2002.
DAVID-MÉNARD, Monique. *Deleuze et la psychanalyse.* Paris: PUF, 2005.
_____. *La folie dans la raison pure: Kant lecteur de Swedenborg.* Paris: Vrin, 1990.
_____. "Les pulsions caractérisés par leurs destins: Freud s'éloigne-t-il du concept philosophique de *Trieb*?" In: BIENESTOCK, Myriam (org.). *Tendance, désir, pulsion.* Paris: PUF, 2001.

DAVID-MÉNARD, Monique. *Éloge des hasards dans la vie sexuelle*. Paris: Hermann, 2011.
DELEUZE, Gilles. *Le bergsonisme*. Paris: PUF, 1966.
_____. *Deux regimes des fous*. Paris: Minuit, 2003.
_____. *Différence et répétition*. 10ª ed. Paris: PUF, 2000.
_____. *L'île déserte*. Paris: Minuit, 2002.
_____. *Logique du sens*. Paris: Seuil, 1969.
_____. *Mil plateaux*. Paris: Minuit, 1998.
_____. *Nietzsche et la philosophie*. 5ª ed. Paris: PUF, 2005.
_____. *Présentation de Sacher-Masoch*. Paris: Minuit, 1967.
_____ e GUATTARI, Félix. *L'anti-Oedipe*. Paris: Minuit, 1969.
DERRIDA, Jacques. *L'écriture et la différence*. Paris: Seuil, 1967.
_____. *Força de lei: o fundamento místico da autoridade*. São Paulo: Martins Fontes, 2007.
_____. *Margens da filosofia*. Campinas: Papirus, 1991.
DEWS, Peter. "A verdade do sujeito: linguagem, validade e transcendência em Habermas e Lacan". In: SAFATLE, Vladimir. *Um limite tenso: Lacan entre a filosofia e a psicanálise*. São Paulo: Unesp, 2003, pp. 75-106.
_____. *Logic of Disintegration: Post-Structuralist Thought and the Claims of Critical Theory*. Londres: Verso, 1987.
DUBARLE, Dominique e DOZ, Andre. *Logique et dialectique*. Paris: Larousse, 1972.
ELLENBERGER, Henri. *The Discovery of Unconscious: the History and Evolution of Dynamic Psychiatry*. Nova York: Basic Books, 1970.
FAUSTO, Ruy. "Dialética e psicanálise". In: SAFATLE, Vladimir. *Um limite tenso: Lacan entre a filosofia e a psicanálise*. São Paulo: Unesp, 2003.
_____. *Marx: logique et politique*. Paris: Publisud, 1986.
_____. *Sur le concept de capital: idée d'une logique dialectique*. Paris: L'Harmattan, 1996.
FECHNER, Gustav. *Elements of Psychophysics*. Nova York: Holt Rinehart and Winston, 1966.
FENICHEL, Otto. *Teoria psicanalítica das neuroses*. São Paulo: Atheneu, 2004.
FLEISCHMANN, Eugène. *La philosophie politique de Hegel*. Paris: Gallimard, 1992.
FOUCAULT, Michel. *Arqueologia do saber*. Rio de Janeiro: Forense, 2004.
_____. *Dits et écrits I*. Paris: Gallimard, 2001.
_____. *Dits et écrits II*. Paris: Gallimard, 2001.

FOUCAULT, Michel. *Histoire de la sexualité II*. Paris: Gallimard, 1984.
_____. *Les mots et les choses*. Paris: Gallimard, 1966.
_____. *L'ordre du discours*. Paris: Gallimard, 1971.
_____. *O nascimento da clínica*. Rio de Janeiro: Forense, 1994.
_____. *O poder psiquiátrico*. São Paulo: Martins Fontes, 2008.
FREGE, Gottlob. *Écrits logiques et philosophiques*. Paris: Seuil, 1971.
FREUD, Sigmund. *Gesammelte Werke*. Frankfurt: Fischer, 1999.
GEYSKENS, Tomas e VAN HAUTE, Phillipe. *From Death Instinct to Attachment Theory*. Nova York: Other Press, 2007.
GIMMLER, A. "Pragmatic Aspects of Hegel's Thought". In: EGGINTON, W. *The Pragmatic Turn in Philosophy*. Nova York: SUNY, 2004.
GOLDSCHMIDT, Victor. "Tempo lógico e tempo histórico na interpretação dos sistemas filosóficos". In: *A religião de Platão*. São Paulo: Difel, 1963, pp. 139-47.
GRANGER, Gilles-Gaston. *Filosofia do estilo*. São Paulo: Perspectiva, 1974.
GUYOMARD, Patrick. *La jouissance du tragique – Antigone, Lacan et le désir de l'analyste*. Paris: Flammarion, 1992.
HABERMAS, Jürgen. *Consciência moral e agir comunicativo*. Rio de Janeiro: Tempo Brasileiro, 1989.
_____. *O discurso filosófico da modernidade*. Lisboa: Dom Quixote, 1988.
_____. *Profils philosophiques et politiques*. Paris: Gallimard, 1980.
_____. *Técnica e ciência como ideologia*. Lisboa: Edições 70, 2007.
_____. *The New Conservatism: Cultural Criticism and the Historians' Debate*. MIT Press, 1991.
_____. *Theorie des kommunikativen Handelns*. Frankfurt: Suhrkamp, 1995.
_____. *Verdade e justificação*. Belo Horizonte: Loyola, 2004.
HEGEL, G. W. F. *Diferença dos sistemas filosóficos de Fichte e Schelling*. Lisboa: Imprensa Nacional da Casa da Moeda, 2003.
_____. *Enciclopédia das ciências filosóficas*. Belo Horizonte: Loyola, 1995. 3 vols.
_____. *Enzyclopädie der philosophischen Wissenchaften im Grundisse*. Frankfurt: Suhrkamp, 1988.
_____. *Fenomenologia do espírito*. Petrópolis: Vozes, 1992.
_____. *Frühe Schriften*. Frankfurt: Suhrkamp, 1986.
_____. *Grundlinien der Philosophie des Rechts*. Frankfurt: Suhrkamp, 1996.
_____. *Jenenser Realphilosophie II*. Hamburgo: Felix Meiner, 1967.
_____. *Phänomenologie des Geistes*. Hamburgo: Felix Meiner, 1988.

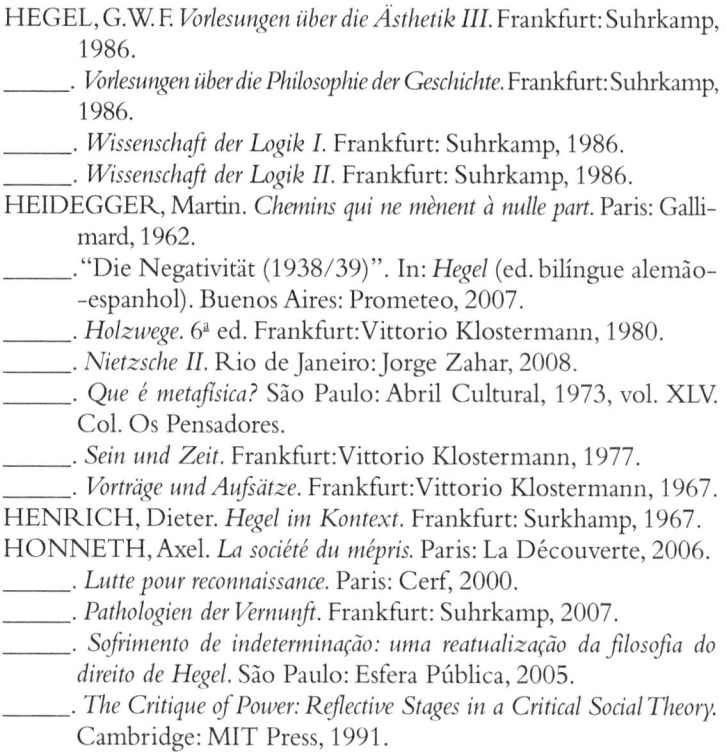

HEGEL, G. W. F. *Vorlesungen über die Ästhetik III*. Frankfurt: Suhrkamp, 1986.
_____. *Vorlesungen über die Philosophie der Geschichte*. Frankfurt: Suhrkamp, 1986.
_____. *Wissenschaft der Logik I*. Frankfurt: Suhrkamp, 1986.
_____. *Wissenschaft der Logik II*. Frankfurt: Suhrkamp, 1986.
HEIDEGGER, Martin. *Chemins qui ne mènent à nulle part*. Paris: Gallimard, 1962.
_____. "Die Negativität (1938/39)". In: *Hegel* (ed. bilíngue alemão-espanhol). Buenos Aires: Prometeo, 2007.
_____. *Holzwege*. 6ª ed. Frankfurt: Vittorio Klostermann, 1980.
_____. *Nietzsche II*. Rio de Janeiro: Jorge Zahar, 2008.
_____. *Que é metafísica?* São Paulo: Abril Cultural, 1973, vol. XLV. Col. Os Pensadores.
_____. *Sein und Zeit*. Frankfurt: Vittorio Klostermann, 1977.
_____. *Vorträge und Aufsätze*. Frankfurt: Vittorio Klostermann, 1967.
HENRICH, Dieter. *Hegel im Kontext*. Frankfurt: Surkhamp, 1967.
HONNETH, Axel. *La société du mépris*. Paris: La Découverte, 2006.
_____. *Lutte pour reconnaissance*. Paris: Cerf, 2000.
_____. *Pathologien der Vernunft*. Frankfurt: Suhrkamp, 2007.
_____. *Sofrimento de indeterminação: uma reatualização da filosofia do direito de Hegel*. São Paulo: Esfera Pública, 2005.
_____. *The Critique of Power: Reflective Stages in a Critical Social Theory*. Cambridge: MIT Press, 1991.
HORKHEIMER, Max. *Eclipse of Reason*. Londres: Continuum, 2004.
HÖSLE, Vittorio. *O sistema de Hegel: o idealismo da subjetividade e o problema de intersubjetividade*. Belo Horizonte: Edições Loyola, 2007.
HOULGATE, Stephen. *The Opening of Hegel's Logic*. West Lafayette: Purdue University Press, 2006.
HUME, David. *Investigação acerca do entendimento humano*. Lisboa: Edições 70, s.d.
HYPPOLITE, Jean. *Gênese e estrutura da "Fenomenologia do espírito"*. São Paulo: Discurso Editorial, 1999.
ILLOUZ, Eva. *O amor nos tempos do capitalismo*. Rio de Janeiro: Jorge Zahar, 2011.
JOUAN, Marlène. *Psychologie morale: autonomie, responsabilité et rationalité pratique*. Paris: Vrin, 2008.
KANT, Immanuel. *Crítica da razão pura*. Lisboa: Calouste Gulbenkian, 1988.

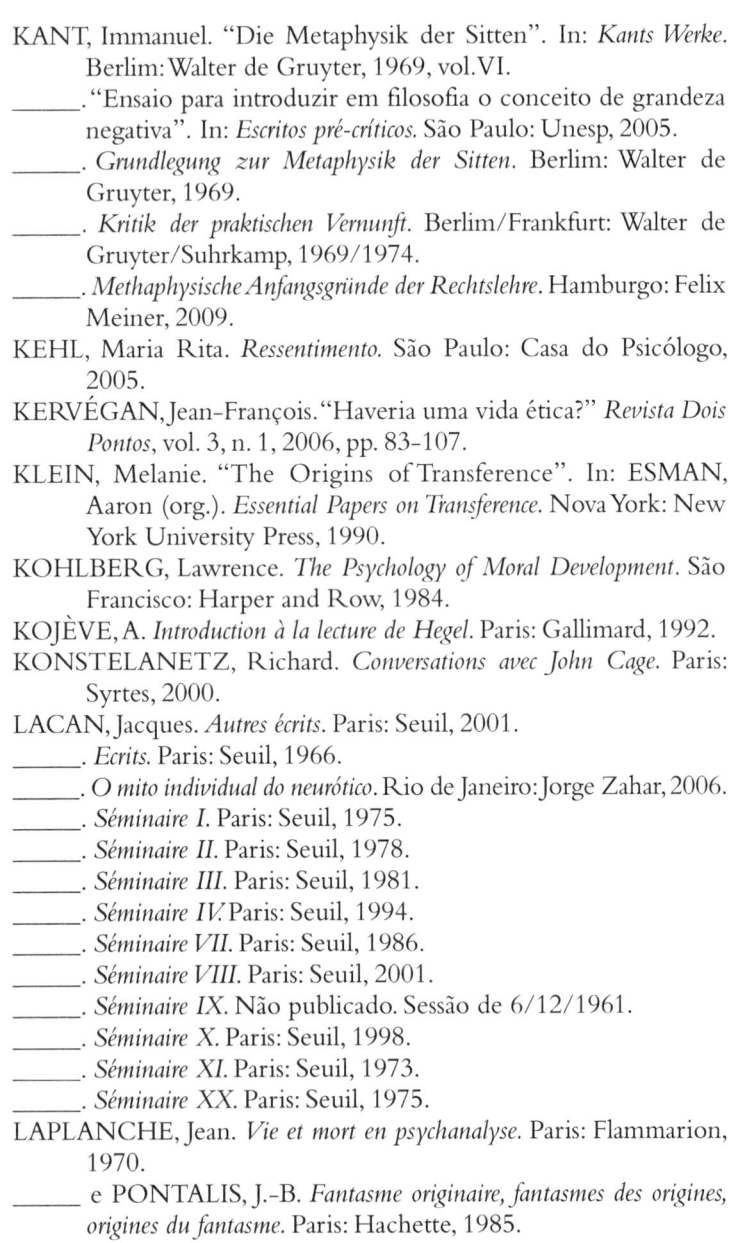

KANT, Immanuel. "Die Metaphysik der Sitten". In: *Kants Werke*. Berlim: Walter de Gruyter, 1969, vol. VI.
_____. "Ensaio para introduzir em filosofia o conceito de grandeza negativa". In: *Escritos pré-críticos*. São Paulo: Unesp, 2005.
_____. *Grundlegung zur Metaphysik der Sitten*. Berlim: Walter de Gruyter, 1969.
_____. *Kritik der praktischen Vernunft*. Berlim/Frankfurt: Walter de Gruyter/Suhrkamp, 1969/1974.
_____. *Methaphysische Anfangsgründe der Rechtslehre*. Hamburgo: Felix Meiner, 2009.
KEHL, Maria Rita. *Ressentimento*. São Paulo: Casa do Psicólogo, 2005.
KERVÉGAN, Jean-François. "Haveria uma vida ética?" *Revista Dois Pontos*, vol. 3, n. 1, 2006, pp. 83-107.
KLEIN, Melanie. "The Origins of Transference". In: ESMAN, Aaron (org.). *Essential Papers on Transference*. Nova York: New York University Press, 1990.
KOHLBERG, Lawrence. *The Psychology of Moral Development*. São Francisco: Harper and Row, 1984.
KOJÈVE, A. *Introduction à la lecture de Hegel*. Paris: Gallimard, 1992.
KONSTELANETZ, Richard. *Conversations avec John Cage*. Paris: Syrtes, 2000.
LACAN, Jacques. *Autres écrits*. Paris: Seuil, 2001.
_____. *Ecrits*. Paris: Seuil, 1966.
_____. *O mito individual do neurótico*. Rio de Janeiro: Jorge Zahar, 2006.
_____. *Séminaire I*. Paris: Seuil, 1975.
_____. *Séminaire II*. Paris: Seuil, 1978.
_____. *Séminaire III*. Paris: Seuil, 1981.
_____. *Séminaire IV.* Paris: Seuil, 1994.
_____. *Séminaire VII*. Paris: Seuil, 1986.
_____. *Séminaire VIII*. Paris: Seuil, 2001.
_____. *Séminaire IX*. Não publicado. Sessão de 6/12/1961.
_____. *Séminaire X*. Paris: Seuil, 1998.
_____. *Séminaire XI*. Paris: Seuil, 1973.
_____. *Séminaire XX*. Paris: Seuil, 1975.
LAPLANCHE, Jean. *Vie et mort en psychanalyse*. Paris: Flammarion, 1970.
_____ e PONTALIS, J.-B. *Fantasme originaire, fantasmes des origines, origines du fantasme*. Paris: Hachette, 1985.
LEAR, Jonathan. *Open Minded: Working out the Logic of the Soul*. Harvard University Press, 1998.

LEBRUN, Gérard. *A filosofia e sua história*. São Paulo: Cosac Naify, 2006.
_____. *Kant e o fim da metafísica*. São Paulo: Martins Fontes, 2002.
_____. *La patience du concept*. Paris: Gallimard, 1971.
_____. *L'envers de la dialectique*. Paris: Seuil, 2004.
LÉVI-STRAUSS, Claude. *Le totémisme aujourd'hui*. 9ª ed. Paris: PUF, 2002.
LONGUENESSE, Béatrice. *Hegel et la critique de la métaphysique*. Paris: Vrin, 1981.
LUKÁCS, Georg. *História e consciência de classe*. São Paulo: Martins Fontes, 2002.
_____. *A teoria do romance*. São Paulo: Duas Cidades/34, 2000.
LYOTARD, Jean-François. *Discours, figure*. Paris: Klincksieck, 1986.
_____. *Des dispositifs pulsionnels*. Paris: Galilée, 1994.
LOSURDO, Domenico. *Hegel, Marx e a tradição liberal*. São Paulo: Unesp, 1997.
MALABOU, Catherine. *L'avenir de Hegel: plasticité, temporalité, dialectique*. Paris: Vrin, 1996.
_____. "Negativité dialectique et douleur transcendantale: la lecture heideggerienne de Hegel dans le tome 68 de la Gesamtausgabe". *Revue Archives de Philosophie*, n. 66, 2003, pp. 265-78.
MAUSS, Marcel. *Sociologia e antropologia*. São Paulo: Cosac Naify, 2003.
MERLEAU-PONTY, Maurice. *Signos*. São Paulo: Martins Fontes, 1991.
MILNER, Jean-Claude. *L'amour de la langue*. Paris: Seuil, 1978.
MORTLEY, Robert. *Désir et différence dans la tradition platonicienne*. Paris: Vrin, 1988.
MÜLLER, Marcos. "A liberdade absoluta entre a crítica à representação e o terror". *Revista Eletrônica de Estudos Hegelianos* (mimeo.), 2008.
_____. "Estado e soberania: o 'idealismo da soberania'". In: ÉVORA, Fátima et alii. *Lógica e ontologia*. São Paulo: Discurso Editorial, 2004, pp. 263-90.
MÜLLER-DOOHM, Stephan. *Adorno*. Paris: Gallimard, 2003.
O'CONNOR, Brian. *Adorno's Negative Dialectic: Philosophy and the Possibility of Critical Rationality*. Cambridge: MIT Press, 2004.
PIPPIN, Robert. *Hegel's Idealism: The Satisfaction of Self-Consciousness*. Cambridge University Press, 1989.
_____. *Hegel's Practical Philosophy: Rational Agency as Ethical Life*. Cambridge University Press, 2008.
PINKARD, Terry. *Hegel's Phenomenology: The Sociality of Reason*. Cambridge University Press, 1994.

PLATÃO. "Le banquet". In: *Oeuvres complètes*. Paris: Gallimard, 1950.
POLITZER, Georges. *Critiques du fondement de la psychologie*. Paris: PUF, 2000.
PRADO JR., Bento. *Alguns ensaios*. Rio de Janeiro: Paz e Terra, 2000.
_____. *Erro, ilusão, loucura*. São Paulo: Editora 34, 2004.
_____. "Le dépistage de l'erreur de catégorie". In: ÉVORA, Fátima et alii. *Lógica e ontologia*. São Paulo: Discurso Editorial, 2004.
QUINE, Willifred. *A relatividade ontológica*. São Paulo: Abril Cultural, 1980. Col. Os Pensadores.
RITTER, Joachim. *Hegel et la révolution française*. Paris: Beauchesne, 1970.
RORTY, Richard. *A filosofia e o espelho da natureza*. Lisboa: Dom Quixote, 1988.
ROSENFIELD, Israel. *L'invention de la mémoire*. Paris: Flammarion, 1994.
SADE, D. A. F. *La philosophie dans le boudoir*. Paris: Gallimard, 1975.
SAFATLE, Vladimir. *A paixão do negativo: Lacan e a dialética*. São Paulo: Unesp, 2006.
_____. "Autorreflexão ou repetição: Bento Prado e a crítica ao recurso frankfurtiano à psicanálise". *Revista Ágora*, UFRJ, 2004, vol. VII, n. 2, pp. 279-92.
_____. *Cinismo e falência da crítica*. São Paulo: Boitempo, 2008.
_____. *Lacan*. São Paulo: Publifolha, 2007.
_____. "Mirrors Without Images: Mimesis and Recognition in Lacan and Adorno". *Radical Philosophy*. Londres, 2006, n. 139, pp. 9-19.
_____ e TELES, Edson. *O que resta da ditadura*. São Paulo: Boitempo, 2010.
SARTRE, Jean-Paul. *L'être et le néant*. Paris: Gallimard, 1943.
_____. *Situations philosophiques*. Paris: Gallimard, 1990.
SAUSSURE, Ferdinand. *Cours de linguistique générale*. Org. Tullio de Mauro. Paris: Payot, 1972.
_____. *Écrits de linguistique générale*. Paris: Gallimard, 2002.
SCHEPPENHÄUSER, Gerhard. "A filosofia moral negativa de Theodor W. Adorno". *Educação e Sociedade*, vol. 84, n. 83, 2003.
SCHNEEWIND, J. B. *A invenção da autonomia*. São Leopoldo: Unisinos, 2005.
SCHOPENHAUER, Arthur. *Metafísica do amor, metafísica da morte*. São Paulo: Martins Fontes, 1998.
SEARLE, John. *Speech Acts*. Cambridge University Press, 1969.
_____. *Intencionalidade*. São Paulo: Martins Fontes, 2002.

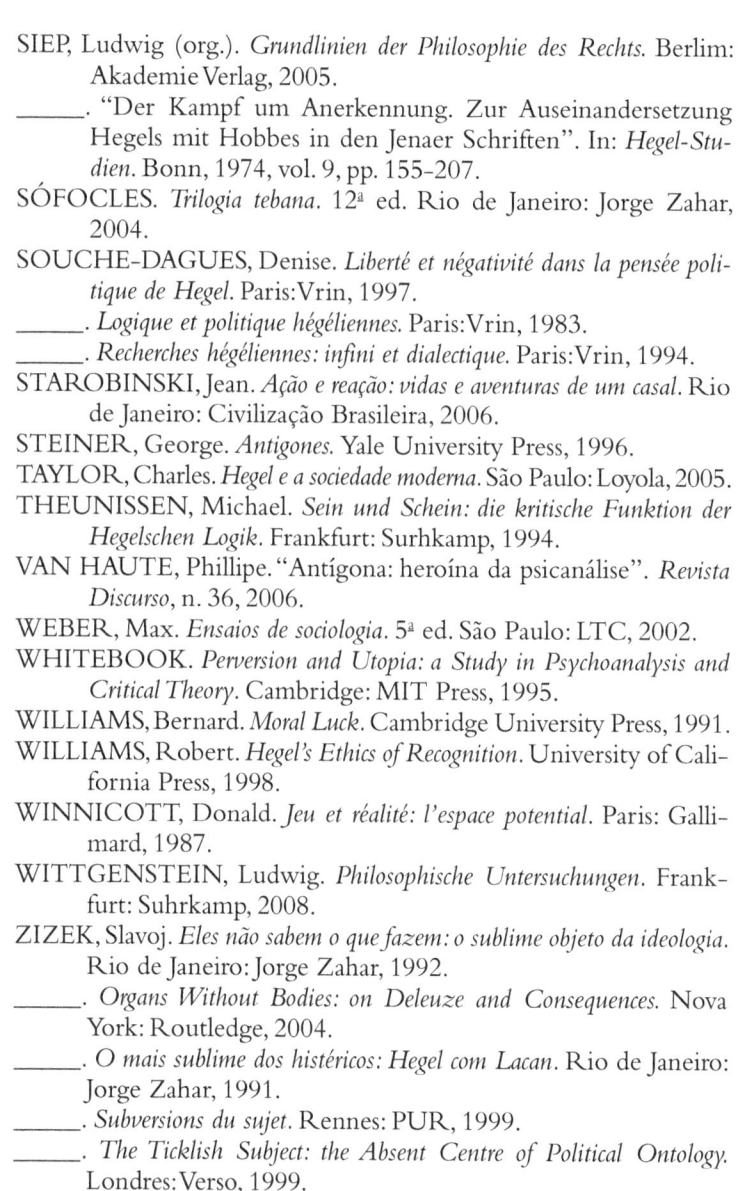

SIEP, Ludwig (org.). *Grundlinien der Philosophie des Rechts*. Berlim: Akademie Verlag, 2005.

_____. "Der Kampf um Anerkennung. Zur Auseinandersetzung Hegels mit Hobbes in den Jenaer Schriften". In: *Hegel-Studien*. Bonn, 1974, vol. 9, pp. 155-207.

SÓFOCLES. *Trilogia tebana*. 12ª ed. Rio de Janeiro: Jorge Zahar, 2004.

SOUCHE-DAGUES, Denise. *Liberté et négativité dans la pensée politique de Hegel*. Paris: Vrin, 1997.

_____. *Logique et politique hégéliennes*. Paris: Vrin, 1983.

_____. *Recherches hégéliennes: infini et dialectique*. Paris: Vrin, 1994.

STAROBINSKI, Jean. *Ação e reação: vidas e aventuras de um casal*. Rio de Janeiro: Civilização Brasileira, 2006.

STEINER, George. *Antigones*. Yale University Press, 1996.

TAYLOR, Charles. *Hegel e a sociedade moderna*. São Paulo: Loyola, 2005.

THEUNISSEN, Michael. *Sein und Schein: die kritische Funktion der Hegelschen Logik*. Frankfurt: Surhkamp, 1994.

VAN HAUTE, Phillipe. "Antígona: heroína da psicanálise". *Revista Discurso*, n. 36, 2006.

WEBER, Max. *Ensaios de sociologia*. 5ª ed. São Paulo: LTC, 2002.

WHITEBOOK. *Perversion and Utopia: a Study in Psychoanalysis and Critical Theory*. Cambridge: MIT Press, 1995.

WILLIAMS, Bernard. *Moral Luck*. Cambridge University Press, 1991.

WILLIAMS, Robert. *Hegel's Ethics of Recognition*. University of California Press, 1998.

WINNICOTT, Donald. *Jeu et réalité: l'espace potential*. Paris: Gallimard, 1987.

WITTGENSTEIN, Ludwig. *Philosophische Untersuchungen*. Frankfurt: Suhrkamp, 2008.

ZIZEK, Slavoj. *Eles não sabem o que fazem: o sublime objeto da ideologia*. Rio de Janeiro: Jorge Zahar, 1992.

_____. *Organs Without Bodies: on Deleuze and Consequences*. Nova York: Routledge, 2004.

_____. *O mais sublime dos histéricos: Hegel com Lacan*. Rio de Janeiro: Jorge Zahar, 1991.

_____. *Subversions du sujet*. Rennes: PUR, 1999.

_____. *The Ticklish Subject: the Absent Centre of Political Ontology*. Londres: Verso, 1999.

_____. *Robespierre: virtude e terror*. Rio de Janeiro: Jorge Zahar, 2008.

ZUPANCIC, Alenka. "Sexuality and Ontology". In: *Why Psychoanalysis?* Uppsala: NSU Press, 2008.